介護殺人の予防
──介護者支援の視点から

湯原　悦子　著

クレス出版

まえがき

　この本は繰り返される介護殺人に心を痛め、何とかならないものか、どうしたらよいのかと思い悩む人々に可能な限り実態をお伝えし、ともに予防に向けた方策を考えるきっかけになればと願って執筆したものである。

　私にとって、本書は介護殺人について執筆した 2 冊目の著書になる。2005 年に出版した前著（加藤悦子『介護殺人－司法福祉の視点から』クレス出版）では典型的な事例を示し、介護者の心情を丁寧にたどりつつ、事件発生に至るプロセスと介護者が直面した困難を明らかにした。そしてこの介護殺人という社会問題について、司法福祉の規範的解決と実体的解決・緩和の視点から、取り組みが必要な課題を掘り下げていった。重いテーマの本であるが、幸い、前著をお読みくださった皆様からは「介護者の気持ちがよく分かった」などの好意的な感想をいただいている。私としては、特に介護をするなかで加害者が直面した困難と心情について、介護経験のない方々にお伝えできたことは意味があったと思っている。

　前著を通じて、多くの方々との出会いがあった。出版後は研修会等を通じ、私の問題意識をお伝えしたり、実際に介護殺人事件を担当することになった弁護士の方々と協同したりする機会にも恵まれた。出版からすでに 10 年以上が経過しているが、今でも前著への問い合わせは絶えない。自分の書いた内容が少しでも世の役に立っているのであれば、これ以上の喜びはない。とはいえ、この 10 年間は悩みの連続でもあった。世間の注目を集めるような介護殺人が起きるたびに、私はマスコミの方々を中心に「介護殺人を防ぐにはどうしたらよいのか」と問われ続けたのである。それに対し、私は常に「介護者に対する支援が必要、特にうつへの対応」「事例の検証を行い、そこから課題を見出し、施策に反映すること」と答えていた。これらは間違っていないとは思うのだが、いつも同じフレーズを繰り返している自分にむなしさを感じるように

なった。いくら私がコメントしても、介護者が絶望し、死に至る状況は10年前とさほど変わっていない。介護殺人という社会問題の解決に、私の研究を少しでも役立てることはできないものか。

　介護殺人の研究を始めてからすでに20年近くが経過し、このテーマは私のライフワークになりつつある。長い間、介護殺人を調べ続けたことで、今では事件のサワリを聞いただけでもどのような内容なのか、だいたい予測がつくようになった。それと同時に、介護者を苦しめる根本的な原因がどこにあるのかについてもかなり理解できるようになってきた。せっかく得た知識を私のなかに留めて置くのはもったいない。社会から投げかけられる「介護殺人を防ぐにはどうしたらよいのか」という問いにきちんと応えたい。もう一度、私が多くの事件との出会いのなかで悩み、考え、見出してきたことをお伝えし、世に問いたいと思ったのが本書を執筆した動機である。

　介護殺人のなかには、事前の予測が難しいものもあるが、少し視野を広く持つことにより危機を察知でき、事件回避が可能であったと思われるものも少なくない。まずはそういう事例から確実に防いでいくことが大事である。そのうえで、似たような介護殺人が繰り返し生じるという社会そのもののあり方を問い、改善をめざさねばならない。多くの介護者が悩み苦しむのであれば、それは個人の努力で何とかすべきものではなく、社会の構造から発生する困難と位置づけ、社会で解決すべきものと考える。

　このような考えに基づき、本書は介護殺人の予防に焦点化し、その点から重要な示唆が得られる11事例を選び、前著と同じく裁判「事例」研究の手法を用いて分析と考察を行った。どれもこれも、被告が経験した困難や絶望がひしひしと伝わってくる内容である。時間のない方はぜひ、第3章から第5章に挙げた事例だけでも目を通していただきたい。きっと、今の高齢者介護への疑問が心のなかに湧き上がってくることと思う。そのうえで、改めて「介護殺人を防ぐにはどうしたらよいのか」について、多くの方々と語り合っていきたい。介護の役割を担ったとしても、"将来に悲観"しなくてもよい社会の構築は、私たちに課せられ

まえがき

た課題でもある。

　…皆様からのご感想を心待ちにしています。

　　　　　　日本福祉大学　社会福祉学部　湯原悦子

目　　次

介護殺人の予防 ――介護者支援の視点から　　目　　次

まえがき ……………………………………………………………………… iii

序　　章 ………………………………………………………………………… 1

 第 1 節　研究の背景と問題意識 ……………………………………… 1

 第 2 節　研究の目的と方法 …………………………………………… 3
  1．研究目的／2．研究方法／3．本研究の特徴／
  4．倫理的配慮／5．用語の定義

 第 3 節　論文構成 ……………………………………………………… 5

第 1 章　介護殺人の実態 ……………………………………………………… 8

 第 1 節　公式統計から確認できる介護殺人 ……………………… 8
  1．「（高齢者）虐待等による死亡例」調査／2．自殺統
  計／3．犯罪統計／4．考　察／5．警察庁の調査

 第 2 節　新聞報道から確認できる介護殺人 ………………………16
  1．調査方法／2．分析方法／3．結　果／4．考　察

 第 3 節　介護殺人事件の分析と事例検証 …………………………24
  1．事例のデータベース化と学際的な分析を行える仕組
  みの確立／2．事例検証／

 本章の結論 ……………………………………………………………28

第 2 章　介護殺人に関する先行研究 ………………………………………32

 第 1 節　「介護殺人」の定義をめぐる議論 ………………………32
  1．心中は殺人なのか／2．死に至るプロセスにいわゆ
  る虐待がみられない殺人をどう捉えるか

 第 2 節　日本における介護殺人の研究動向 ………………………35
  1．事件の傾向や特徴、発生要因を示したもの／2．事
  件の背景要因や発生に至るメカニズム、パターンの分析
  を試みたもの

 第 3 節　海外における介護殺人の研究動向 ………………………53
  1．発生率とリスク要因に関する先行研究レビュー／
  2．殺人あるいは心中の現状とその特徴に関する量的分
  析／3．事件の背景やプロセスを探る質的分析

 本章の結論 ……………………………………………………………58

目　次

**第3章　事例に学ぶ　なぜ事件を回避することができなかった
のか** ･･･ 64

第1節　介護殺人事件の判例分析 ･････････････････････････････････ 64
　　　　1．調査対象／2．調査方法／3．分析方法／4．倫理的
　　　　配慮／　5．結　果

第2節　事件が生じる寸前で思い止まれた人の体験談分析 ･･･････ 73
　　　　1．調査対象／2．調査・分析方法／3．倫理的配慮／
　　　　4．結　果

第3節　考　　察 ･･･ 78
　　　　1．判例分析より／2．介護体験談分析より

本章の結論 ･･･ 85

第4章　介護殺人の防止① 第三者による介入の可能性･･･････ 87
第1節　調査の概要･･ 87
　　　　1．問題意識／2．目　的／3．調査対象／4．調査方
　　　　法／5．分析方法／6．倫理的配慮

第2節　結果と考察･･ 89
　　　　1．裁判において被告の介護を担う力量が問われた事例／
　　　　2．事件発生にうつの影響が見られる事例

本章の結論 ･･･ 129

第5章　介護殺人の防止② "将来に悲観"しなくてもよい社会に･･･ 131
第1節　調査の概要･･･ 131
　　　　1．問題意識／2．目　的／3．調査対象

第2節　結果と考察･･･ 133
　　　　1．閉じた関係性のなかで人生を完結させた事例／
　　　　2．経済的困窮から生活に行き詰まった事例

第3節　生存権の保障はどうあるべきか ･･･････････････････････ 157
　　　　1．制度の運用の課題／2．生存権の保障をどのように捉
　　　　えるか

本章の結論 ･･･ 163

第6章　介護者を社会で支える ･････････････････････････････ 167
第1節　介護者支援の理論的根拠 ･････････････････････････････ 167
　　　　1．「依存」と「依存労働者」／2．依存労働者を公的に
　　　　支援する意義と必要性／3．関係性への注目

－ vii －

目　次

第2節　日本の介護者支援はどうなっているか ……………… 174
　　　　1．日本における介護者支援の位置づけ／2．介護保険制
　　　　度における介護者の位置づけ／3．認知症対策における家
　　　　族の位置づけ／4．地域包括ケアシステムにおける介護者
　　　　支援

第3節　海外の介護者支援施策に学ぶ ……………………… 181
　　　　1．日本における介護者支援の根拠となる法律／2．イギ
　　　　リスにおける介護者支援／3．オーストラリアにおける介
　　　　護者支援／4．介護者支援の4つのモデル／5．考察－日
　　　　本が両国から学ぶべき点

本章の結論 ………………………………………………………… 188

終　　章 ………………………………………………………………… 193

第1節　本研究の結論 ……………………………………………… 193
　　　　1．介護殺人の実態／2．事件回避の可能性

第2節　本研究の意義と限界 …………………………………… 197
　　　　1．本研究の意義／2．本研究の限界

第3節　今後の研究課題 ………………………………………… 200

謝　　辞 ……………………………………………………………… 203

あとがき ……………………………………………………………… 205

初出一覧 ……………………………………………………………… 209

資　　料　1996年から2015年までに生じた介護殺人事件一覧………… 210

事項索引 ……………………………………………………………… 260

— viii —

序　章

第1節　研究の背景と問題意識

　ある朝、新聞の片隅に、一つの小さな記事を見つけた。

　自宅で介護していた体の不自由な妻を絞殺したとして、A署は昨日、殺人の疑いで、B市に住む無職の容疑者（70）を逮捕した。同署によると、容疑者は容疑を認めて「自分も死のうと思った」などと供述しており、介護疲れの可能性も視野に動機を調べている。

　…このような記事をいったい何度、目にしたことだろう。

　高齢化の進展とともに、介護が必要な高齢者の数も増加している。厚生労働省の「介護保険事業状況報告」によれば、要介護（要支援）認定者（65歳以上）は2016年4月現在、600万人を超えている。日本の65歳以上人口のおよそ2割弱が何らかの支援が必要な状況にあるということになる。しかし現在の日本において、介護が必要な者を支える公的なサービスが十分に整備されているとは言い難い。平成26年国民生活基礎調査（平成25年）では、世帯に介護が必要な者がいる場合、同居家族が主な介護を担う割合は約6割に達していた。介護保険制度の導入以降も同居の家族が介護の大半を担っており、そうしないと生活が成り立たない状況に変わりはない。

　保坂ら（2005：116）が在宅介護者を対象に行った調査では、回答者8,500人中、約4人に1人がうつ状態で、65歳以上の約3割が「死にたいと思うことがある」と回答した。また、毎日新聞（2016）が介護者支援に取り組む全国の8団体を通じ、在宅介護者にアンケートを実施したところ、介護によって精神的・肉体的に限界を感じたことが「ある」とした人は

－1－

序　　章

7割を超え、介護している家族を殺してしまいたい、あるいは一緒に死のうと考えたりしたことがあると答えた人が2割弱を占めていた。

　いつ終わるか分からない介護を24時間、日々続けていくことは介護者の心身に大きな負担をもたらしかねない。このような状況を反映してか、介護に関わる困難を理由とした無理心中や殺人、被介護者が将来に絶望して介護者に自らの殺害を依頼するなどの事件が全国各地で生じている。

　近年、増え続ける高齢者への介護の不安と共に、このような事件への注目は高まりつつある。なかには加害者に詳細なインタビューを重ね、事件が生じた背景について踏み込んだ分析を行ったり、事件が生じた世帯において介護保険制度がどの程度利用されていたのかを調べたりするなど、マスコミ各社による調査も行われるようになった。私たちはどうしたら介護が関わる殺人事件を防ぐことができるのか、どのような行動を起こしていかねばならないのか、これらを真剣に考える時に来ている。政府の社会保障費削減、介護にかかる公的費用の抑制により、軽度の要介護者の入所制限や利用者負担の引き上げが行われる一方で、介護者が心身ともに追い詰められている状況があることに目を背けてはならない。

　今から30年以上も前に介護者による被介護者の殺人について分析を行った太田（1987）は「未婚の子」が介護している場合、介護者が病気な場合などを高リスクとし、高齢者の社会的孤立を防ぎ、支援の必要な高齢者を早期に発見・援助するシステムの構築が今後の在宅ケアの課題であると問題提起した。今でもその状況は全く変わっておらず、むしろ国民の4人に1人以上が65歳以上となった現在においてこそ、ますます重要な問題提起になりつつある。

　介護は今や、多くの日本人にとって避けて通れぬ課題となった。家族の誰かが介護が必要になったとしても、介護を担う者が将来を悲観せず、必要以上の負担を強いられることのない社会を構築していくことは、私

たちが早急に取り組むべき、極めて重要な課題であると言えよう。

第2節　研究の目的と方法

1．研究目的

　本研究では、介護に関わる困難を背景に、介護をしていた親族（周囲から介護の担い手として期待されていた者も含む）が被介護者を殺害、あるいは被介護者と心中する事件（以下、介護殺人とする）について、その実態を明らかにするとともに、事件回避や同様な事件の発生防止に向けた方策を探る。その作業を通じて介護殺人の予防に向け、私たちが取り組むべき課題を明らかにすることが本研究の目的である。

2．研究方法

　はじめに各種統計や文献を行い、介護殺人の実態を調べ、先行研究の概要と到達点について確認する。続けて判例データベースから抽出した介護殺人事件と介護体験談の分析を行い、事件が生じる背景要因を調べ、予防を考える際に注目すべき事項について確認する。

　次に、過去に生じた介護殺人事例について、客観的な危機予測が可能であった事例を選択し、裁判「事例」研究の手法を用い、事件が生じたプロセスや被告の心情を明らかにし、第三者による事件回避の可能性について分析する。加えて加害者が事件の動機について「将来に悲観した」と供述した事例を取り上げ、被告が将来を悲観するに至ったプロセスについて詳細に調べる。特に経済的困窮からの生活困難に至った事例については生存権保障の観点から、なぜ生活保護制度が機能しなかったのかについて考察する。

　最後に介護者への社会的な支援について考える。はじめに文献を用いた理論的な検討を行い、介護者に対して社会的な支援を行う根拠を確認する。次に日本における介護者に対する施策を振り返り、どのような点に不備があるかを指摘し、介護者を支える社会の構築に向け、日本が介護者支援の先進国から学ぶべき事項について整理する。

序　　章

3．本研究の特徴

　本研究の特徴は、司法福祉学の研究方法である裁判「事例」研究を用い、介護の役割を担っていた被告の主観を軸に事例分析を行い、そこから予防策を導き出している点にある。

　被告が事件に至るまで何を考え、どのような点に苦しんでいたのかを知ることは、同じような事件が繰り返し生じるのを防ぐうえで極めて重要である。そして被告が被介護者の殺害、あるいは心中を思うほどに追い詰められた状況を理解するには、被告が当時、自らや自分を取り巻く環境をどのように捉えていたのかについて、被告の立場から理解する作業が欠かせない。

　本研究ではこのような認識のもと、介護殺人の予防に向け、被告が置かれた状況の客観的な考察に加えて主観的な考察、つまり被告自身が裁判の過程を通じて自らの陥った困難を振り返り、表現した内容を軸に分析を行うことにした。このような形で介護殺人の予防を論じた研究は筆者による前著を除き、過去に例がなく、本研究のオリジナリティであると言えよう。

4．倫理的配慮

　本研究は実際に生じた殺人や心中の事例を研究の対象にしており、人権に対するきめ細やかな配慮が求められる内容である。研究方法や報告の仕方、資料の管理など、具体的な倫理的配慮については研究開始前に日本福祉大学倫理審査委員会の承認を受け、研究を行った（審査番号12-25）。また、提示した事例について、分析に用いた資料は所轄検察庁に事例閲覧を申請し、研究目的での利用を許可されたものである。個別事例の特定につながらないよう事件の発生年や発生地などの情報はすべて記載から省いた。

5．用語の定義

　本研究のキーワードである「介護者」「介護殺人」について、本研究では次のような意味で用いることとする。

－4－

序　章

①介護者

本研究では「介護者」という言葉について、病気や障害、虚弱などにより何らかの支援が必要な親族をインフォーマルな形で看護または介護する役割を担う者という意味で用いる。仕事として有償で看護または介護にあたる者は含めない。

②介護殺人

介護殺人という言葉はメディア等では日常的に用いられているが、学術的に統一された定義があるわけではない。本研究で「介護殺人」という言葉を用いる場合、介護に関わる困難を背景に、介護をしていた親族（周囲から介護の担い手として期待されていた者も含む）が被介護者を殺害、あるいは心中する事件という意味で用いる（注1）。

このような事件の被害者は高齢者に限らず、全ての年代で確認できるが、本研究では高齢者が被害者となった心中や殺人に焦点化して分析を行うこととする（注2）。

第3節　論文構成

序章では研究の背景と問題意識、研究の目的と方法、論文構成について確認する。

第1章では厚生労働省が毎年発表する「（高齢者）虐待による死亡例」、内閣府による自殺統計、警察庁による犯罪統計を用い、介護殺人について可能な限りの実態把握を試みる。加えて新聞記事を用いた独自調査を行い、公式統計では確認できない事件全体の傾向や共通に見られる特徴について調べ、予防に向けた課題を探る。

第2章では、日本と海外における介護殺人に関する先行研究のレビューを行い、研究の動向を把握するとともに、得られた知見を整理する。そして介護殺人の研究課題について考察し、本研究に反映すべき視点と調査内容について確認する。

第3章では、過去に生じた介護殺人事件を振り返り、なぜ事件を回避

序　章

することができなかったのかについて考察する。はじめに親族による介護殺人の判例を分析し、事件に至る背景や加害者の考え方を調べ、事件の回避がかなわなかった理由について分析する。続けて認知症の人と家族の会が編集した「死んでしまおう、殺してしまおうと思うほど追い詰められ、しかしその寸前で思いとどまった人々」の体験談を調べ、彼らはなぜ事件を回避することができたのかについて分析する。

　第4章では、裁判「事例」研究の手法を用い、危機予測が可能であった事例として、裁判において被告の介護を担う力量が問われた事例と事件発生にうつの影響が窺える事例を対象とし、事件に至るプロセスと被告の心情について明らかにしていく。それらをもとに、事件回避に向けた第三者の介入の可能性について論じる。

　第5章では、加害者が事件の原因・動機として「将来に悲観した」と供述した事例を対象とし、先章と同様に、事件に至るプロセスと被告の心情について確認する。それらを通し、介護による困難を理由に"将来に悲観"しなくてよい社会を構築するためにどうしたらよいのか、加えて経済的困窮から生活苦に陥る介護者に対し、どのような支援を行う必要があるのかを社会保障の視点から検討する。

　第6章では、さまざまな状況、心境にある介護者を社会的に支える仕組みの構築について考察する。はじめに介護者支援の理論的根拠について検討し、日本における高齢者を介護する家族に対する政策の変遷について述べる。その後、介護者支援において先進的な国々の施策を紹介し、日本が学ぶべき事項について確認する。

　終章では本研究の結論、意義と限界、今後の課題について述べる。

（注1）　前著「介護殺人－司法福祉の視点から」では「介護殺人」という言葉を「親族による、高齢者介護をめぐって発生した殺人」（加藤 2005：5）と定義したが、高齢者介護をめぐって発生という意味があいまいで、また、このような殺人は高齢者に限られるものでもないため、本書では「介護に関わる困難を背景に、介護をしていた親族が被介護者を殺害、あるいは心中する事件」に改めた。
（注2）　第2章で詳しく説明するが、介護に関わる困難を背景にした事件であっても、被害者が障害児者の場合と高齢の場合とでは制度上、支援システム

－6－

序　　章

や支援内容などが異なっていることに留意しなければならない。介護殺人の予防を考える上では制度上の区分を意識した丁寧な議論が必要であるため、本研究では介護殺人のなかでも被害者が高齢であった事件に焦点を当てることとした。

《引用文献》
中日新聞取材班編（2010）『介け合い戦記　介護者会の現実』中日新聞社
保坂隆（2007）「厚生労働科学研究研究費補助金（こころの健康科学研究事業）自殺企図の実態と予防介入に関する研究　平成16-18年度　総括研究報告書」http://liaison.umin.jp/download/20090407soukatsuhoukoku.pdf 2016.9.27閲覧.
厚生労働省「平成26年国民生活基礎調査の概況」http://www.mhlw.go.jp/toukei/saikin/hw/k-tyosa/k-tyosa14/index.html 2016.9.27閲覧.
厚生労働省「介護保険状況報告」http://www.mhlw.go.jp/toukei/list/84-1.html 2016.9.27閲覧.
毎日新聞2009.3.24朝刊「介護殺人：保険利用も半数防げず」.
毎日新聞2016.4.4.朝刊「在宅介護『限界』7割　毎日新聞調査、家族の負担浮き彫り」.
毎日新聞大阪社会部取材班（2016）『介護殺人　追い詰められた家族の告白』新潮社.
ＮＨＫ「私は家族を殺した　～〝介護殺人〟当事者からの告白」2016年7月3日放送 http://www.nhk.or.jp/d-navi/link/kaigosatsujin/　2016.9.27閲覧.
太田貞司（1987）「在宅ケアーの課題に関する試論－老人介護事件の検討から」『社会福祉学』28(2),54-75.
読売新聞（2016）『介護殺人や心中　179件　13年以降　高齢夫婦間が4割』朝刊1面（2016.12.5).

第1章　介護殺人の実態

　本章では日本で生じた介護殺人について、各種統計を用いて実態の把握を試みる。第1節では厚生労働省の「（高齢者）虐待等による死亡例」調査、内閣府の自殺統計、警察庁の犯罪統計を示し、公式統計から確認できる介護殺人の実態について述べる。第2節では新聞記事を使った独自統計をもとに、公式統計では確認できない複数の事件に共通に見られる特徴などについて確認する。第3節では事例検証のあり方、過去に生じた事例に学び予防に活かしていくための方策について考察する。

第1節　公式統計から確認できる介護殺人

　介護殺人の実態把握において、参考になる公式統計としては、厚生労働省による「（高齢者）虐待等による死亡例」調査と内閣府の自殺統計、警察庁による犯罪統計がある（注1）。

　そもそも介護殺人という概念で収集されたわけではないこと、介護殺人の事例を集積するシステムが整備されていないことから事件数を正確に把握することはできないが、これらの調査や統計などを用いることにより、実態の一部を確認することは可能である。

　1．「（高齢者）虐待等による死亡例」調査

　2006年より施行された高齢者虐待の防止、高齢者の養護者に対する支援等に関する法律（以下、高齢者虐待防止法）に基づき、厚生労働省は毎年、市町村の高齢者虐待の対応状況等に関する調査を行っている。そこには「虐待等による死亡例」という項目が設けられており、全国の市町村が「介護している親族による、介護をめぐって発生した事件で、被介護者が65歳以上、かつ虐待等により死亡に至った」と認識した事例の数及び被害者数、事件形態、加害者と被害者の性別および続柄などが示されている。

　2016年9月現在、2006年度から2014年度までの9年度分の集計結果

が公表されており、それによると虐待等による死亡例の件数は227件、被害者数は230人であった（表1）。被害者は男性より女性、加害者は女性より男性が多く、この傾向はどの年度においても変わらなかった（表2、3）。被害者の年齢で最も多い層は80歳以上85歳未満で、2012年度には被害者が90歳以上の事件が3割弱を占めていた（表4）。被害者と加害者の関係について、件数が多かった順に息子が親を殺害、夫が妻を殺害、娘が親を殺害、妻が夫を殺害であった（表5）。2009年度からは被害者の介護サービス利用状況が調べられており、年によるばらつきはあるが、事件に至るまでに介護サービスの利用があった事件はおよそ3割から7割を占めていることが確認された（表6）。

 2．自殺統計
　内閣府は警察庁から提供を受けた自殺統計原票データに基づき、毎月集計を行い、概要資料及び詳細資料を発表している。2007年以降、自殺の原因・動機に「家庭問題（介護・看病疲れ）」という項目が新たに設けられ、介護・看護疲れを理由とする自殺の人数が確認できるようになった。
　2016年9月現在、2015年までの統計が公表されており、その集計によれば2007年から2015年の9年間に介護・看病疲れを動機とした自殺者数は2,515人、うち男性1,505人、女性1,010人であった（表7）。年齢が60歳以上の者は1,506人、うち男性904人、女性602人で、全体の6割を占めていた（表8）。
　この統計からは、介護・看病疲れを動機とした自殺者は女性より男性が多いこと、その傾向は2007年から2015年までの、どの年を見ても変わらないことが確認できる。

第1章　介護殺人の実態

虐待による死亡例調査

定義：介護している親族による、介護をめぐって発生した事件で、被介護者が65歳以上、かつ虐待等により死亡に至った事件数と死亡者数

表1

	養護者による被養護者の殺人	心中	養護者の介護等放棄(ネグレクト)による被養護者の致死	養護者の虐待(ネグレクトを除く)による被養護者の致死	その他	件数(死亡者数)
2006年度	15　(16)		10　(10)	6　(6)	0　(0)	31　(32)
2007年度	13　(13)	4　(4)	7　(7)	3　(3)	0　(0)	27　(27)
2008年度	10　(10)	2　(2)	5　(5)	2　(2)	5　(5)	24　(24)
2009年度	16　(17)	3　(3)	6　(6)	5　(5)	1　(1)	31　(32)
2010年度	10　(10)	4　(4)	6　(6)	1　(1)	0　(0)	21　(21)
2011年度	7　(7)	1　(1)	4　(4)	9　(9)	0　(0)	21　(21)
2012年度	10　(10)	1　(1)	9　(10)	4　(4)	2　(2)	26　(27)
2013年度	12　(12)	1　(1)	6　(6)	2　(2)	0　(0)	21　(21)
2014年度	12　(12)	3　(3)	7　(7)	2　(2)	1　(1)	25　(25)
計	124　(126)		60　(61)	34　(34)	9　(9)	227(230)

※2007年度より、集計の取り方が変更され、殺人と心中を分けるようになった。
件数の横にある（　　）内の数値は死亡者数である。

表2　被害者の性別

	男　性	女　性
2006年度	10　(31.2%)	22　(68.8%)
2007年度	8　(29.6%)	19　(70.4%)
2008年度	7　(29.2%)	17　(70.8%)
2009年度	6　(18.8%)	26　(81.3%)
2010年度	8　(38.1%)	13　(61.9%)
2011年度	6　(28.6%)	15　(71.4%)
2012年度	4　(14.8%)	23　(85.2%)
2013年度	6　(28.6%)	15　(71.4%)
2014年度	7　(28.0%)	18　(72.0%)
計	62　(27.0%)	168　(73.0%)

表3　加害者の性別

	男　性	女　性
2006年度	18　(58.1%)	13　(41.9%)
2007年度	19　(70.4%)	8　(29.6%)
2008年度	18　(75.0%)	6　(25.0%)
2009年度	25　(80.6%)	6　(19.4%)
2010年度	16　(76.2%)	5　(23.8%)
2011年度	14　(66.7%)	7　(33.3%)
2012年度	20　(74.1%)	7　(25.9%)
2013年度	16　(76.2%)	5　(23.8%)
2014年度	18　(72.0%)	7　(28.0%)
計	164　(71.9%)	64　(28.1%)

表4　被害者の年齢

年　齢	2006年度	2007年度	2008年度	2009年度	2010年度
65歳以上70歳未満		0　(0.0%)	0　(0.0%)	2　(6.3%)	1　(4.8%)
70歳以上75歳未満		6　(22.2%)	6　(25.0%)	8　(25.0%)	4　(19.0%)
75歳以上80歳未満		8　(29.6%)	3　(12.5%)	3　(9.4%)	6　(28.6%)
80歳以上85歳未満		7　(25.9%)	3　(12.5%)	8　(25.0%)	5　(23.8%)
85歳以上90歳未満		0　(0.0%)	6　(25.0%)	4　(12.5%)	4　(19.0%)
90歳以上		0　(0.0%)	5　(20.8%)	7　(21.9%)	1　(4.8%)
不明		6　(22.2%)	1　(4.1%)	0　(0.0%)	0　(0.0%)

※2006年度は集計がなされていない。

年　齢	2011年度	2012年度	2013年度	2014年度	計
65歳以上70歳未満	3　(14.3%)	1　(3.7%)	1　(4.8%)	2　(8.0%)	10　(5.1%)
70歳以上75歳未満	3　(14.3%)	3　(11.1%)	8　(38.1%)	4　(16.0%)	42　(21.2%)
75歳以上80歳未満	5　(23.8%)	8　(29.6%)	3　(14.3%)	4　(16.0%)	40　(20.2%)
80歳以上85歳未満	6　(28.6%)	5　(18.5%)	6　(28.6%)	7　(28.0%)	47　(23.7%)
85歳以上90歳未満	3　(14.3%)	2　(7.4%)	3　(14.3%)	4　(16.0%)	26　(13.1%)
90歳以上	1　(4.8%)	8　(29.6%)	0　(0.0%)	4　(16.0%)	26　(13.1%)
不明	0　(0.0%)	0　(0.0%)	0　(0.0%)	0　(0.0%)	7　(3.5%)

－ 10 －

第1章　介護殺人の実態

表5　被害者と加害者の続柄

		2006 年度	2007 年度	2008 年度	2009 年度	2010 年度
親が子を	父　　親	0　(0.0%)	0　(0.0%)	0　(0.0%)	0　(0.0%)	0　(0.0%)
	母　　親	0　(0.0%)	0　(0.0%)	0　(0.0%)	0　(0.0%)	0　(0.0%)
子が親を	息　　子	10　(31.3%)	11　(40.7%)	9　(37.5%)	14　(45.2%)	9　(42.9%)
	息子の配偶者	5　(15.6%)	0　(0.0%)	0　(0.0%)	1　(3.2%)	0　(0.0%)
	娘	4　(12.5%)	3　(11.1%)	4　(16.7%)	2　(6.5%)	1　(4.8%)
	娘の配偶者	0　(0.0%)	1　(3.7%)	0　(0.0%)	1　(3.2%)	0　(0.0%)
配偶者間	夫	7　(21.9%)	5　(18.5%)	8　(33.3%)	10　(32.3%)	7　(33.3%)
	妻	3　(9.4%)	6　(22.2%)	2　(8.3%)	3　(9.7%)	3　(14.3%)
その他	姉 or 妹	0　(0.0%)	1　(3.7%)	0　(0.0%)	0　(0.0%)	0　(0.0%)
	兄 or 弟			0　(0.0%)	0　(0.0%)	0　(0.0%)
	孫	2　(6.2%)	0　(0.0%)	1　(4.2%)	0　(0.0%)	0　(0.0%)
	そ の 他	1　(3.1%)	0　(0.0%)	0　(0.0%)	0　(0.0%)	1　(4.8%)

		2011 年度	2012 年度	2013 年度	2014 年度	計
親が子を	父　　親	0　(0.0%)	0　(0.0%)	0　(0.0%)	0　(0.0%)	0　(0.0%)
	母　　親	0　(0.0%)	0　(0.0%)	0　(0.0%)	0　(0.0%)	0　(0.0%)
子が親を	息　　子	11　(52.4%)	11　(40.7%)	13　(61.9%)	11　(44.0%)	99　(43.0%)
	息子の配偶者	2　(9.5%)	0　(0.0%)	0　(0.0%)	0　(0.0%)	8　(3.5%)
	娘	3　(14.3%)	7　(25.9%)	4　(19.0%)	5　(20.0%)	36　(15.7%)
	娘の配偶者	0　(0.0%)	0　(0.0%)	0　(0.0%)	0　(0.0%)	2　(0.9%)
配偶者間	夫	2　(9.5%)	6　(22.2%)	3　(14.3%)	7　(28.0%)	55　(23.9%)
	妻	1　(4.8%)	0　(0.0%)	1　(4.8%)	2　(8.0%)	19　(8.3%)
その他	姉 or 妹	0　(0.0%)	0　(0.0%)	0　(0.0%)	0　(0.0%)	1　(0.4%)
	兄 or 弟	0　(0.0%)	0　(0.0%)	0　(0.0%)	0　(0.0%)	
	孫	0　(0.0%)	2　(7.4%)	0　(0.0%)	0　(0.0%)	5　(2.2%)
	そ の 他	2　(9.5%)	1　(3.7%)	0　(0.0%)	0　(0.0%)	5　(2.2%)

表6　被害者の介護保険サービス利用状況

	あ　　り	な　　し	不　　明
2006 年度			
2007 年度			
2008 年度			
2009 年度	20　(62.5%)	11　(34.4%)	1　(3.1%)
2010 年度	15　(71.4%)	6　(28.6%)	0　(0.0%)
2011 年度	11　(52.4%)	10　(47.6%)	0　(0.0%)
2012 年度	13　(48.1%)	13　(48.1%)	1　(3.7%)

	介護サービスを受けている	過去に受けていたが事件時点では受けていない	過去も含め受けていない	不　　明
2013 年度	6　(28.6%)	1　(4.8%)	13　(61.9%)	1　(4.8%)
2014 年度	11　(44.0%)	3　(12.0%)	11　(44.0%)	0　(0.0%)

※2008 年度までは集計がなされていない。2013 年度からは集計の取り方が変更された。
※表1～表6のうち、データ収集がなされていない項目についてはアミ掛けとした。

－11－

第1章　介護殺人の実態

自殺統計

定義：介護・看護疲れを理由とする自殺の人数

表7　総数

	男　性	女　性	合　計
2007年	160	105	265
2008年	161	112	273
2009年	176	109	285
2010年	176	141	317
2011年	207	119	326
2012年	177	115	292
2013年	164	104	268
2014年	136	110	246
2015年	148	95	243
計	1505	1010	2515

表8　60歳以上

	男　性	女　性	合　計
2007年	92	61	153
2008年	88	68	156
2009年	106	67	173
2010年	121	77	198
2011年	127	71	198
2012年	103	73	176
2013年	92	66	158
2014年	84	64	148
2015年	91	55	146
計	904	602	1506

3．犯罪統計

　警察庁は国内で生じた犯罪について、毎年、動機別の集計を行っている。2007年以降、犯罪の直接の動機・原因に「介護・看病疲れ」という項目が設けられ、それらを理由とする事件の検挙数が新たに示されるようになった。2017年1月現在、2015年までの統計が公表されており、2007年から2014年までの9年間に介護・看病疲れを動機として検挙された殺人は398件、自殺関与は17件、傷害致死は22件であった（表9）。加害者を女性に限ると、殺人は155件、自殺関与は6件、傷害致死は6件であった（表10）。

　この統計では検挙件数が総数表と女表と2つ掲載されており、そこからも介護・看病疲れを動機として検挙された殺人、自殺関与、傷害致死の加害者は、女性より男性が多いことが確認できる。

犯罪統計

罪種別　主たる被疑者の犯行の動機・原因別　検挙件数（総数表・女表）

定義：介護・看護疲れを理由とする事件の検挙数

表9　総数

	殺　人	自殺関与	傷害致死
2007年	30	0	2
2008年	46	2	5
2009年	49	2	3
2010年	55	2	1
2011年	48	6	5
2012年	38	1	3
2013年	49	1	2
2014年	41	1	0
2015年	42	2	1
計	398	17	22

表10　女性のみ

	殺　人	自殺関与	傷害致死
2007年	11	0	1
2008年	20	0	2
2009年	17	0	0
2010年	21	1	0
2011年	22	5	2
2012年	16	0	0
2013年	20	0	0
2014年	18	0	0
2015年	10	0	1
計	155	6	6

第1章　介護殺人の実態

4．考　　察

　厚生労働省の（高齢者）虐待等による死亡例調査からは、介護している親族による、介護をめぐって発生した事件で、被介護者が65歳以上、かつ虐待等により死亡に至ったものは年間25件程度、警察庁の犯罪統計からは介護・看病疲れによる殺人・自殺関与・傷害致死事件が年間50件程度生じていること、内閣府の自殺統計では介護・看病疲れによる自殺が年間250から300件程度生じていることが確認できた。介護殺人のなかには、もともと心中を意図していたものが少なくない。殺人や傷害致死として検挙される件数はさほど多くなくても、その背後に多くの介護・看病疲れによる自殺が存在することを踏まえておかねばならない。

　事件件数でいえば、（高齢者）虐待による死亡例調査では2006年度と2009年度、犯罪統計では2011年、自殺統計でも2011年がピークであり、犯罪統計と自殺統計ではここ数年間の事件数の減少が確認できる。

　3つの統計に共通する傾向として、自害・他害ともに女性に比べ、男性が加害者となる割合が高いことが確認できた。（高齢者）虐待等による死亡例調査や犯罪統計では、虐待者や加害者は男性の占める割合が高い。平成25年国民生活基礎調査の概況によれば、同居の主な介護者について、男性が31.3％、女性が68.7％である。男性加害者の占める割合が年々増加しているとはいえ、まだ3割を占めるにすぎず、女性介護者の方が圧倒的に多い。それなのになぜ、介護が関わる自害・他害の加害者は男性に多いのだろう。統計数値からは、男性は女性に比べ、介護に関わる困難を抱えやすいのか、それとも困難を抱えた時の問題解決能力が低いのだろうかという疑問が生じてくる。

　男性と女性を比較すると、男性はそもそも介護に困難を抱えた段階で、女性のように友人や知人等の他人に相談し、解決を図ろうとはしない傾向があるように思う。「男たるもの、弱音を吐いてはならない」という価値観を内面化しているのかもしれないが、実際、誰に相談してよいのかが分からないという現状も影響しているのではないか。男性にとって、介護は身近な話題ではない。特に企業社会で働く男性で言えば、職場で

－13－

介護に関する話題に触れる機会は少なく、たとえ介護の悩みを抱えていたとしても、仕事への差し障りがない限り、家庭の問題を上司や同僚に相談しようとは考えないだろう。上司や同僚にしても、介護の相談にのれる知識を有しているとは限らず、相談されてもどうしたらよいのか分からない、そもそも日常的にどのような介護行為が必要なのかさえ思い浮かばないというのが現実ではないだろうか。

その点、女性にとって育児や介護は身近な話題であり、職場や同窓会など、ちょっとした折に介護の愚痴や悩み相談が始まるのはよくあることである。何気なく愚痴をこぼしたらたまたまそこに介護経験者がいた、一度役所に相談に行ったらどうかとアドバイスを受けて要介護認定を受けることになったなどの話はめずらしくない。このように考えると、介護について困った時に相談できる環境が身近にないという状況は、女性よりも男性の方がより深刻であるように思う。自分一人で介護を抱え込んだ結果、事態が深刻化していくという状況が女性より男性により顕著にみられるのは、このような社会事情も影響しているように思われる。

5．警察庁の調査

警察庁は犯罪統計に加え、1991 年、2008 年の犯罪白書において高齢犯罪を特集し、その実態と処遇内容を明らかにしている。1991 年の白書では介護殺人に対する言及はなされていないが、2008 年の白書では以下のような指摘がなされている（警察庁 2008：38-39）。

調査対象は東京地方検察庁（本庁のみ）に，1998 年 1 月 1 日から 2007 年 12 月 31 日までに受理された受理時 65 歳以上の者で，第一審において殺人の有罪判決がなされ，資料の収集が可能であった 50 人である。親族殺が 28 人，親族以外殺が 22 人であった。犯行の動機・原因をみると，親族殺では，順に「将来を悲観」，「介護疲れ」の比率が高かった。高齢殺人かつ親族殺 28 人（男性加害者 19 人，女性加害者 9 人）中，28.6％に介護疲れが見られ，71.4％が将来を悲観し，25.0％が無理心中を試みていた。

第 1 章　介護殺人の実態

　性別で比較すると，動機は男性の場合，「将来を悲観」68.4%，「激
情・憤怒」31.6%，「無理心中」26.3%の順に多かった。女性の場合，「将
来を悲観」77.8%，「介護疲れ」55.6%，「生活困窮」「無理心中」「報復・
怨恨」「被害的見方」4つとも22.2%の順に多かった。「激情・憤怒」
と「介護疲れ」では性差が認められ，前者は男子，後者は女子に多かっ
た。
　なお，高齢女子による親族殺事犯9人のうち，7人（77.8%）の被害
者に疾病が認められた。そして高齢殺人事犯者は非高齢殺人事犯者と
比べ，本件前後に自殺を図った者が多く，高齢親族殺の者では半数近
くに自殺企図が認められた。

　高齢者の殺人（親族殺）において、「将来を悲観」、「介護疲れ」の比率
が高かったこと、高齢殺人かつ親族殺28人中、28.6%に介護疲れがみら
れ、71.4%が将来を悲観し、25.0%が無理心中を試みていたこと、高齢
親族殺の者では半数近くに自殺企図が認められたことなどは、介護殺人
の予防を考えるうえで重要な知見である。
　なお、この犯罪白書には、高齢殺人事犯者の事例のうち、一つの典型
として「介護疲れ、経済不安により夫殺害を企てた事案」が例示されて
いる。その内容は「69歳女子。前科・前歴なし。70歳代の認知症の夫
の介護に疲れ，本件直前に退職。減収による経済不安もあり，ゴムひも
とふろしきを用いて夫殺害を企てたが，途中で断念。懲役2年6月執行
猶予3年」であった。

　本調査の結果については以下のような考察がなされている（警察庁
2008：43-44）。

　　親族殺の高齢事犯者の多くは，前科・前歴のない者が「介護疲れ」
　から，あるいは「将来を悲観」して，配偶者や子どもなどを殺害する
　高齢初犯者である。
　　女子の高齢殺人事犯者は，その9人全員が親族殺であった。しかも，

－15－

第1章　介護殺人の実態

> 特に女子の高齢親族殺事犯者の過半数が，その犯行動機・原因として
> 「介護疲れ」を挙げていることをも考えると，高齢社会化が進むこと
> により家族の誰かが介護を必要とする状態での生活に疲れた結果とし
> ての親族殺が，高齢者の殺人数の増加原因の一つであろうと思われる。
> 　－中略－
> 　高齢になって，介護に疲れ，いわば突発的に殺人に至る行為に対し
> ては，刑事司法機関が早期に介入して事前に防止することは容易では
> なく，これは専ら福祉の領域であることから，社会福祉制度一般の充
> 実を待つ外はないものと思われる。

　今からおよそ10年近く前に書かれた文章であるが、この記述からは、
警察庁は当時、介護に疲れ、殺人に至る事例について「福祉の領域にお
いて、社会福祉制度の充実を中心とした多様な高齢者対策が必要」と捉
えていたことが確認できる。
　その後、警察庁では警察庁・警察政策研究センター及び慶應義塾大学
の太田達也教授が共同研究を行い、高齢者犯罪に関する全国実態調査を
実施した。その結果は2013年に「高齢犯罪者の特性と犯罪要因に関す
る調査」として報告されている。太田氏は高齢者犯罪の犯罪要因として、
2005年及び2006年に検挙した殺人（134人）等を対象にした分析を行っ
た。その結果、殺人では介護疲れを原因とするものが11.9％あり、9人
に1人が介護殺人であることが示された。また介護家族を持つ者の割合
が最も高いこと、健康状態のよくない者の割合が高く、要介護・要支援
の認定を受けている者も他の罪種より高いこと、犯行時に約5人に1人
が自殺を企てていること、犯罪に対する同意や承諾、教唆があった場合
が12.7％を占めることなどが確認された。

第2節　新聞報道から確認できる介護殺人

　厚生労働省により（高齢者）虐待等による死亡例が把握されるように
なったこと、犯罪統計や自殺統計により直接の原因・動機が介護・看病

第 1 章　介護殺人の実態

疲れである件数が確認できるようになったことの社会的意義は大きい。
介護殺人が社会で解決すべき問題として取り上げられるようになった一
つの証と言えるだろう。ただし、（高齢者）虐待等による死亡例調査は、
事例報告が市町村担当者（個人）の認識に左右されてしまうという問題
点がある。市町村担当者の関わりが求められるネグレクト事例について
は比較的、実態に基づいた把握が可能であるが、事前に介護サービスの
利用が無く、自治体の関わりも一切なかった心中などは担当者も知らな
い場合があり、報告から漏れやすい。一方、犯罪統計は罪種別に事件数
を確認できるが、未遂事件も含まれているため死亡に至った件数を確認
できないし、年齢別の傾向把握もできない。自殺統計では、性別、年齢
別の傾向把握はできるが、死亡の直前に何があったのかなど、今後の予
防策につながる情報は得ることができない。したがってこれらの統計か
らは、介護殺人の現状の一端を知ることはできるが、事件予防の手がか
りを見出すという目的から言えば、情報不足の感が否めない。

　そこで次に、新聞記事の内容をもとに、介護殺人の実態についてさら
に掘り下げた調査を行う。調査を通じ、加害者や被害者の年齢や性別、
続柄等に加え、公式統計では把握することが難しい事件に共通する特徴
や判決結果などの情報を得、事件予防に向けた示唆を得ることを目的と
する。

1．調査方法

　日経テレコンを用い、日本全国を網羅する新聞として全国紙・ブロッ
ク紙計 38 紙 (注2) を対象に、殺人と介護、傷害致死と介護、心中と介護、
保護責任者遺棄と介護をキーワード指定し、介護に関わる困難を背景
に、介護をしていた親族が被介護者を殺害、あるいは心中した事例を抽
出した。調査期間は介護保険導入をまたぐ 1996 年から 2015 年までの 20
年間とした。被害者の年齢は 60 歳以上 (注3)、心中の場合はメモや遺書、
当日に友人に電話をした内容などにおいて、介護が関係する動機が確認
できたものに限定した。

－17－

第 1 章　介護殺人の実態

2．分析方法

　新聞記事の内容をもとに、死亡者数、加害・被害の関係、性別、年齢、事件の発生地、家族形態、心中の意図、被害者と加害者双方の健康状態、受診や介護保険サービスの利用の有無等について単純集計を行い、特徴や傾向を確認した。

3．結　　果

1）事件数と死亡者数

　1996 年から 2015 年までの 20 年間に生じた介護殺人の件数は 754 件で、762 人が死亡していた。（表 11）

2）加害・被害の関係

　「配偶者間の殺害」事件が 352 件（46.7％）、「子が親を殺害する」事件が 345 件（45.8％）であった。最も多いのは夫が妻を殺害する事件で 252 件と全件数の 33.4％を占めた。次に多いのは息子が親を殺害する事件で、239 件（31.7％）であった。続いて妻が夫を殺害する事件で 100 件（13.3％）、娘が親を殺害する事件で 85 件（11.3％）であった。（表 12）

3）性別比較

　性別で比較すると被害者は男性 197 人、女性 565 人で女性が多く（74.1％）、加害者は男性 543 人、女性 221 人で男性が多かった（71.0％）。（表 13、図 1）

4）年齢比較

　被害者の年齢について、最も多かった層は 80 歳以上 85 歳未満（155 人、20.3％）、次が 75 歳以上 80 歳未満（140 人、18.4％）であった。被害者が 75 歳以上（後期高齢者）の事件が占める割合は 61.9％であった。（表 14）

　加害者の年齢では 70 代（174 人、22.8％）、60 代（173 人、22.6％）、50 代（172 人、22.5％）の占める割合が高かった。加害者が 60 歳以上の事件が占める割合は 59.5％と約 6 割を占めた（表 5）。加害者が 90 歳以上の事件は

－ 18 －

第1章 介護殺人の実態

表11
「介護殺人」件数・死亡者数

年	件　数	死亡者数
1996 年	13	13
1997 年	18	18
1998 年	24	26
1999 年	29	29
2000 年	39	39
2001 年	29	29
2002 年	37	37
2003 年	42	42
2004 年	32	33
2005 年	27	27
2006 年	49	50
2007 年	48	48
2008 年	55	56
2009 年	50	51
2010 年	44	44
2011 年	51	53
2012 年	40	40
2013 年	40	40
2014 年	44	44
2015 年	43	43
計	754	762

表12
加害－被害の関係

	加害者	事件数（死亡者数）	事件数割合 %
親が子を	父　親	1　（1）	0.1
	母　親	8　（8）	1.1
子が親を	息　子	239　（242）	31.7
	息子の配偶者	11　（11）	1.5
	娘	85　（87）	11.3
	娘の配偶者	10　（11）	1.3
配偶者間	夫	252　（252）	33.4
	妻	100　（100）	13.3
その他	姉 or 妹	9　（9）	1.2
	兄 or 弟	15　（15）	2.0
	孫	11　（11）	1.5
	その他	4　（6）	0.5
	複　数	9　（9）	1.2
計		754（762）	100

表13
表2　加害者・被害者性別比較

	加害者	被害者
男　性	543	197
女　性	221	565
計	764	762

図1　加害者・被害者性別比較

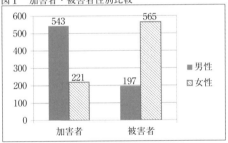

表14　被害者年齢

年　齢	人　数	割　合
60 歳以上 65 歳未満	69	9.1
65 歳以上 70 歳未満	97	12.7
70 歳以上 75 歳未満	124	16.3
75 歳以上 80 歳未満	140	18.4
80 歳以上 85 歳未満	155	20.3
85 歳以上 90 歳未満	104	13.6
90 歳以上	73	9.6
計	762	100

表15　加害者年齢

年　齢	人　数	割　合
20 代以下	11	1.4
30 代	39	5.1
40 代	87	11.4
50 代	172	22.5
60 代	173	22.6
70 代	174	22.8
80 代	94	12.3
90 代以上	14	1.8
計	764	100

第1章　介護殺人の実態

表16　事件発生地

地域別	都道府県	事件数	割　合	事件数	割　合
北海道	北海道	28	3.7	28	3.7
東北	青森	7	0.9	57	7.5
	岩手	8	1.1		
	宮城	11	1.5		
	秋田	8	1.1		
	山形	15	2.0		
	福島	8	1.1		
関東	茨城	15	2.0	244	32.4
	栃木	12	1.6		
	群馬	12	1.6		
	埼玉	40	5.3		
	千葉	53	7.0		
	東京	58	7.7		
	神奈川	54	7.2		
中部	新潟	14	1.9	160	21.2
	富山	7	0.9		
	石川	3	0.4		
	福井	9	1.2		
	山梨	11	1.5		
	長野	20	2.7		
	岐阜	10	1.3		
	静岡	26	3.4		
	愛知	60	8.0		
近畿	三重	17	2.3	149	19.8
	滋賀	11	1.5		
	京都	16	2.1		
	大阪	61	8.1		
	兵庫	28	3.7		
	奈良	12	1.6		
	和歌山	4	0.5		
中国	鳥取	5	0.7	39	5.2
	島根	3	0.4		
	岡山	8	1.1		
	広島	13	1.7		
	山口	10	1.3		
四国	徳島	2	0.3	18	2.4
	香川	4	0.5		
	愛媛	12	1.6		
	高知	0	0.0		
九州	福岡	24	3.2	59	7.8
	佐賀	3	0.4		
	長崎	0	0.0		
	熊本	8	1.1		
	大分	5	0.7		
	宮崎	6	0.8		
	鹿児島	9	1.2		
	沖縄	4	0.5		
計		754	100.0	754	100.0

第 1 章　介護殺人の実態

14 件（1.8%）生じていた。（表 15）

5）事件の発生地
　地域別に事件の発生数をみると、北海道は 28 件（3.7%）、東北地方は 57 件（7.5%）、関東地方は 244 件（32.4%）、中部地方は 160 件（21.2%）、近畿地方は 149 件（19.8%）、中国地方は 39 件（5.2%）、四国地方は 18 件（2.4%）、九州と沖縄は 59 件（7.8%）であった。都道府県別では、多い順に大阪 61 件（8.1%）愛知 60 件（8.0%）、東京 58 件（7.7%）であった。事件発生が確認できなかったのは高知、長崎の 2 県のみであった。（表 16）

6）複数の事例にみられる共通点
　754 件の報道記事の記載内容から事件に共通する事項を取り出してみると、以下の傾向が確認できた（注4）。
　自らも後追い自殺する覚悟で被介護者を殺害した心中、あるいは心中未遂の事例は 287 件（38.1%）であった。このような事件では、死に至る過程において介護者の暴力など、虐待と捉えられるような状況はほとんど生じていなかった。
　家族形態は親ひとり子ひとり、または老夫婦など 2 人暮らし世帯が 279 件（37.0%）であった。親ひとり子ひとりの場合、よく見られるのは高齢の母親と結婚をしていない息子という世帯であった。介護が加害者一人に集中していた事例は 221 件（29.3%）であった。加害者の他に誰も介護を担う存在が確認できない場合もあるが、高齢の夫婦の場合、別居の子どもに頼れないわけではないけれども、迷惑をかけたくないと考え、あえて頼ろうとしないという心境が確認できた。加害者自身に障害がある、あるいは介護疲れや病気など体調不良の事例は 237 件（31.6%）であった。なかには加害者ががんや難病に罹患している、介護者も認知症など、深刻な事例も存在した。
　被害者については、寝たきりが 201 件（26.7%）、認知症が疑われる事例が 232 件（30.8%）であった。寝たきりの場合は排泄の世話、認知症

－ 21 －

第 1 章　介護殺人の実態

の場合は昼夜逆転や徘徊などで被介護者から目を離せない状況が介護者
を苦しめていた。社会資源の活用については、通院が確認できた事例は
108 件（14.3%）、何らかの介護保険サービスを利用していた事例は 126
件（16.7%）であった。また、金銭的に困窮していた事例は 70 件（9.3%）
であった。事件当時に入院あるいは入所待ち状態にあった事例は 21 件
（2.8%）であった。

　次に事件の動機について、加害者が警察や検察で供述する内容は大き
く分けて「介護に疲れた」か「将来に悲観」、もしくはその両方であった。
加害者の罪名は殺人（承諾殺人、同意殺人含む）、傷害致死、保護責任者
遺棄致死であった。判決は新聞記事から確認できたものに限られるが、
比較的よく見られるのは懲役 3 年に執行猶予が付与されるという内容で、
執行猶予の年数は 3 ～ 5 年の幅で決められていた。執行猶予が付く事件
の場合、動機は純粋に介護疲れと思われるものにほぼ限られており、虐
待が確認できる、あるいは金銭トラブルや恨みなどの要素が背景にある
事件の場合、執行猶予が付与されることはほぼなかった。その他の傾向
として、2001 年から裁判員裁判が導入されたが、導入後、以前はほとん
ど見られなかった保護観察付き執行猶予という判決が時折みられるよう
になった。

　4．考　　察
　本調査で新たに得られた主な知見は、次の 6 点である。① 1996 年か
ら 2015 年までの 20 年間に、介護殺人事件は少なくとも 754 件発生して
おり、762 人が死亡していた。②「配偶者間の殺害」事件が 352 件（46.7%）、
「子が親を殺害する」事件が 345 件（45.8%）でほぼ同じ割合であった。
加害者で最も多い続柄は夫（33.4%）であった。③被害者は女性が 7 割、
加害者は男性が 7 割を占めた。④ 75 歳以上の後期高齢者が被害者となっ
た事件は約 6 割であった。加害者が 60 歳以上の事件も約 6 割を占めた。
⑤事件発生数で最も多いのは大阪、次いで愛知であった。新聞記事では
事件が確認できなかった県も 2 つ存在した。⑥加害者自身の障害、ある
いは介護疲れや病気などの体調不良は約 3 割の事例に確認できた。

第1章　介護殺人の実態

　これら6点のうち、予防の視点から特に注目すべきは①介護殺人の件数　③被害者は女性、加害者は男性が多い　⑥加害者自身も障害や病気を抱えがちの3点と考える。

①介護殺人の件数
　2000年に介護保険制度が導入されたが、この制度の導入により介護殺人の件数が顕著に減少したという傾向は確認できない。
　介護保険制度を利用することにより、介護負担の軽減につながった事例は多く存在するはずである。一方で、介護保険によるサービスを利用していたにも関わらず事件に至った事例も少なくないため、個々の事例について、ケアマネジャーや介護サービス事業者との関わりが加害者にどう受け止められていたのかについて検証していく必要がある。
　また、本調査から得られた事件数は厚生労働省による「虐待による死亡例」調査よりも多い。違いが生じた主な理由は、心中の件数であろう。厚生労働省の「虐待による死亡例」調査では、心中はほとんど計上されていない。本調査においては心中の場合、遺書の内容や事前の電話連絡などで動機が介護に関わると確認できるものは件数に含めている。新聞報道を見る限り、介護による困難が背景にある心中はかなり生じているため、自殺防止の視点からも予防策の検討を行っていく必要がある。

③被害者は女性、加害者は男性が多い傾向
　心中に関して言えば、「死ぬことが相手にとっても、自分にとっても幸せ」と信じ込んで事件を起こすのは配偶者間での介護、特に夫介護者に比較的よく見られる傾向のように思う。妻介護者の場合は「夫の苦しみを終わらせてあげたい」という動機が多く、夫がよく語る「死ぬことが相手にとっても、自分にとっても幸せ」という供述はあまり確認できない。夫が自らの信念に妻を巻き込み、妻の思いを確認することなく心中に及ぶのは、それまでのお互いの関係性からくるものであろうか。ジェンダーの視点からの事例分析を行い、何が彼らを追い詰めたのかを検証していかねばならない。また、息子介護者の場合は社会的孤立や離職に

－23－

第1章　介護殺人の実態

よる経済的困窮が背景にある場合が多いため、それらが事件発生にどう
影響したのかについても検証していくことが必要である。

⑥加害者自身も障害や病気を抱えがち
　加害者自身の障害や体調不良について、そもそも新聞記事のみで加害
者に関する詳しい情報を知るのには限界があるが、それでも約3割の事
例に加害者の障害、あるいは体調不良が確認できた点は注目に値する。
この数値からは、過去に生じた介護殺人について、被介護者のみならず
介護者（加害者）を対象とした支援が必要だった事例がかなり含まれて
いるのではないかと推測できるからだ。そのような状況は介護の現場で
は決してめずらしくない。彼らに対してはそもそも誰かが危機に気付い
ていたのか、第三者が関わっていたとしたら、それは事件回避の点でど
のような効果があったのかを検証する必要がある。

　以上、新聞記事の分析を行うことで、公式統計では得られない事件の
背景情報を得ることができた。しかし記事によっては事件発生日や発生
地、被告の年齢、加害者との続柄などの基本的な情報しか得られない場
合も多く、事件発生に至るプロセスや加害者、被害者を取り巻く環境に
ついての詳細な情報を得られないことも稀ではなかった。この状況は、
同様な事件の発生を予防するという点から言えば、十分とは言えない。
また、事件回避に向けての第三者の関わりを分析する際も、得られる情
報に限界があり、十分な考察を行うことができなかった。実態調査の実
施方法や情報蓄積のあり方についてはこの先、検討を重ね、予防を視野
に入れた多角的な分析が行えるような環境を整えていかねばならない。

第3節　介護殺人事件の分析と事例検証

　介護殺人の予防を考える際、過去に生じた事例から学び、得られた知
見を実際の支援の改善につなげていくのは重要なことである。本節では、
過去に生じた事例をデータベース化して学際的な分析を行える仕組みを

－ 24 －

第1章　介護殺人の実態

確立することと、個々の事例に対し時間の経過をふまえながら質的な検証を行うことの重要性について確認していきたい。

1．事例のデータベース化と学際的な分析を行える仕組みの確立

厚生労働省は 2014 年より、高齢者虐待について各自治体から事例を報告する形での情報収集を行っている。そのため、現在は全国から寄せられる高齢者虐待について、特徴の把握や傾向の分析などを行うことが可能になった（認知症介護研究・研修仙台センター 2015：1）。これを介護殺人にも応用し、国の主導により、全国から事例の形で情報収集を行いデータベース化し、保健、医療、福祉、刑事政策など各領域の研究者による多角的な検証を可能にしていくことはできないだろうか。

例えばアメリカでは、虐待等、暴力で死亡した事例に関しては、通常の事件処理とは別に報告するシステム（National Violent Death Reporting System）があり、大規模なデータベースを作成し、様々な角度から分析を行っている。そこでは被害者の脆弱性、容疑者の特徴、加害者と被害者の関係性に注目すること、多様な動機の理解を図ることなどが事件予防に有益であることが指摘されている（Tomlinson 2015）。日本においても今後、事例に関する多角的な情報収集を行い、それをデータベース化し、犯罪学、社会政策学、医学、社会福祉学など多領域の研究者の英知を集めた学際的な分析を行っていくことが必要であろう。

2．事例検証

介護殺人の事例検証には、裁判の過程で行われるものと、裁判後に行われるものという 2 通りの検証が考えられる。

1）裁判の過程で行われる事例検証

裁判の過程では、情状鑑定を実施することにより、社会福祉職による「本人と環境の不調和」の検証を行うことが必要と考える。
介護殺人の予防に向けては、既に生じた事件について、なぜそれが生じたのか、事件に至る前に必要な支援を提供することができなかったのか

などを個別に検証していく作業が欠かせない。そのためには裁判の段階で、社会福祉専門職らによって「本人と環境の不調和」を検証していくことが効果的である（湯原2015）。

　藤原（2013：99）は「（刑事裁判の）量刑判断をするにあたって必要かつ十分な情報の提供者として、対人援助専門職が一定の役割を果たすことができると考えている」と述べ、対人援助専門職が関与する部分は「犯罪事実と深く関係する本人と環境の不調和である」と説明する。介護殺人の場合、事件の背景となる「本人と環境の不調和」については、ほぼ全ての事件で確認できる。ただしそれが何なのかについては、社会福祉専門職の指摘がなければ気付くことができない場合も少なくない。社会福祉専門職であれば、本人のアセスメント、世帯のニーズ把握、ケアプランの内容、その後の関与などが適切に行われていたかどうかを判断することができるが、社会福祉の専門的知識を持たない裁判官や裁判員がこれらの見極めを行うのは難しい。また、介護者が陥った困難についても、社会福祉専門職からの解説がなければ誤解が生じる場合もある。たとえば、これまでの介護殺人の判例では、介護期間が長期になるほど介護護負担は増えると思われている節があるが、認知症の場合はむしろ逆で、否認、驚愕、怒りなどが生じ、最も介護負担が重くなるのは介護の初期段階なのである。介護が長期化するにつれ、あきらめや受容の気持ちが出、介護負担はむしろ軽くなる傾向にある（松本2013）。

　その他、介護殺人には「将来に悲観」という動機がよく出てくるが、そもそも介護に関する制度やサービスの実情を知らなければ被告が陥った苦境を十分に理解することはできない。もし事件前から被告人らに関わっていた社会福祉専門職がいれば、彼らは事件の背景となった「本人と環境の不調和」を分析できる立場にある。社会福祉専門職による解説は事件を正しく理解するうえで有益である（注5）。

　2）裁判後に行うもの
　過去に生じた介護殺人について事件に至った背景や介護状況を調べ、課題を検証することは同様な事件の再発防止の視点から言えば極めて重

第1章　介護殺人の実態

要である。介護殺人が起きた自治体のなかには自主的に検証を行っているところもあるが、検証から得られた知見を現状の支援の充実や施策の改善につなげていくためには国や自治体が主体となり、検証を施策に活かすシステムの構築が不可欠である。

　児童虐待の場合、事例検証については児童虐待防止法第4条第5項に基づき「国及び地方公共団体は、児童虐待を受けた児童がその心身に著しく重大な被害を受けた事例の分析を行うとともに、児童虐待の予防及び早期発見のための方策、児童虐待を受けた児童のケア並びに児童虐待を行った保護者の指導及び支援のあり方、学校の教職員及び児童福祉施設の職員が児童虐待の防止に果たすべき役割児童虐待の防止等のために必要な事項についての調査研究及び検証を行うものとする」と規定されている。この規程に基づき、社会保障審議会の児童部会に置かれた「児童虐待等要保護事例の検証に関する専門委員会」により、児童虐待による死亡事例として厚生労働省が各都道府県を通じて把握した事例などについて分析がなされ、明らかになった課題を受けて報告がまとめられている。厚生労働省はそれら報告の提言を受け、児童虐待防止策をより一層推進していくとともに、地方公共団体、関係団体及び関係者に周知を図り、本報告の実現に向けた取り組みを進めている。介護殺人についても児童虐待と同様に、このような調査研究及び検証作業を行えるようにしなければならない。そのためには、国及び地方公共団体にそれらを義務付ける法的根拠が必要であろう。

　なお、高齢者虐待については高齢者虐待防止法第26条「国は、高齢者虐待の事例の分析を行うとともに、高齢者虐待があった場合の適切な対応方法、高齢者に対する適切な養護の方法その他の高齢者虐待の防止、高齢者虐待を受けた高齢者の保護及び養護者に対する支援に資する事項について調査及び研究を行うものとする」と規定されている。死亡事例（重篤事例）の検証を法第26条による「事例の分析」として位置づけて実施することは可能ではないだろうか（認知症介護研究・研修仙台センター2016：154）(注6)。ただし、高齢者虐待防止法第26条には児童虐待防止法第4条第5項のような検証に関する明確な言及がなく、対象についても

－27－

第 1 章　介護殺人の実態

「その心身に著しく重大な被害を受けた事例」と明記されているわけではない。調査及び研究の主体は国と定められており、地方公共団体への言及がない点も課題である。介護殺人の場合、自治体との関わりや介護サービスの利用なども視野に入れた分析を行う必要があることから、検証の主体は国のみならず、条文には「地方公共団体」も加えるべきである。介護殺人について確実に検証が行われる体制を構築するには、これらをふまえた第 26 条の改正が必要であろう。

　さらに実際の検証にあたっては、加害者の視点に基づいた分析が行えるよう、警察や検察等、司法機関に対し、情報共有に関する機関間協定を結ぶことなども視野に入れねばならない。この点も含め、速やかな事例検証ができるよう法整備を進めていくことが求められている。

本章の結論

　犯罪統計と自殺統計では 2007 年以降、介護・看護疲れを原因・動機とする事件数を把握することが可能になった。社会問題の解決という点から言えば、公式統計を手掛かりに実態の一部を把握できるようになったことは大きな意味を持つ。ただし、これらから得られる情報は介護殺人の予防に向け、対策を講じるという点から言えば決して十分とは言えない。加害者や被害者が事件当時、いったいどのような心身状態であったのか、どのような社会サービスを利用していたのか、もし支援者が存在していたのであれば、なぜ事件を防ぐことができなかったのかなど、「どうしたら事件を回避できたのか」の考察に必要な情報については公式統計から十分に把握することができない。今後は事件の予防という視点から多角的な視点から分析が行えるよう、国としての情報の蓄積を行っていくことが求められる。そのためには国が主導して事例の蓄積とデータベース化を行い、学際的な分析ができるシステムの構築が必要である。

　加えて同様な事件の再発防止という視点に立てば、過去に生じた事例を検証していく作業が欠かせない。裁判の段階においては情状鑑定を行

－ 28 －

第 1 章　介護殺人の実態

い、社会福祉職が事件の背景となった「本人と環境の不調和」について
検証していくことが必要である。また、裁判が終わった後は国及び自治
体により事例検証を行い、そこから得られた教訓を支援の充実につなげ
ていくシステムの構築が求められる。

（注１）　厚生労働省による「（高齢者）虐待等による死亡例」調査は基本的に
通報を受けた事例の分析、内閣府の自殺統計、警察庁の犯罪統計は事件後に動
機が明らかになった事件の分析に限られるため、潜在事例が相当数あることが
推測される。
（注２）　検索に用いた新聞は、朝日新聞、毎日新聞、読売新聞、日経新聞、産
経新聞、北海道新聞、東奥日報、岩手日報、河北新報、秋田魁新報、山形新聞、
茨城新聞、下野新聞、上毛新聞、千葉日報、東京新聞、福井新聞、北國新聞、
信濃毎日新聞、山梨日日新聞、静岡新聞、中日新聞、岐阜新聞、京都新聞、神
戸新聞、日本海新聞、山陽新聞、中国新聞、四国新聞、徳島新聞、愛媛新聞、
高知新聞、西日本新聞、南日本新聞、熊本日日新聞、長崎新聞、琉球新報、沖
縄タイムスの計 38 紙である。新聞以外ではＮＨＫニュースからも事件情報を
得た。
（注３）　社会福祉の領域では高齢者の年齢を 65 歳以上とすることが多いが、
本研究では刑事司法統計の数値との比較分析ができるよう 60 歳以上とした。
刑事司法統計は 10 歳刻みで取られていることが多く、65 歳以上という取り方
ができない場合がある。
（注４）　被害者と加害者双方の健康状態、受診や介護保険サービスの利用の有
無等について、新聞記事では詳細の確認ができない事例も少なくない。そのた
め、ここで示した数値は「少なくともこれだけは確認できた」という意味で捉
えていただきたい。
（注５）　現状では、介護殺人事件に情状鑑定がなされることはほとんどなく、
事情をよく知る社会福祉専門職は検察に呼ばれて質問に答える程度の関与しか
求められていない。つまり、現状の裁判において、社会福祉専門職の証言によ
り「本人と環境の不調和」が裁判の場で明らかにされるとは限らないのである。
介護殺人事件に情状鑑定を行う意義について、司法の関係者に理解が得られて
いるとは言い難い状況にあるため、社会福祉の側からその重要性について主張
していかねばならないが、現状を改善する方法の一つとして、その地域の社会
福祉専門職団体が事件の分析を行うという方法を提起したい。県の社会福祉士
会等が中心になり、弁護人に犯罪への影響が伺われる「本人と環境の不調和」や、
社会福祉の専門的な立場からの解説が必要な事項を明らかにし、弁護人らに「コ
ンサルテーション」を行うのである。それによって弁護人の理解が深まれば、
公判前整理手続などを通じ、検察や裁判官の理解が促され、必要な視点を審理
に活かしていくことが可能になる。つまり、情状鑑定を行わなくても、その実
質的な意義を担保することができると考える。そして、これは現行制度の枠内

第 1 章　介護殺人の実態

でも十分、実現可能な試みである。

（注6）　介護殺人を高齢者虐待と捉えるかどうかについては議論があり、虐待ではないと捉えると、高齢者虐待防止法第26条を根拠に介護殺人の事例検証を行うことはできなくなる。介護殺人を本研究で用いた意味「介護に関わる困難を背景に、介護をしていた親族（周囲から介護の担い手として期待されていた者も含む）が被介護者を殺害、あるいは心中する事件」で捉えると、死の直前まで虐待が確認できない事例がかなり含まれており、これらもすべて虐待と捉えて対応策を検討するのが適切であるのかどうかは疑問である。厚生労働省の「（高齢者）虐待等による死亡例」調査では「養護者による被養護者の殺人」「心中」という分類がなされているが、この分類について「養護者による高齢者虐待」自体との異同を問題視する指摘もなされている（認知症介護研究・研修仙台センター 2016:154）。

　ただし、養護者の介護等放棄（ネグレクト）による被養護者の致死や、身体的虐待が高じて死に至った事例等、介護殺人のなかでも明らかに虐待と捉えられる事例は存在するため、少なくともこのような事例に関しては、高齢齢者虐待防止法第26条に基づき、事例検証を行うことは可能と考える。

《引用文献》

藤原正範（2013）「量刑判断に対人援助職は寄与できるか」『罪と罰』50（4），98-113.

警察庁（2008）平成20年版犯罪白書
http://hakusyo1.moj.go.jp/jp/55/nfm/mokuji.html　2016.9.27 閲覧.

警察庁　統計（捜査活動に関する統計等）
https://www.npa.go.jp/toukei/index.htm　2016.9.27 閲覧.

警察庁・警察政策研究センター及び慶應義塾大学・太田達也教授による共同研究（2013）「高齢犯罪者の特性と犯罪要因に関する調査
　http://www.npa.go.jp/keidai/keidai.files/pdf/essay/20131220.pdf
　2016.10.19 閲覧.

厚生労働省　平成25年国民生活基礎調査
　http://www.mhlw.go.jp/toukei/saikin/hw/k-tyosa/k-tyosa13/dl/05.pdf
　2016.9.27 閲覧.

厚生労働省　高齢者虐待防止
　http://www.mhlw.go.jp/stf/seisakunitsuite/bunya/hukushi_kaigo/kaigo_koureisha/boushi/　2016.9.27 閲覧.

厚生労働省　子ども虐待による死亡事例等の検証結果等について（第12次報告）
http://www.mhlw.go.jp/stf/seisakunitsuite/bunya/0000137028.html
2016.10.11 閲覧.

松本一生（2013）『認知症家族のこころに寄り添うケア』中央法規.

内閣府　自殺の統計
　http://www8.cao.go.jp/jisatsutaisaku/toukei/　2016.9.27 閲覧.

認知症介護研究・研修仙台センター（2016）『平成27年度老人保健事業推進費

第 1 章　介護殺人の実態

等補助金（老人保健健康増進等事業）高齢者虐待の要因分析及び対応実務課題
の解決・共有に関する調査研究事業 報告書』
https://www.dcnet.gr.jp/image_viewer.php?t=1479857880&dpath=/cms/con
tents/data/39/260/DETAIL_PDF_1.pdf&isd=1&f=sh27_gyakutai_houkokusyo.
pdf　2016.9.27 閲覧.

Tomlinson E1, Stott J. (2015) Assisted dying in dementia: a systematic review
of the international literature on the attitudes of health professionals, patients,
carers and the public, and the factors associated with these. International
Journal of Geriatric Psychiatry. Jan.30 (1), 10-20.

湯原悦子（2015）「介護殺人事件の裁判における社会福祉専門職の関与に関する
研究」『社会福祉学』56 (1), 116-127.

第2章　介護殺人に関する先行研究

　本章では日本と海外における介護殺人に関する先行研究をレビューし、研究の動向を把握するとともに、得られた知見の整理を試みる。そしてこのテーマにおける今後の研究課題について考察する。

　はじめに第1節において「介護殺人」の定義をめぐる議論について概観する。続けて第2節では日本、第3節では海外における介護殺人の研究の内容と到達点を確認し、今後の研究課題などを提示する。

第1節　「介護殺人」の定義をめぐる議論

　「介護殺人」という言葉はメディア等で広く使われるようになったが、学術的に統一された見解が示されているわけではない。介護に関わる要因が背景にみられる高齢者の心中や殺人については、研究者らがそれぞれ異なる定義を用いて調査や研究を行っているのが実情である。介護殺人という用語一つとっても、山中（2004）は「介護労働が直接的あるいは間接的な背景要因となって発生する殺人行為」、加藤（2005）は「親族による、介護をめぐって発生し、死亡に至った事件」、根本（2007）は「介護によって養護者（介護者）が精神的・肉体的・社会的にストレスコーピングによる不適応状態に落ち入り、被介護者を殺害し、死に至らしめること」、宮元（2012）は「介護をする者が介護される者を殺害する事件」など、それぞれ異なる表現を用いている。鈴木（2007：102）が「家庭内の介護に関連して起きた親族どうしの事件に限定した場合でも、実態を把握するための統一された枠組みは現在のところまだ確立しておらず、先行研究においてそれぞれ用いている枠組みに若干のずれがある」と述べるように、各研究者の定義には細かな点で違いが確認できる。

　筆者は以前、現在、用いられている用語の比較検討、加えて事件を質的に分類するうえでの高齢者虐待概念との関係や、嘱託殺人や承諾殺人の場合に被害者の意思をどう扱うかについても議論を深めていくことが

必要であると指摘した（加藤 2005：42）。定義を定めるうえでは、いったい「何が」見解の違いを引き起こしているのかを確認することが重要であろう。

　この点について、先述した鈴木（2007：102）は「とくに議論が分かれるのは、心中は殺人であるのかという点と、心中は虐待であるのかという点についてである」と指摘する。羽根（2006）も「先行研究において見解が分かれているのは『介護殺人・心中』と『虐待』の位置づけに関してである」と説明する。ここからは、心中は殺人なのか、事件に至るプロセスにいわゆる虐待がみられない殺人も虐待と捉えるのかという点が論点になっていることが見出せる。

　1．心中は殺人なのか
　清水（1980b：839-840）は「（一方が老人であり、他方が病人であるという）老病心中を引き起こした人々は、殺害者は形式的には罪を犯したことになるが、決して単なる'殺人プラス自殺'ではないことが、ケースを多く調べるにつれて判明してくる。漠然とした印象として、老病心中を引き起こした人々は、極めて'いい人'たちだという思いがある」と述べている。また「自分たちでできる十二分の努力をし、自らの命をもなげうって脱出しようとしたことを厳粛に思い返す必要がある」という記述もあり、ここからは老病心中は単なる'殺人プラス自殺'ではない、背景やプロセスに注目すべきという清水の主張を読み取ることができる。一方、根本（2007：40）は「追い詰められたことが原因であっても、介護していた相手を殺したという事実を否定することはできない」「いかなる理由によっても第三者によって生命を絶つ行為は虐待以外の何ものでもない」と主張する。この見解からは、たとえどのような事情があったとしても介護していた者が相手を死に至らしめたという事実は変わらない、虐待の結果として生じた殺人と捉えるべきとの主張が読み取れる。

　2．死に至るプロセスにいわゆる虐待がみられない殺人をどう捉えるか
　根本（2007：40）の主張「いかなる理由によっても第三者によって生

第 2 章　介護殺人に関する先行研究

命を絶つ行為は虐待以外の何ものでもない」に基づけば、合意による心
中や嘱託、承諾殺人などはたとえ被害者に殺害への同意が存在する場合
であっても、結果として加害者から命を奪われたという点は変わらない
ため、虐待と位置付けるべき事象となる。山口（2001）も介護殺人につ
いて「人権を侵害する虐待の究極的な現象」と述べており、染谷（2001）
も「高齢者虐待の最も悲惨な形」、萩原（2009）は「究極の虐待」と主張
するなど、殺人という行為そのものを虐待と捉える見解は複数の研究者
に支持されている。

　一方、介護殺人を一律に虐待と捉えることに消極的な立場も確認でき
る。この背景には、介護殺人として語られる事件のなかには、殺害に向
かうプロセスにおいて、いわゆる虐待がみられないものが多数存在する
からだと思われる。加藤（2005：15）は「…事件によっては、殺害時の
状況によって違和感なく『高齢者虐待の最も悲惨な形』と捉えられるも
のもあるが、殺害に至るまでに加害者の献身的な介護が見られるなど『高
齢者虐待』と捉えるのに躊躇する事件もある」と述べ、介護殺人を必ず
しも一律的に「虐待の延長としての殺人」として捉える立場は取らない[注
1]。その他、羽根（2006：37）は「全体として日常的な虐待や暴力がみら
れた事例はほとんどなく、以上のような考察からも、『介護殺人・心中
事件は虐待とは異質なもの』とみなすことができる」、湯原（2011：46）
も「なかには周囲が感心するほどにきめ細やかな介護がなされており、
繰り返される被介護者の『死にたい』『殺して』という懇願に耐えきれ
なかった事例など、虐待と捉えることに違和感を覚えるものも存在する」
と述べており、これらの指摘からは殺人という結果のみ注目するのでは
なく、その内容やプロセスに注目して事象を捉えようとする姿勢がうか
がえる。

　これら論点に関する見解は、結局、事件のどのような側面に注目する
か、結果なのかプロセスなのかという違いによるものと考えられる。介
護者が被介護者を殺害する形で心中を図る事件であれば、法的に見れば
介護者による殺人プラス自殺（未遂）であることに議論の余地はない。

しかし、保健や医療、福祉などの領域では、結果もさることながらそこに至るプロセスが重要で、介護者がなぜそこまで追い詰められたのかという背景や、その人を取り巻く周囲の環境を丁寧に検討し、予防へと活かしていくことに焦点が当てられる。

　介護に関わる要因が背景に見られる殺人や心中を虐待と見なすかどうかについても同様で、相手の命を奪ったという結果に注目すれば虐待と捉えられるが、保健や医療、福祉などの領域では、清水曰く「『極めていい人』たちが『自分たちでできる十二分の努力をした』」（清水 1980b：839）にも関わらず、事件に至ってしまったのはなぜか、周囲に助けを求めず自分達だけで解決（死）という選択をしたのはなぜか、それ以外に事件を回避する方法はなかったのかなどを考えることが重要になる。その考察から得られた知見を実践に活かしていかない限り、事態の改善は見込めないからである。

　なお、介護に関わる要因が背景に見られる殺人や心中には、障害や重篤な疾患のある子どもを親が殺害する場合など、高齢でない者が被害にあうケースも存在する (注2)。被害者の年齢を特定しない形での研究もみられるが（宮元 2013）、太田（1987：59）が「"老人介護事件"は介護される側が高齢であるとか、介護者が親ではなく、配偶者あるいは子ども、嫁という場合がほとんどであるという点で、同じような介護事件が起きている障害児（者）の場合とは事情が異なる」と説明するように、障害児（者）が被害に遭うのと高齢者が被害に遭うのとでは背景や特徴などの点で異なる事情があり、支援の基盤となる法や政策も異なることに留意しなければならない。現行施策の充実や改善など、研究の目的によっては障害児（者）が被害に遭う場合と高齢者が被害に遭う場合とに分けて調査や研究を行うことが必要であろう。

第2節　日本における介護殺人の研究動向

　介護殺人に関する研究の歴史は浅く、本格的な研究が行われるようになったのは 2000 年代に入ってからである。本節では日本における介護

－35－

第 2 章　介護殺人に関する先行研究

殺人に言及した文献を調べ、調査内容や研究の到達点について確認する。

　はじめに関連する文献の収集のため、文献検索サイト CiNii を用い、介護殺人、介護×殺人、介護×心中をキーワード指定して文献検索を行った。そこから得られた論文の内容を確認し、介護による困難が背景にある高齢者の殺人あるいは心中に関する文献を選び出した。結果、CiNii を用いた文献検索では、2016 年 8 月現在、介護殺人で 52 件、介護×殺人で 71 件、介護×心中で 27 件、高齢者×殺人で 27 件の文献が抽出された。

　これら文献の内容を調べると、おおむね 2 つの内容に分類できた。一つは事件の傾向や特徴、発生要因を示したもの、もう一つは事件の背景要因や事件発生に至るメカニズムを調べ、パターン分析を試みたものである。以下、それぞれの内容別に文献を示し、行われた研究の内容について確認する。

　1. 事件の傾向や特徴、発生要因を示したもの

　介護殺人事件の傾向や特徴、背景などについては主に 2000 年以降、看護や社会福祉、法学などの領域の研究者により量的な調査が行われてきた。学会誌や大学紀要、研究書のなかで報告されたものとしては、清水（1973・1980）、太田（1987）、一瀬（2001）、高崎（2003）、池田（2004）、山中（2004）、加藤（2005）、大類ら（2005・2009）、羽根（2006）、鈴木（2007）、宮元（2014）、湯原（2011,2016）らの研究が存在する。それぞれの研究について、調査対象、調査方法、検索キーワード、分析目的、分析件数、出典を整理したものが表 1 である（表 1）。

　これらが行われた目的は大きく分けて「事件の特徴や傾向、発生要因の把握」「介護保険制度導入の効果検証」「今後似たような事件が発生するのを防止する手掛かりを得る」の 3 つであった。ここではそれぞれの目的について、先行研究や調査で何が明らかにされたのかを年代順に確認していく。

－ 36 －

第 2 章　介護殺人に関する先行研究

1 ）事件の特徴や傾向、発生要因の把握
　①全体的な傾向把握
　・1970-80 年代
　介護に関わる要因が背景に見られる心中や殺人に注目し、量的な研究
がなされるようになったのは 1970 年代からであり、先駆的なものとし
て清水（1973・1980）による「老病心中」、太田（1987）による「老人介
護事件」の調査が挙げられる。清水は一方が老人であり、他方が病人で
あるという「老病心中」に該当する事例を収集し、特徴や傾向を明らか
にする研究を行った。その結果、①対象とした老病心中の事例には義理
の間柄のものは一例もなかったこと、②老人の男性は病気でない場合で
も心中を決断実行するが、女性は自分が病気か、長い看病の結果の看病
疲れに陥ってからはじめて決断実行する傾向がみられること、③事件に
至るまでの看病年数では女性のほうが男性より長いこと、④経済的困窮
は心中の有力な引き金になるが、経済的に困っていなくても心中は生じ
ており、経済的な社会保障の充実だけでは事件は防げないことなどが見
出された。事件の特徴としては、自分も死ぬ覚悟で相手を殺そうとして
いる、相手の生命・健康のために極めて真剣に看病に尽くしてきた、自
分の命も精一杯大事にして努力しており事件の発生要因は絶望感と周囲
への気遣いである、という 3 点が指摘された。この研究について、特に
②はジェンダーの視点からの掘り下げが必要な重要な指摘である。また、
④については「将来に悲観」を原因・動機とする事件の予防を考えるう
えで重要な指摘である。
　清水の研究が発表されてから 7 年後、太田（1987）は全国紙（A 紙、M 紙、
Y 紙）の縮刷版を用い、1974 年から 1986 年に首都圏で生じた「老人介
護事件」に関する調査結果を発表した。この調査では、加害者となった
介護者は高齢かつ男性、女性では未婚の娘が多く妻や嫁は少ない、世帯
では「未婚の子どもと同居」の割合が高い、地域の性質の違い（若者中
心の地域なのか、高齢化した地域なのか）により在宅ケアの課題は異な
るなどの傾向が見出された。そして高齢の介護者の場合と同様に「未婚
の子と同居」の場合には介護上の問題が生じやすく、老人介護事件が発

－ 37 －

第2章　介護殺人に関する先行研究

表1　量的研究一覧（学術雑誌あるいは大学紀要に発表されたもの、研究書として出版されたものに限る）

調 査 者	清水照美	清水照美	太田貞司	一瀬貴子	吉岡幸子、三村洋美、高崎絹子	池田直樹	山中美由紀
調査期間	1973-1975	記載なし	1974-1986	1992-1999	1997.10-2002.9	1998.6-2002.2	1998-2002
調査対象	老病心中：一方が老人であり、他方が病人である心中	老病心中：一方が老人であり、他方が病人である心中	老人介護事件：高齢者と介護者の心中（無理心中、未遂も含む）、介護疲れによる介護者の自殺、あるいは介護疲れが背景となっている「殺人事件」など実際の高齢者の介護問題に関係がありそうな事件で、東京都、神奈川県、埼玉県、千葉県の首都圏で起こったもの	加害者もしくは被害者の双方または一方が60歳以上である介護心中の事例	介護を苦にした無理心中や殺人事件	インターネットに掲載されたマスコミの事件報道のなかから在宅介護の現場で発生した殺人事件	加害者または被害者が60歳以上で、介護労働が直接的、あるいは間接的な背景要因となって発生した殺人（殺人未遂や自殺未遂も含む）
調査方法	新聞報道（新文明は不明）から抽出	記載なし	全国紙（A紙、M紙、Y紙）の縮刷版を確認	朝日・毎日新聞の縮刷版を確認	朝日新聞報道記事（地方版含む）の確認（方法は不明）	記載なし	朝日新聞の記事検索データベース
検索キーワード	記載なし	記載なし	記載なし	記載なし	記載なし	記載なし	「介護」または「看病」と「殺人」、「無理心中」
分析目的	老人と病人が引き起こす"老病心中"の共通要因を探り、特徴を明らかにする。	老人と病人が引き起こす"老病心中"とでも言うべき行き詰まりのケースを分析し、その発生条件や特徴などの全般的な傾向について考察する。	介護者への援助を含めた在宅ケアの援助が最も必要なケースを調べ、家族による在宅介護の危機を明らかにする。	事件の背景となっている高齢者・家族状況・介護環境条件を中心に分析し、高齢者介護についてどのような医療・福祉システムを構築していけばよいのかを考える。	介護を苦にした無理心中や殺人事件を現象させるための介護保険制度の検討や地域における必要なサービス構築を行うための現状把握	日本弁護士会が高齢者虐待を防止する提言を行うための根拠を得る	事件の特性の把握。殺人もしくは「死」に向かう家族介護と日本的、文化的とされてきた「死」への行動や意識構造のあいだにどのような関連があるのかを探る
分析件数	17	53	29	60	82	38	134
出　典	大阪大学医療技術短期大学部研究紀要自然科学・医療科学篇3、31-48	看護学雑誌44(8)492-499、1980	社会福祉学28(2)54-75、1987.	奈良女子大学生活環境学部生活文化学研究室家族研究部門『家族論集』7 25-39、2001	『日本在宅ケア学会誌』6(2),2003、34-35.	高齢者虐待防止協会編『高齢者虐待に挑む』、144-149、2004.	『龍谷大学国際社会文化研究所叢書2 変貌するアジアの家族-比較・文化・ジェンダー』、昭和堂、2004.

－ 38 －

第2章　介護殺人に関する先行研究

加藤悦子	Orui T,Tomita N, Sasaki H	大類隆、山崎都、何梅ら	羽根文	鈴木玉緒	湯原（旧姓：加藤）悦子	宮本預羽	湯原悦子
1998-2003	1997-2003	2000-2004	1972-2004	1985-2006	1998-2010	2005-2014	1998-2015
親族による、介護をめぐって発生したもので、被害者は60歳以上、かつ死亡に至った事件	介護への疲労困憊を理由に介護者が要支援・要介護高齢者を殺害した事件	極度の介護疲れから介護者が被介護者を殺害してしまう事件	家族・親族が介護者であり、被介護者が60歳以上の事件のうち、介護者が夫か息子で、介護生活の様子や介護への動機付けなどの情報が得られるもの	家族介護に関わる事件で、在宅でのケアに関連して発生し、かつ事件発生当時、被害者か加害者いずれかが65歳以上であったもの	親族による、介護をめぐって発生したもので、被害者は60歳以上、かつ死亡に至った事件	介護家族が関連する介護殺人事件	親族による、介護をめぐって発生したもので、被害者は60歳以上、かつ死亡に至った事件
日本全国を網羅する新聞24紙のデータベース検索（日経テレコン）	朝日新聞データベース	朝日新聞データベース	朝日新聞データベース	朝日新聞および日経テレコンの新聞記事データベース	日本全国を網羅する新聞24紙のデータベース検索（日経テレコン）	朝日新聞および毎日新聞のデータベース	日本全国を網羅する新聞30紙のデータベース検索（日経テレコン）
「介護」×「殺人」「心中」「保護責任者遺棄」「傷害致死」	「介護」と「殺人」	「介護」と「殺人」	「介護」「看病」「殺人」「心中」の組み合わせ	「介護」「看病」「看護」「世話」×「事件」「心中」「殺人」「心中」「自殺」「暴行」「暴力」	「介護」×「殺人」「心中」「保護責任者遺棄」「傷害致死」	「介護殺人」「介護・事件」など	「介護」×「殺人」「心中」「保護責任者遺棄」「傷害致死」
介護保険制度導入前後の6年間について、介護殺人の全体像を把握し、事件の実態と傾向について明らかにする。	2000年に導入された介護保険制度の効果検証	いわゆる〝介護疲れ殺人〟の現状を調べる	介護殺人・心中事件の加害者（介護者）の多くは男性により占められる、この現象を家族介護の特質を規定するジェンダー要因との関連で考察する。	事件の特徴を探り、その経年変化を調べる。	過去13年間に生じた介護殺人事件について、実態と課題を明らかにする。	介護殺人の行動パターンの把握	過去18年間に生じた介護殺人事件について、実態と課題を明らかにする。
198	180	106	30	360	495	103	716
『介護殺人－司法福祉の視点から』クレス出版, 2005.	Journal of the American Geriatrics Society 53 (3), 553-554,2005.	日本老年医学会雑誌46(4),306-308,2009.	家族社会学研究18 (1),27-39,2006.	広島法学31(2),101-118,2007.	日本福祉大学社会福祉論集(125),41-65,2011.	大妻女子大学人間関係学研究 (16),93-107,2014	日本福祉大学社会福祉論集(134),9-30,2016.

第2章　介護殺人に関する先行研究

生しやすいという特徴が示された。

　これらの研究は今から約30-40年前に行われたものである。しかし既にこの時代に「相手の生命・健康のために極めて真剣に看病につくしてきた」などの加害者の特徴や、男性介護や未婚の子と同居の場合には介護上の問題が発生しやすい点が明示されていたことは注目すべきであり、介護殺人に関する先駆的な研究として、その後の研究の基盤となる情報を提示したものと位置付けられる。

　・1990年代

　1990年代に入ると、介護に関わる要因が背景に見られる心中や殺人に関する調査や研究は確認できなくなる。この時代は高齢者の介護が社会問題となり、ゴールドプランから新ゴールドプランへ、そして介護保険制度導入に向けた世論の高まりなど、高齢者福祉に関する施策が大きく動いた時期であるが、なぜか介護に関わる要因が背景に見られる心中や殺人の実態を調べた研究については確認できなかった。

　・2000年代～現在

　2000年代に入ると介護に関わる要因が背景に見られる心中や殺人について、新聞の縮刷版や記事データベースを用い、記事内容を分析し、実態把握を試みる研究が登場してくる (注3)。例えば一瀬（2001）は朝日・毎日新聞の縮刷版を用い、1992年から1999年に発生した加害者もしくは被害者の双方または一方が60歳以上である介護心中の事例に注目した調査を行った。その結果、不十分な退院後のフォローが介護家族を追いつめていること、高齢の介護は破綻しやすいため特に支援が必要であること、男性介護者は献身的で孤立する傾向にあり、特に高齢な夫が要介護状態の妻を看るケースでは孤立的な状況に追い込まれやすく、心中事件にまで発展する可能性が高いなどが明らかにされた。その後、加藤（2005）も心中に加え、殺人や傷害致死、保護責任者遺棄致死の事件も調査対象とし、日経テレコンを用いて国内の新聞24紙のデータベースを検索し、記事内容の分析により事件全体の傾向を確認した。この調査

－40－

第2章　介護殺人に関する先行研究

では 1998 年から 2003 年に発生した親族による、介護をめぐって発生したもので、被害者は 60 歳以上、かつ死亡に至った事件が分析の対象で、加害者で最も多い続柄は息子、次が夫であり、被害者は女性・加害者は男性が多いこと、被害者は 80 歳から 90 歳未満に多く、事件は大都市圏で発生し地方では少ないことが見出された。また加害者は男性、続柄は息子や夫、事件の内容としては心中あるいは心中未遂、2 人暮らし世帯、加害者自身も体調不良状態（障害や病気等が確認できる）、被害者は寝たきりや認知症に罹患していること等の特徴が示された。

　このような新聞の報道記事を用いて実態把握を試みる研究はその後もいくつか行われている。羽根（2006）は時代を遡り、1972 年から 2004 年の間に生じた家族・親族が介護者であり、かつ被介護者が 60 歳以上の介護殺人・心中事件について調査した。その結果、70 〜 80 年代に起きた事件と近年起きた事件との間に事件概要の大きな違いは認められず、事件の発生要因と社会背景との関連は明確には捉えられないこと、加害者の男女比について 80 年代は同数だったが 90 年代以降は男性が急増していること、介護を始めてから事件に至るまでの期間は男性介護者のほうが総体的に短いことを明らかにした。そして鈴木（2007）は 1985 年から 2006 年の間に生じた家族介護に関わる事件で、在宅でのケアに関連して発生し、かつ事件発生当時、被害者か加害者いずれかが 65 歳以上であったものを調べ、男性加害者の割合が極めて高いこと、当初は介護と仕事の両立をするべく頑張っているが途中で力尽き「介護のために仕事をやめて介護に専念」「やがて退職金や預貯金を取り崩し」という記述が目立つこと、特徴や傾向として、夫婦間の事件と親子間の事件の件数が 1990 年代後半から逆転傾向にあり、息子が加害者となって定位家族のサイクルを老親とともに辿る心中のケースが徐々に増えてきていること、息子が加害者となるケースには二通りのパターン、つまり未婚の子どもが独身のまま取り残され介護を担うパターンと、いわば年金パラサイトとも言うべきパターンがあることを明らかにした。宮元は 2005 年 6 月から 2014 年 9 月までに生じた介護殺人について、高齢者に加え障害者が被害に遭った事件や未遂の事件も含めて行動パターン把握

－41－

を目的とした分析を行い、事件は早朝や夜間、深夜の時間帯に多いこと、事件が発生する時間帯と認知症とは関連があることを確認した。

　最近では、湯原（2011、2016）が2005年と同じ目的、手法を用い、1998年から2015年までに生じた事件について調査を行っている。2011年に発表された論文では、加害者に男性・被害者に女性が多い点は変わらないが、加害者の続柄で最も多いのは夫が妻を殺害するパターンであり、2005年調査で最も多かった息子が親を殺害するパターンと順番が入れ替わったことを指摘している。かつ、加害者自身も高齢、例えば2009年には被害者が90歳以上の事件が8件（18％）、2015年も8件（19.5％）も発生しており、在宅介護の長期化により介護者に疲弊がみられることを指摘した。

　②個別テーマによる傾向把握

　全体的な事件の傾向を把握するなかで、個別テーマを設定して分析がなされたものとして、池田（2004）による判決の傾向を調べた研究、山中（2004）による日本の歴史的文化的背景の影響を調べた研究が挙げられる。

　池田（2004）は1998年6月から2002年2月の間にインターネットによるマスコミの事件報道のなかから在宅介護の現場で発生した殺人事件を調査し、「介護疲れの結果としての殺人」に対し、裁判所が言い渡した刑として懲役3年執行猶予5年が圧倒的に多いことを明らかにした。山中（2004）は、朝日新聞の記事検索データベースを用い、1998年から2002年の間に生じた加害者または被害者が60歳以上で、介護労働が直接的、あるいは間接的な背景要因となって発生した殺人（殺人未遂や自殺未遂も含む）について調べ、加害者が犯行の直接的理由として語る内容は日本の家族制度が醸成してきた父親、夫、息子の役割に付与される責任感や義務感といった観念であること、家族の問題は家族で解決しなければならないという家族中心主義のもとで、家族は外社会との境界を鮮明にしながら能力を超えた介護に献身することを確認した。

第2章　介護殺人に関する先行研究

2）介護保険制度導入の効果検証

　介護保険制度の導入が介護殺人や心中の事件にどのような影響を与えたかを調べたものとしては、吉岡ら（2003）、池田（2004）、山中（2004）、加藤（2005）、大類ら（2005）、湯原（2011）による調査研究がある。結果として、これら全ての調査研究において「介護保険制度を導入したことにより事件の数が減少した」という効果は確認できなかった。湯原（2011：45）は介護保険導入の前後をまたぎ、新聞報道された事件の数を調べた結果をもとに「2000年の介護保険の導入後も必ずしも事件が減ったとは言えない」と述べている。大類ら（2005）も介護保険が導入された後も事件数は増え続けており、導入の前後で比較しても事件の傾向に変化がみられないことを指摘した。

3）今後似たような事件が発生するのを防止する手掛かりを得る

　介護に関わる要因が背景に見られる心中や殺人の先行研究からは、事件防止の手掛かりとしてジェンダーの視点からの事件の捉え直しと介護者と被介護者の関係性への注目、特に男性が介護しているケースや未婚の子と同居のケースへの支援を充実させること、日本独自の歴史的・文化的背景を理解しつつも、事件に同情し容認する傾向に疑問を投げかけること、経済的支援も含め高齢者ケア全体の底上げを行い、介護を担う家族への支援を行うことなどが提起された。

・ジェンダーの視点からの分析

　先行研究において一貫して確認できる傾向の一つに、加害者は男性が多いという点がある。この傾向について、清水（1980：837）は「女性の方が看病や家事に慣れており、忍耐強いのに比べて男性は不慣れなうえ'あきらめが早い'」と説明する。羽根（2006：30）も「男性が家事役割や介護役割に慣れていないため、より大きなストレスを抱えてしまったと推測できる」と述べる。そのため事件の防止に向けては男性介護者への支援体制の構築（一瀬2001）、早期支援（清水1980、太田1987）が大きな課題であり、例えば一瀬（2001）は特に高齢の夫介護者について、ジェ

－43－

第 2 章　介護殺人に関する先行研究

ンダーやライフサイクルの視点などを取り入れながら介護実態を分析することが必要と述べている。また加藤（2005）も介護殺人の加害者に性差があることを指摘しつつ、介護者にとって性別や続柄がその者の感じる困難にどう影響するのか、介護者の性別は、困難の克服にどう影響しておりどのような価値観の違いを生み出しているのかを明らかにする重要性を指摘している。

　・介護者と被介護者の関係性への注目
　介護者と被介護者の関係について、太田（1987）は未婚の子が介護する場合への注意を喚起している。太田は未婚の子が介護する場合、介護と生計の維持の二つの問題が集中して生じ、その子自身の老後の問題も生じてくるため、介護と生計の維持のための援助、特に介護者が働けるための援助が必要とされるが、それは家族の介護力を中心においた現在の在宅ケアの考え方ではできず、今後の在宅ケアの課題として検討されなければならないと指摘した。今から 30 年前になされた指摘であるにも関わらず、まさに今、働き盛りの介護離職が相次ぐなど深刻な問題として浮上してきており、早急な対策が求められている。

　・日本独自の歴史的、文化的背景の理解と疑問
　清水（1980）は老病心中の最大の発生要因は ‘迷惑’（への配慮）と ‘気がね’ であり、社会の側から手を差し伸べる体制整備が必要と主張する。そして山中（2004）は、日本社会において囲い込まれた家族のなかで、家族中心主義のもとでの自立自助の原則は、結果として介護者に介護殺人を引き起こさせる危険な要因となる可能性をはらんでいると指摘する。この点について、鈴木（2007：111）も「“制度としての家族” を体現する多世代同居型の家族における家族介護では、…夫婦 2 人のみ、または親子 2 人だけになった家族サイクルの最終段階においては殺人・心中が選択されやすい」と警鐘を鳴らす。今後、同様な事件が発生するのを防止するためには、日本社会に古くから存在した家族中心の考え方による閉鎖性に十分に踏まえた政策を立案していかねばならない。

－ 44 －

第2章　介護殺人に関する先行研究

　その他、山中（2004）は、日本社会においては「死」によって問題を
解消するという方法をむしろ合理的に理解しようとし、同情や容認とい
う見方がされやすいことを指摘した。この点については池田（2004：
145）も、介護疲れの結果としての殺人で最も多い懲役3年執行猶予5年
という判決に「疑問がないわけではない」と述べ、献身的な介護は評価
されるとしても介護者の死後、その高齢者はなお生きる権利があり、介
護者の死の道連れにし得る根拠はどこにもなく、加害者（介護者）はそ
の高齢者の命について生殺与奪を決め得る立場にあると思い込んだとこ
ろに決定的な誤りがあることを否定できない、無理心中は日本特有の自
殺として繰り返されてきているが、これを断ち切るための働きかけを根
気強く続けていく必要があると述べている (注4)。

　・経済的支援も含めた高齢者ケア全体の底上げ
　高崎（2003：194）は、介護殺人の理由の一つに経済的困難があること
に注目し「経済大国日本が高齢者ケアにおいてはいかに後進国であるか
を象徴的に示している」と指摘した。介護殺人の防止のためには、経済
的支援も含め、高齢者ケア全体の底上げが必要であるという主張である。
経済的な面については羽根（2006：36）も「息子の場合は、借金を背負っ
ていた事例が散見され、経済的に困窮していたことがうかがえる」と述
べており、特に子が親を介護する場合、生活の破たんを防ぐためにも経
済的支援が重要であることが強調されている。

　・介護を担う家族への支援
　被介護者のみならず、介護を担う家族自身の生活へも目配りをしてい
かない限り、同様な事件は発生し続けるだろう。この点について、清水
（1980）は事件防止の観点から、看護職による介護者支援（家族への生活
指導、看護指導）が必要であると提起した。清水（1980：840）は介護保
険制度が導入される20年前、既に「…家庭での生活の指導、家族への
看護指導が可能であってこそ、職業人としての看護職の存在意義と言え
よう…看病の重荷が看病人1人にかからないよう配慮し、家族や親類の

－45－

第 2 章　介護殺人に関する先行研究

援助を引き出す指導力が求められる」と主張していた。その後、介護を
担う家族へも支援が必要という指摘は多くの研究者からなされている。
例えば湯原（2011：62）は「介護を引き受けたからといって就労や学習、
余暇活動の機会を失い、社会から孤立することのないよう、友人知人等、
大切な人々との絆を大切にしつつ、無理なく介護を行うことができるよ
うな体制を整えることが求められる」と述べ、在宅介護の維持継続のみ
ならず、社会的包摂の理念に基づいた介護者支援の充実を主張している。

　2．事件の背景要因や発生に至るメカニズム、パターンの分析を試み
　　たもの
　次に介護に関わる要因が背景にある心中や殺人事件に関する質的研究
について概観する。方法は主に事例分析であり、事件の背景要因の抽出
と予防策の提起（清水1980、加藤2005、根本2007、湯原2011・2012）、事
件発生のメカニズムの解明（武田1995、山口2001、天野2001、羽根2006）、
介入にあたっての基準の検討（宮元ら2012・2013）などがなされていた。
それらを整理したものが表2である（表2）。ここではそれぞれの目的別
に、研究で得られた主な結果について年代順に確認する。

　1）事件の背景要因の抽出と予防策の提起
　事件の背景要因の抽出に注目した研究では、実際に起きた事件の裁判
記録や調書、傍聴を行った記録などを分析し、事件発生に至るプロセス
を丁寧にたどりながら背景要因を探っていく研究が主流である。清水
（1980a）は一つの「老病心中」事例を取り上げ、調書や裁判記録を用い
て事件を再構成するなかで背景要因を検討し、事例から浮かび上がる問
題点の考察を行った。検討がなされた事例に関しては、生前、妻が‘楽
にしてくれ’と口にしていた点が量刑の検討において重視されたが、清
水は「なされるべき医療が行われたうえでもはや術がないという状況
のもとで被害者が‘楽にしてくれ’と訴えたのではない」（清水1980a：
497）と解釈し、特に加害者である夫が医療機関に何も期待しておらず、
医療関係者に診せることすら考えなかった点を問題視している。そのう

第2章　介護殺人に関する先行研究

えで清水は医療・看護側から（依頼を待たず）積極的に援助する必要性
が強く、往診を含めた訪問看護のシステムを確立する重要性を主張した。

　その後も、具体的な事件をもとに事件の背景要因を探る試みがなさ
れており (注5)、学術研究の形で出版されたものとしては加藤 (2005) に
よる「介護殺人」4例の分析が挙げられる。加藤 (2005) は管轄検察庁
から閲覧を許可された裁判資料の検討とともに事件関係者へのインタ
ビューを行い、資料から読み取れる客観的事実と加害者の主観に注目し
て分析を行った。その結果、加害者が心を閉ざし援助を拒むようになる
までには加害者なりの挫折や絶望体験の積み重ねがあったこと、しかし
周囲はそれらを掴みきれていなかったこと、援助者のアドバイスは間
違ってはいないが加害者の行動変容には至っていなかったことを明らか
にした。また、加害者に十分な知識がなく他の家族も介護サービスを使
うのに消極的な場合には介護サービスの利用は望めないこと、主観的に
もうこれ以上の介護はできない、逃げ出したいと思っている介護者にそ
のまま介護を続けさせるのは危険であり、第三者による積極的な介入が
不可欠であると主張した。そのうえで、事件に至るプロセスを丹念に見
れば事件回避の可能性を見いだせる事例もあり、予防に向けては既に生
じた事件の再検証を行い、課題を抽出していく必要性を提起した。

　その他、根本 (2007) は自身が傍聴した裁判事例 20 例を分析し、被害
者は共通して身体の障害や疾患のために感情のコントロールに支障をき
たしており、介護者に肉体的・精神的苦痛がみられることを確認した。
また、ほとんどの被告人がうつであったと指摘し、介護の専門家は被介
護者ばかりではなく介護者の健康にも目を向けること、そのための理論
と知識と技術の必要性を認識することが重要と主張した。

　根本が指摘する「うつ」について、さらに掘り下げた分析を行ったの
が湯原 (2011・2012) である。湯原は判例データベースを用い、判決文
の分析を通じて事件を回避できなかった理由のなかに介護者あるいは被
介護者、双方にうつがあることを確認した（湯原 2011）。湯原 (2012) は
担当弁護士を通じて入手した裁判資料を用い、事件当時、被告が重いう
つ症状を呈していた事例の分析も行い、介護者の心身の状況が急速に悪

－47－

第2章　介護殺人に関する先行研究

表2　質的研究一覧（学術雑誌あるいは大学紀要に発表されたもの、研究書として出版されたものに限る）

調査者	清水輝美	清水照美	山口光治	天田城介	池田直樹	加藤悦子	羽根文
調査対象	1973年に生じた病気がちな娘が実母を殺害した嘱託殺人の事例	1977年に生じた高齢夫婦間の心中（妻の依頼に基づく夫）の嘱託殺人）の事例	1996年8月から2000年10月までに長野市内で起きた在宅介護をめぐる殺人・心中の事例	1991年6月9日放送されたNHKスペシャル『二人だけで生きたかった－老夫婦心中事件の周辺』	高齢者虐待の結果、死亡した事例	1998年から2003年までに生じた事件のうち、過去の介護殺人によく見られる傾向が確認できる（典型的な）、介護疲れの結果として生じた殺人か虐待の延長としての殺人かなど事例の質の違いが確認できる、加害者に責任能力が認められているという3つの条件を満たし、かつ、援助者や親族、近隣等の関わりが把握できる事例	1972年から2004年までに生じた事件のうち、介護者（加害者）が夫、息子である介護殺人・心中の事例
調査＆分析方法	調書、裁判記録、新聞報道の内容分析	裁判記録の内容を分析	新聞記事の内容分析、社協職員や担当保健婦などにインタビュー	ドキュメンタリー・フィルムを分析し、その結果をエスノグラフィカルに記述	記載なし	検察庁から閲覧を許可された裁判資料の内容分析、事件関係者へのインタビュー	新聞記事の内容分析
件数	1	1	6	1	5	4	30
分析目的	一方が老人で他方が病人である侵襲のケースに象徴的な現象を分析し、社会や看護の側の欠陥を明らかにする。	"老病心中"事件の概要を調書や裁判記録によって再構成しながら事件の発生要因を検討し、問題点について考察する。	①介護殺人や心中の発生メカニズムについて分析し、発生の予防的方法についてソーシャルワークの視点から検討すること②高齢者虐待の視点から分析し、安心して在宅生活を営むためのソーシャルワーク実践について検討すること	心中を意図した高齢者夫婦が心中へと追い詰められた要因を明らかにしたうえで、ジェンダーの視点から当該夫婦の関係を解読しジェンダー・センティヴなケアプランを作成する。	法医学の視点から事件の発生要因を指摘し、予防につながる施策の提案を行う。	事件が生じるプロセスとその時々の加害者の心情、援助者の思惑とのズレを明らかにし、同様な事件の再発防止に向けた手掛かりを得る	夫が介護者の場合と息子が介護者の場合それぞれについて①介護者の様子②介護の動機付け③介護者への評価の3点を明らかにする。
出典	大阪大学医療技術短期大学部研究紀要自然科学・医療科学篇3, 31-48	看護学雑誌44(8),492-499,1980	社会福祉士8, 141-148, 2001	立教大学社会福祉研究22, 1-17, 2002	高齢者虐待防止協会編『高齢者虐待に挑む』, 74-80, 2004.	「第3章　典型的な事件の分析」『介護殺人－司法福祉の視点から』クレス出版69-191, 2005.	家族社会学研究18(1), 27-39,2006.

第2章　介護殺人に関する先行研究

根本治子	湯原悦子	湯原悦子	服部万里子	宮元 預羽,三橋 真人	宮元預羽,三橋真人,永嶋昌樹	中尾治子
2005年4月から2006年11月までに筆者が傍聴した裁判例	1998年から2010年までの間に生じた、第一法規法情報総合データベースD1-LAW COM判例体系に収録された親族による、介護をめぐって発生した事件で、被害者は60歳以上、殺人、殺人未遂、傷害致死、保護責任者遺棄致死のどれかに該当する事例	妻による要介護状態の夫の殺人事例	2007年に起きた介護殺人の事例	2005年から2010年の間に生じた「介護をする者が介護される者を殺害する事件」。日本法データベースWestlaw Japan」を用い、期間は2005年から2010年、検索キーワード「介護　殺人」、介護が直接事件に関わっており、行動分析学的アプローチで分析できる判例を抽出（高齢者介護の判例に限定していない）	1989年から2013年8月の間に生じた「介護をする者が介護される者を殺害する事件」。日本法データベースWestlaw Japan」を用い、期間は1989年から2013年、検索キーワードは不明、介護や生活支援が直接事件に関わっている事例を抽出（高齢者介護の判例に限定していない）	筆者が傍聴・ヒアリングした裁判事例
記載なし	事件の判決文の内容分析	担当弁護士から許可を得て入手した裁判資料の内容分析	裁判記録、傍聴、新聞報道から得られた情報の分析＋ケアマネジャーへのインタビュー	事件の判決文の内容分析（「行動分析学的アプローチ」に基づくABCEH分析）	事件の判決文の内容分析（「行動分析学的アプローチ」に基づくABCEH分析）	不明
20	19	1	1	7	37	1
医療と福祉、司法との連携の必要性について検討する。	事件を回避できなかった理由、被告の考え方の特徴、事件回避に向けて被告が周囲に助けを求めなかった理由を明らかにする。	事件の背景をどのように認識すべきか、保健医療福祉の視点からはいかなる課題が見出せるのかを検討する	防止のためにケアマネジメントが果たす役割を明らかにする	加害者の行動パターンを把握する	生活支援を必要とする者が家族に殺害されるケースの行動パターンの把握を試みる	在宅介護における医療・福祉の専門職としての役割、連携について「連携ミス」に注目しながら検討する。
法政論叢43(2), 39-51, 2007.	日本福祉大学社会福祉論集(125), 41-65, 2011	司法福祉学研究(12), 120-133, 2012.	立教大学コミュニティ福祉学部紀要14, 71, 2012.	大妻女子大学人間関係学部紀要14, 187-198, 2012.	大妻女子大学人間関係学部紀要15, 91-99,2013	名古屋経営短期大学紀要54, 1-12, 2013

化し重篤なうつ状態に陥っていたにも関わらず、妻自身への支援が全く
なされていなかったこと、親族のよかれと気遣って声をかけた「励まし」
が逆に妻を追い詰めていたこと等を明らかにした。これらの結果から、
被介護者や介護者のうつについてはすみやかに対処することが重要で、
そのためにも介護者を対象にしたアセスメントを実施し、うつに適切に
対応できる支援者の養成等、介護者に対しても支援を行うシステムの構
築が必要であることを導き出した。

　加えて湯原（2011）は判例をもとに被告の考え方の特徴、事件回避に
向けて被告が周囲に助けを求めなかった理由について分析を行い、被告
の考え方として「生きていてもしかたがない」「被介護者が不憫」「被介
護者を楽にしてあげたい」と考える等の特徴がみられること、被告が助
けを求めなかったのは「実際に頼れる人がいなかった」「頼るべき親族
はいるが現実に頼れなかった」「外部の相談機関や施設に相談したがう
まくいかなかった」などの事情があったことを明らかにした。

　2）事件発生のメカニズムの解明
　山口（2001）は長野市内で起きた在宅介護をめぐる殺人・心中の事例
に注目し、新聞記事の内容を分析し、併せて社協職員や担当保健婦など
にインタビューを行い、事件の発生メカニズムについて分析を試みた。
その結果、事件は被介護者の退院や退所などにより、介護者に負担が新
たにのしかかる時に起きていることを確認した。そのうえで、事件は必
ずしも高齢者夫婦の2人暮らし世帯だけでなく、他の家族との同居家庭
でも発生していたことに注目し「とかく援助の目が1人暮らし世帯や高
齢者世帯に対して向けられることへの警鐘」（山口 2001：142）を主張した。
かつ、事件の起きた家庭の多くは何らかの社会資源を利用していたこと
に注目し「それは介入の機会もあったことを意味する」（山口 2001：142）
と指摘している。
　一方、ある高齢夫婦の心中事件についてドキュメンタリー・フィルム
を分析し、彼らが心中へと追い詰められたプロセスの詳細な分析を行っ
た天田（2001）は「老夫婦心中は『在宅介護サービスの拡大化／充足化』

第2章　介護殺人に関する先行研究

という単純な政策提言によって解決できる出来事ではない」と述べ、高齢夫婦のジェンダーあるいはセクシュアリティ、関係性を根底から問い直す必要があると主張した。天田（2001：6）は「高齢夫婦とは言うなれば"サバイバー・カップル"である…同じコーホートにあたる同世代のきょうだいや友人等の喪失体験を介しつつ、夫婦のみが生き残る形になってしまうがゆえに、夫婦間関係は自閉化することが多くなる」と述べ、夫が「私しか守る者はいない…」「自分が先に死んだら妻はどうやって生活するのかを考えると不憫でならない…」という保護的意識を強く表している点に強い危機感を示す。夫の「私しか（認知症の妻を）分かる者はいない」「やはり他人は妻の意を（私のようには）汲み取れない」などの思考を振り返り、夫婦の自閉的な関係のなかで、妻を「四六時中」監督・保護することにより夫が「妻への統制（コントロール）」を強め、妻は夫に依存せざるをえないような状況を生きていたのではないかと指摘した。また、夫の無力感や挫折について「周囲に助けを求めるわけにはいかない」という男としてのジェンダー規範が影響し、他者の援助を求める方向へとは展開せず、「妻を残して逝くぐらいならせめて自分で…」「1人では妻が不憫でならない」という妻の身体をまるで自らが所有しているかのような意識へと結合化していく。天田によれば、夫婦の心中とは自己と他者の過剰な同一化、「保護する性」としての男性性の"暴走化"の果てに実行された行為とも言えるのである。

　天田はほかにも「子どもには（これ以上の）迷惑をかけたくない」という意識、子どもが深い愛情を示せば示すほど、かえってそれは高齢夫婦にとって過度な重荷（あるいは自責の念）へと転化してしまう（天田2001：7）、地元の住民は「献身的に介護する妻思いの夫」を「思いやりのある優しい夫」として眼差して来たはずであり、その意味では心中へと駆動させたジェンダー構造を温存／再生産することに加担してきた（天田2001：13）と説明する。そして事件の予防に向けては『サービスの質的問題』に注目し、夫の「妻を分かり得る私」と「分かり得ない他人」という頑強な境界設定（区分）を戦略的に緩やかにするようなサービス・プログラムを組み込むことが重要と主張した。具体的には夫婦の親密性

－51－

第2章　介護殺人に関する先行研究

の確保と拡散（2人で暮らせる生活を確保したうえで支援者が関わる）、夫に悪いので夫の決意に身を委ねるしかない、という妻の思考に変化をもたらすなどの内容である。介護に関わる要因が背景にみられる心中や殺人事件で夫が加害者になるケースは多く、天田の指摘は似たような事件の理解を深め、予防を進めるうえで重要な視点を提起するものと言えよう。

　ジェンダーの視点からの研究としては、他に羽根（2006）による男性介護者に焦点化した介護殺人・心中の事例分析も存在する。羽根は新聞記事の内容分析を行い、夫が介護者の場合、介護役割を担う動機付けは「妻への恩返し」という互酬性の規範に規定された意識や「妻の介護は夫の責任」「妻を残して死ねない」という夫としての責任意識、「夫婦のことは夫婦で」「子どもの世話にはなりたくない」「一緒に住む長男家族に迷惑をかけてはすまない」という夫婦を自律の単位とみなす意識があったこと、「妻の最後は自分で看取る」という決意や、仕事をやめ（あるいは休み）、趣味をやめてまで妻を介護しようとする強い動機づけがあることを見出した。また、夫は犯行に至る際、「二人で楽になりたい」「苦しみから解放したい」と考えており、妻の意思を自分の意思と同一視する傾向が強く表れていたことを明らかにした。そして夫も息子も、同居家族がいるにも関わらず独りで介護を抱え込み、行政に相談しない傾向が多くみられること、そこには「自分で介護する」と決意し、男だから弱音を吐かない、愚痴をこぼさないといったジェンダー規範の影響がみられることを指摘した。そして「男性が家事や介護を行うことを特別視する（高く評価する）傾向も、男性介護者をますます介護に打ち込ませ、周囲に相談しにくくなるような要因の一つとなっているのではないだろうか」と問題提起し、「男性が事件に追い込まれる要因として、介護への強い動機づけや周囲からの高い評価が影響していると考えられる」（羽根2006：37）と考察する。その他、夫の場合は心身の負担や被介護者への同情、息子の場合は経済的負担や犠牲感など、同じ男性でも夫と息子では彼らをとりまく環境が異なることから、それぞれの異なるリスクに注目して支援を行うよう促している。

－52－

第2章　介護殺人に関する先行研究

3）介入にあたっての基準の検討

宮元ら（2012）は「介護をする者が介護される者を殺害する事件」に注目し、加害者の行動パターンを把握するとともに、「同じような歴史をもつ人々が存在するなかで殺害に至る人と至らない人の両者を分けるものは何か」と問いを立て、事件の判決文の内容分析を行った。その結果、介護殺人を犯してしまう人は家庭内で「嫌子消失の強化」行動をとることに考えが向いてしまい、社会のなかでその行動をとることに考えが向かない傾向がある、つまり問題や困難を自分や家族だけで抱え込み、隣人や友人に相談したり、介護保険サービスを利用したりしないという傾向があることを明らかにした。

宮元ら（2013）はさらに事件への介入の判断基準や予測基準の開発を目的とした仮説探索型の研究も行い、37例の分析をもとに、介入の際は（加害者被害者）双方の疾病・障害がどの程度負担であるのかを確認すること、それからどの家族員が何の役割を担っているのか等、家族システムがどのように働いているのかを確認することが重要と述べ、医療や福祉の専門職が、介護や生活支援をする家族について、悩みを専門機関に相談できる力があるかどうか見極める必要があると指摘した。

第3節　海外における介護殺人の研究動向

介護殺人は日本に特有な現象ではない。海外でもいくつか事例が報告されており、研究者あるいは政府機関が行った調査や研究は日本の介護殺人に対する理解を深めるうえで大いに参考になる。例えばCohen（2000）はアメリカで生じた高齢者の心中事件について調べ、少なくとも①1人あるいは2人とも病気の夫婦で、男性が優位な関係にあった　②もともと暴力的な関係性にあった　③過度な相互依存の関係にあった　という3つのタイプが存在することを提起した。これらは海外で生じた事件にも関わらず、病気が背景にあり、過度な相互依存があるなどの点で日本との類似性を見出すことができる。

－53－

第 2 章　介護殺人に関する先行研究

　ここでは介護殺人について言及した海外文献について調べ、調査や研究の到達点を確認するとともに、これら事件の予防に向けた取り組み等、日本が参考にすべき点について確認していく。調査方法として文献検索サイト Science direct を用い、海外で行われた介護殺人の調査や研究について、caregiver murder, caregiver homicide, caregiver murder-suicide の 3 つをキーワード指定し検索を行った (注6)。そこで得られた論文の内容を確認し、介護による困難が背景にある高齢者の殺人あるいは心中に関する文献を抽出した。

　検索の結果、caregiver murder で 905 件、caregiver homicide で 987 件、caregiver murder-suicide で 374 件の文献が抽出された。これらの大半を占めていたのが安楽死と虐待に関する文献であり、介護による困難が背景にある高齢者の殺人あるいは心中に関する文献は少なかった。そのなかで、介護による困難が背景にある高齢者の殺人あるいは心中に関する文献の内容はおおむね以下の 3 つであった。①発生率とリスク要因に関する先行研究レビュー、②殺人あるいは心中の現状とその特徴に関する量的分析　③事件の背景やプロセスを探る質的分析　である。以下、それぞれの内容について、注目すべき研究結果を記載する。

　1．発生率とリスク要因に関する先行研究レビュー

　Eliason（2009）は Pub Med を通じ、murder-suicide, homicide-suicide, homicide-suicide and families というキーワードで murder-suicide に関する文献レビューを行い、1990 年代以降に確認された murder-suicide の発生率とリスク要因について確認した。その結果、murder-suicide の発生割合は 0.001％を下回っていることを確認した。また、リスク要因として慢性的に病的な状態にある妻を介護している高齢の夫、加害者が病気、うつ状態であるが治療を受けていない状況などが示された。murder-suicide のリスクを疑うべき人物像として、病気あるいは衰弱した妻の介護をしている高齢の夫、最近自分も病気になった、うつ状態にある、銃が手に入りやすい環境にあることなどが示された。

－ 54 －

2．殺人あるいは心中の現状とその特徴に関する量的分析

殺人や心中の現状についてはヨーロッパの EHSS（European Homicide-Suicide Study）等、様々な国々で調査分析がなされているが、継続した大規模調査研究がなされているという点ではアメリカが突出している。

アメリカでは 2003 年以降、国レベルでデータの蓄積が推進されているが、それまでは新聞記事等を用いた研究が主流であった。例えば Malphurs ら（2005）はアメリカを網羅する 191 の新聞データベースを用い、1997 年から 1999 年までに生じた homicide-suicides の 673 件について分析を行っている。分析の結果、homicide-suicides の動機は複雑で、衝動的に生じたものではなく、介護者は通常、事件を起こすまでに何カ月、あるいは何年も殺害を考えていたこと、その行動は愛や利他主義によるものではなく、絶望とうつによるものであったことが明らかになった。少なくとも加害者の半数は、うつやその他の精神的な問題を抱えていたが、治療はなされていなかったこと、孤立や、多くのストレスからくる無力感が事件の背景要因となっていたことが示された。そして Chohen（2004）は 2002 年から 2003 年のアメリカにおける新聞 1,734 紙の記事を調べ、認知症者による殺人が 9 件あったこと、加害者の年齢は 68 ～ 74 歳、9 割が男性であることを報告している。続けて Sarali（2007）も、少なくとも被害者あるいは加害者の一人が 60 歳以上である murder-suicide について、1999 年から 2005 年までにアメリカで報告された新聞記事、television news transcripts, police report and obituaries から抽出した 225 件の分析を行っている。結果、加害者は男性が多く、全ケースの 55％が何らかの健康問題を抱えていたこと、被害者の 7.5％が認知症であったことが示された。また、被害者の健康に問題があったケースは 34％、加害者に問題があったケースは 30％、両者に問題があったケースは 36％を占めていた。事件が起きる前に加害者がうつ状態にあった事件が複数存在しており、事件を予防するためには、加害者のうつ症状、特に睡眠障害の有無、利用できるサービスへの知識、近隣、友人、親族からの孤立状態に注目する必要があるという考察がなされた。そして援助者が注意すべき事項として、うつの治療を受けているか、自殺のサイ

第 2 章　介護殺人に関する先行研究

ンを出していないかの確認、精神科領域の専門職を活用することなどが
指摘された。

　これらの新聞記事等の情報を利用した研究に加え、アメリカではここ
10 年ほど、Centers for Disease Control and Prevention（CDC）が有す
る National Violent Death Reporting System（NVDRS）を利用した研究
が進められている。このシステムでは 2003 年から現在に至るまで、ア
メリカの各州（2016 年 4 月現在では 32 州）から自殺、殺人、心中、虐待
などによる死亡事例に関する情報の集積が行われている。例えば Karch
ら（2011）は NVDRS を用い、2003 年から 2007 年の間に介護者が加害
者となり、高齢や障害を有する者が被害者となったケース 68 件について、
被害者や加害者の特徴、介護者の役割、事件が生じた時の状況分析を行っ
た。結果、68 件中ネグレクトが 17 件、意図的な傷害が 21 件、加害者の
自殺が伴う殺人が 30 件、白人の女性が自宅で殺害されるケースが大半
を占めていた。被害者の約半数（48.5％）は 80 歳以上で、加害者に夫と
息子が多く、被害者あるいは加害者に何らかの病気が確認された。考察
では、効果的な事件防止策を講じるために有益な事項として、被害者の
脆弱性、容疑者の特徴、加害者と被害者の関係性、多様な動機を理解す
ることが示された。また、これらの事件を虐待あるいは家庭内暴力と捉
えると、それらの防止機関によるサポートや介入は重要であること、し
かし事件前に虐待通報された履歴がないものがほとんどであり、暴力や
虐待の履歴のない男性介護者に対しては、特に適切なサポートを行うこ
とがむずかしいことなどが考察された。その他、心中のケースは慢性的
な疾患を抱える被介護者や介護者の症状が悪化した時や、最近になって
新たに病気と診断されたりするときにしばしば生じているため、医療関
係者の気付きが重要であること、被介護者のみならず介護者にも気を配
る必要があることが指摘された。

　それまでアメリカにおいてでさえ、加害者の介護者という側面に注目
した分析はほとんど行われておらず、被介護者が介護者に殺害される事
例がどの程度発生しているのかについては明らかにされていなかった。
そのことを考えると、この Karch らの研究は今後の事件予防につながる

－ 56 －

第 2 章　介護殺人に関する先行研究

重要な知見を示したものと言えよう。

3．事件の背景やプロセスを探る質的分析

　Harper（2007）は 1989 年から 2001 年までにニューオーリンズで発生した 42 件の homicide-suicide の内容を調べ、Homicide followed by suicide の理論モデルを考案した。その内容は、どのようなケースであっても、はじめに強い葛藤（失業や離婚、病気等）が生じる、その葛藤により人は緊張状態に置かれ、3 つの道筋のいずれかを経て殺害に至るというものである。3 つの道筋とは、「必要や目的（経済的、性的、自律など）が達成できず、挫折して絶望する」「大切な人や生きる意味を見失い孤独に陥る、あるいは自らを失敗者と考え希望を失う」「虐待される、拒絶される、見捨てられるなどにより絶望する」である。殺害後、加害者は罪の意識に苛まれる、もともと予定していた心中を決行する、全てに嫌気がさすなどして自殺に至るのである。なお、親密な、あるいは家族間の暴力が絡む自殺の特徴はコントロールと力による支配であるが、承諾殺人・心中の場合、殺害と自殺はお互いの苦しみを終わらせるための手段なのである。

　先述した Karch ら（2011）は量的分析に基づき、介護殺人を 3 つのタイプ（介護放棄、傷害致死、心中）に分け、事例をもとにその特徴を明らかにした。介護放棄については、事件前に法的な介入が行われていたケース、加害者の薬物依存や精神疾患が事件発生に影響したと考えられるケースが存在した。傷害致死については、加害者の精神疾患やアルコール、薬物依存がみられるケース、衝動的に怒りが爆発したケースなどが確認できた。心中については、特に顕著な病気があるわけではないけれども介護者が被介護者の苦しみを終わらせたいと考えて事件に至る、病気と診断された、あるいは慢性疾患がひどくなったことをきっかけに、被介護者のニーズに応じることが難しくなり事件に至る、経済的、あるいは失業など、介護者に切迫した危機が生じ、被介護者を一人残してして死ねないと考え、事件に至るなどのケースがあることが示された。

　その他、学術論文ではないが Community Care 誌 1884 号には、イギ

－ 57 －

リスで生じた息子による要介護の父親殺害の事例が詳しく紹介されていた（Dunning 2011）。その事例は次のような内容である。介護者である息子は大学で学びつつ、70歳の父親を介護していた。息子は専門職らの支援を受けることを好まず、自治体からの支援は Direct Payment（行政が介護費用を直接支給する制度）にとどまっていたため、彼の介護状況は自治体にほとんど把握されていなかった。介護者を対象にしたアセスメントもなされていなければ、介護を抱えながら学業を続ける方法についても確認されていなかった。事件後にこの状況が明らかになるにつれ、ソーシャルワーカーによる直接的な支えがなかったこと、（介護者法で定められているにも関わらず）介護者である息子に専門職によるアセスメントがなされていなかったこと、支援を拒んでいた状況に対し、リスクアセスメントがなされていなかったことなどが問題として指摘されたのである。

　この記事のタイトルは "Social Workers 'failed' to monitor murdered elderly man" であり、事件が発生したことはソーシャルワーカーの「失敗」であったと認識されていることがうかがえる。予防に向けては介護者アセスメントやリスクアセスメントを実施すること、Direct Payment であっても自治体は給付が適切に用いられているかどうか把握を怠らないようにすることが確認された。ただし、増加する Direct Payment の受給者に対し、自治体がどのように対応していけばよいかは今後の課題であるとされた。

本章の結論

　本章では介護殺人に関する国内外の先行研究のレビューを行い、研究動向の把握と内容の整理を行い、到達点を確認した。その作業を通じて今後、日本が取り組むべき内容が浮き彫りになってきた。そこで最後に、介護殺人に関する先行研究の到達点と今後の課題について確認する。

　介護殺人に関する研究課題として、はじめに全国的な傾向や特徴を把握するために調査を行う必要があり、その際に用いる定義の設定を行う

第2章　介護殺人に関する先行研究

べきである。研究にあたっては、ジェンダーの視点からの事件の捉え直しを行うこと、介護者と被介護者の関係性に注目することが指摘された。特に男性が介護しているケースや、子が親を介護し経済的に破綻していくケースについては政策的な対応が必要である。分析にあたっては日本独自の歴史的、文化的背景を理解すること、介護者への経済的支援も含め高齢者ケア全体の底上げを行い、介護を担う家族へ具体的な支援を行っていくことが重要である。今後はこれらを視野に入れ、より事件の予防を意識した研究を行っていくことが期待される。

　その他、先行研究のなかで明らかにされた政策的な課題としては、第一に介護サービスの充実が挙げられる。単にサービスの量を増やせばよいのではなく、サービスの質の充実についても問われていることを重く受け止めなければならない。第二に、介護をめぐる社会環境の改善が挙げられる。介護者が行き詰まり、死を選ばざるを得ないと思う社会環境があるならば、それを放置していてはならない。どのような支援があれば事件を回避できたかを分析し、得られた知見を介護を取り巻く社会環境の改善につなげていくことが必要であろう。第三に、介護者に介護を担う能力や意思が不足している事例については、第三者が介入できる体制の整備が求められる。もし介護者が精神的に危機状態にある場合は、速やかに精神科医への受診を促さねばならない。当事者の努力では状況の改善が見込めない事例については、社会が介入していくという発想が必要である。

　今後、日本においてもアメリカの National Violent Death Reporting System に習い、事例の収集と分析が可能になるシステムの構築が必要である。また、介護者支援の先進国であるイギリスでは、自治体のソーシャルワーカーが介護者についてもアセスメントし、もし介護者がうつであるなら速やかに精神医療に紹介するシステムが整備されている。日本もこれに習い、危機状態にある介護者を見出し、介入し、適切な支援へとつなげていく仕組みを構築していかなければならない。介護者は自身の健康や経済状態など、様々な心配事を抱えている。介護者に対しても必要な支援を行えるよう法基盤を整備し、医療、保健、福祉にまたが

第 2 章　介護殺人に関する先行研究

る支援システムの構築を図ることは早急の課題である。

（注１）　加藤（2005: 15）は後者の場合でも、「事件が生じる背景に加害者による被害者への自己同一化、その結果生じる相手への支配という『やさしい暴力』が潜んでいる可能性がある。我々はそのような基本的人権の侵害を「愛情」と捉えて見過ごすのではなく、「暴力」の一形態として問題視する視点を持たねばならない」と主張している。

（注２）　障害者が被害に遭った事例に特化して分析を行っている研究者も存在する。例えば柴崎祐美（2006）「新聞報道にみる『障害児者殺人事件』の実態」日本女子大学『社会福祉』47,129-145, 夏堀摂（2007）「戦後における『親による障害児者殺し』事件の検討」社会福祉学 48（1）, 42-54 など。

（注３）　新聞で報道された記事の内容を分析するという調査手法について、羽根（2006:29）は「…報道された新聞記事の記事内容は（何重もの加工と選択、紙面には取り上げられなかった情報など）一定のフィクション性を持っている。しかし、誤報や捏造でない限り完全なフィクションでもない。このような特質を持つ新聞記事を分析資料に用いた研究は、『社会的事件・社会事象そのもの』と『報道内容』の距離や差異をどのように意識化し、どのように用いるかにより大きく二つの立場に分けられる。一つは、『距離を意識していない、あるいは意識しても他にデータがないなどの理由により同一のものとみなす』立場である。…介護殺人・心中事件の先行研究はすべてこのような立場性に分類される。もう一つは『両者の差異そのものに注目し、フィクションとしてどう語られるか』を研究対象とする立場である。…本稿では原則として前者の立場をとり、報道された記事内容を『事実』として扱う」と述べている。新聞記事の内容分析を行い事件の分析を行った研究は全てこの立場に立っていると思われる。

（注４）　萩原（2009:134）も、山口地裁で行われた介護疲れの結果としての殺人（未遂）の判決を振り返り、「法律的判断としては、介護による疲労蓄積による『介護疲れ』の現状に対して情状酌量を求めた弁護側の主張は首肯できる。だが山口地裁において判決後の会見で１人の裁判員が指摘した『（高齢化社会を）国や県が真剣にとらえ、環境を改善しないと同じ事件が起こる』という『意見』に耳を傾け、『同じ事件』を起こさないために『環境を改善すること』こそ、『福祉的な視点』からの具体的対応ではないだろうか。介護の現状から生起する『介護疲れ』を肯定し、『やむを得ない現状』、『立派に介護した家族』を根拠に執行猶予・保護観察付きで実刑回避をすることが『福祉の視点』なのだろうか。いま、火急の介護問題への対応は、大切な家族や熱心な福祉職員を『犯罪者』に陥れないことである。そのためには現行の福祉対応の特徴である、問題が発覚して対応する『治療原則』から、問題を予測し、犯罪・事件に至る可能性を予見した『予防原則』に立った対応こそ必要である」と述べている。

（注５）　武田（1994）は高齢者家族介護殺人事件や高齢者介護虐待の実態を伝え、社会問題として取り上げ、人が安心して老いて生を全うするために我々や

－ 60 －

第 2 章　介護殺人に関する先行研究

社会、行政、政治はどうしたらよいのかを考える目的で介護殺人事例の紹介を行った。嫁が義母を、夫が妻を、息子が母を、娘が母を殺害する事例が取り上げられており、介護者が追い詰められて事件に至る過程が丁寧に描かれている。

（注6）　Science direct は医学・科学技術関係を中心とする世界最大規模の出版社である「エルゼビア」の提供する世界最大のフルテキストデータベースである。科学・技術・医学・社会科学分野の約 2,500 タイトルの電子ジャーナルと 25,000 タイトル以上の電子ブックを搭載する。

《引用文献》

天田城介（2002）「老夫婦心中論（1）−高齢夫婦介護をめぐるアイデンティティの政治学−」『立教大学社会福祉研究』22, 1-17.

Debra Karch, Kelly Cole Nunn（2011）Characteristics of elderly and other vulnerable adult victims of homicide by a caregiver: National violent death reporting system—17 US States, 2003-2007. Journal of International Violence 26(1), 137-157.

Dee Wood Harper, Lydia Voigt（2007）Homicide followed by suicide an integrated theoretical perspective. Homicide Studies 11(4), 295-318.

Donna Cohen（2000）An update on homicide-suicide in older persons 1995-2000. Journal of Mental Health and Aging 6(3), 195-200.

Donna Cohen（2004）Violent Crimes and Dementia. (United State Congress Senate Special Committee on Aging) Crime without criminals? Seniors, dementia, and the aftermath, 47-52.

服部万里子（2012）「介護自殺・心中・殺人の防止とケアマネジメント」『立教大学コミュニティ福祉学部紀要』14, 71-91.

羽根文（2006）「　介護殺人・心中事件にみる家族介護の困難とジェンダー要因　−介護者が夫・息子の事例から」日本家族社会学会『家族社会学研究』18(1), 27-39.

池田直樹（2004）「第3章　第2節　日弁連の活動　4．介護殺人報道の分析」編集代表津智恵子、大谷昭『高齢者虐待に挑む−発見、介入、予防の視点』高齢者虐待防止協会.

一瀬貴子（2001）「高齢者の心中事件に潜む介護問題−心中事件に関する新聞記事の分析から」『奈良女子大学生活環境学部生活文化学研究室家族研究部門　家族研究論集』7, 25-39.

Jeremy Dunning（2011）Social Workers' failed to monitor murdered elderly man. Community Care 1884, 6.

Julie E. Malphurs, Donna Cohen（2005）A Statewide Case-Control Study of Spousal Homicide-Suicide in Older Persons. The American Journal of Geriatric Psychiatry 13(3), 211-217.

春日キスヨ（2011）『介護問題の社会学』岩波書店.

加藤悦子（2005）『介護殺人−司法福祉の視点から』クレス出版.

宮元預羽, 三橋真人（2012）「行動分析学的アプローチによる介護殺人パター

－ 61 －

ン把握の試み：判例をもとに」『大妻女子大学人間関係学部紀要』14, 187-198.

宮元預羽，三橋真人，永嶋昌樹（2013）「介護殺人の行動パターン把握の試み：37 件の判例をもとに」『大妻女子大学人間関係学部紀要』15, 91-99.

宮本預羽（2014）「介護殺人の行動パターン把握の試みⅡ －103 件の新聞記事をもとに－」『大妻女子大学人間関係学部紀要』16, 93-107.

根本治子（2007）「裁判事例にみる医療・福祉・司法の連携の必要性：介護殺人事件を素材にして」日本法政学会『法政論叢』43 (2), 39-51.

中尾治子（2013）「在宅介護における医療・福祉の連携：介護殺人の事例を手がかりとして」『名古屋経営短期大学紀要』54, 1-12.

Ohrui Takashi, He Mel, Tomita Naoki, Sasaki Hidetaka. (2005) Homicides of disabled older persons by their caregivers in Japan. Journal of the American Geriatrics Society 53 (3), 553-554.

太田貞司（1987）「在宅ケアーの課題に関する試論 －”老人介護事件”の検討から－」『社会福祉学』28 (2), 54-75.

大類孝，山崎都，何梅ほか（2009）「老年医学からのアプローチ：在宅ケアにおける現状と問題点」『日本老年医学会雑誌』46 (4), 306-308.

萩原清子（2009）「あいまい概念としての「高齢者虐待」とその対応 －虐待の定義と虐待の判断基準の再構築に向けて」『関東学院大学文学部紀要』117, 131-156.

清水照美（1973）「＜老病心中＞の発生要件 －ある嘱託殺人事例を中心として」『大阪大学医療技術短期大学部研究紀要 自然科学・医療科学篇』3, 31-48.

清水照美（1980a）「老病心中【1】ある嘱託殺人事件の考察」『看護学雑誌』44 (8), 492-499.

清水照美（1980b）「老病心中【2】53 例の分析と考察」『看護学雑誌』44 (10), 835-841.

鈴木玉緒（2007）「家族介護のもとでの高齢者の殺人・心中事件」広島大学法学会『広島法学』31 (2), 101-118.

染谷淑子（2001）「第 6 章 家族社会学的視点からみた日本の高齢者虐待」多々良紀夫編『高齢者虐待 日本の現状と課題』中央法規, 138-152.

Scott Eliason (2009) Murder-suicide: a review of the recent literature. Journal of the American Academy of Psychiatry Law 37 (3), 371-376.

Sonia Salari (2007) Patterns of intimate partner homicide suicide in later life: Strategies for prevention. Clinical Interventions in Aging, Sep2 (3), 441-452.

高崎絹子（2003）「高齢者のアドボカシーと高齢者虐待 虐待防止のための法制度化に向けて」『日本痴呆ケア学会誌』2 (2), 193-198.

武田京子（1994）『老女はなぜ家族に殺されるのか 家族介護殺人事件』ミネルヴァ書房.

WAMNET 要介護（要支援）認定者数 全国合計 http://www.wam.go.jp/wamappl/00youkaigo.nsf/vAllArea/201312?Open 2014.11.10 閲覧

矢吹知之（2014）「家族介護者を支えるための視角と方策」『日本認知症ケア学

第２章　介護殺人に関する先行研究

会誌』13（3）.

山口光治（2001）「在宅介護と心中事件－長野市で発生した事件の分析から」
　　日本社会福祉士会『社会福祉士』8, 141-148.

山中美由紀（2004）「第２章　日本社会と家族介護をめぐる殺人　－『死』の
　　文化および家族観との関係性－」『龍谷大学国際社会文化研究所叢書２　変
　　貌するアジアの家族－比較・文化・ジェンダー』, 昭和堂, 35-57.

湯原悦子（2012）「介護殺人事件の事例研究」日本司法福祉学会『司法福祉学研究』
　　12, 120-133.

湯原悦子（2011）「介護殺人の現状から見出せる介護者支援の課題」『日本福祉
　　大学社会福祉論集』125, 41-65.

湯原悦子（2016）「介護殺人事件から見出せる介護者支援の必要性」『日本福祉
　　大学社会福祉論集』134, 9-30.

吉岡幸子, 三村洋美, 湯沢八江ほか（2003）「介護に関する死亡事件の報道の分
　　析（1）－介護保険制度施行前後５年間の記事から－」『日本在宅ケア学会誌』
　　6（2）, 34-35.

第3章　事例に学ぶ　なぜ事件を回避することができなかったのか

　本章では事例をもとに、介護殺人の回避について考察する。第1節では、親族による介護殺人事件の判例を分析し、事件に至る背景や加害者の考え方を調べ、事件を回避できなかった理由について分析する。第2節では、認知症の人と家族の会が編集した「死んでしまおう、殺してしまおうと思うほど追い詰められ、しかしその寸前で思いとどまった」人々の体験談を調べ、彼らが事件を回避できた理由について明らかにする。第3節では、2つの調査結果をもとに、事件の回避という視点において留意すべき事項について考察する。

第1節　介護殺人事件の判例分析

　介護疲れが激しかったとしても、将来に悲観したとしても、介護者は普通、介護する相手を殺害しようとは思わない。周囲に助けを求める、介護保険サービスを利用するなどして、何とか状況を打開しようと努めるのが常である。日本の介護者全体の数を考えれば、介護殺人はごく稀にしか生じない、特別な事態と言えよう。ただ、もしそうなら、その特別な事態が「なぜ」「その事例に限り」発生したのだろうか、介護殺人事件の被告らは何か特別な考え方をする人たちなのであろうかという疑問が湧く。それとも彼らを死に追い詰める、何か注目すべき事態が生じたのだろうか。これらが明らかになれば、今後、介護殺人を回避する手段を考える上で重要な指針を得ることができる。

　そこで本節では、過去に生じた介護殺人の判例を調べ、なぜ、事件回避がかなわなかったのか、その理由を探る。併せて判決に見られる被告の考え方の特徴、周囲に助けを求めなかった理由について確認することを調査の目的とする。

第3章　事例に学ぶ　なぜ事件を回避することができなかったのか

1．調査対象
第一法規法情報総合データベース D1-LAW COM 判例体系に収録してある介護に関わる困難を背景に、介護していた親族が被介護者を死に至らしめた事件で、被害者は60歳以上、殺人、殺人未遂、傷害致死、保護責任者遺棄致死のどれかに該当する事件を調査対象とした。

2．調査方法
1998年1月1日から2010年12月31日までに生じた刑事事件について、キーワードを「介護　殺人」、「介護　心中」、「介護　傷害致死」、「介護　保護責任者遺棄致死」と指定して検索し、該当するものを抽出した。それらのうち、介護が事件発生に何らかの影響を及ぼしている事件を分析対象とした。ただし、事件に至る経過について争いのあるものは分析の対象から除外した。

3．分析方法
判例の記述をもとに、事件を回避できなかった理由、被告の考え方の特徴、被告が周囲に助けを求めなかった理由について確認した。

4．倫理的配慮
本調査で用いた判例はデータベースに記載されており、すでに広く法曹関係者や研究者などに公開されているものである。分析にあたり、個人が特定できるような情報は全て省いた。

5．結　　果
キーワード検索の結果、「介護　殺人」が含まれる事例は84件、「介護　心中」では20件、「介護　傷害致死」では11件、「介護　保護責任者遺棄致死」では3件が抽出された。そのうち、介護が事件発生に直接的な影響を及ぼしているものは17件であった。その他、介護が事件発生の主要因とはなっていないが、介護者が被介護者を道連れに心中を試みたものが2件、まだ要介護状態にないが介護で子どもに迷惑をかける

第3章　事例に学ぶ　なぜ事件を回避することができなかったのか

ことを恐れて心中を試みたものが1件あり、これら20件の事例を分析の対象にした。

1）事件回避がかなわなかった理由

　被告が事件を起こすほどに追い詰められた背景には、認知症や寝たきりなど被介護者の病気、不眠や食欲不振など介護者の体調悪化、世帯の経済的困窮など多様な要因が確認できた。これらは一つずつであれば何とか乗り越えることができるものかもしれないが、ある時期に集中して、複合的に困難が積み重なっていくと、結果的には介護者に死を決意させるほどの大きなダメージをもたらすこともあり得る。

　今回分析に用いた20事例のうち、被告が心中または被介護者の殺害を思い止まれなかった要因の一つにうつの影響が疑われるものが7件みられた（表1）。これらには介護者にうつが見られる場合、被介護者にうつが見られる場合、両方にうつが見られる場合と3つのパターンがあった。

　介護者にうつが見られる場合、事件に至るまでの過程に不眠、食欲不振、外出機会の減少、自殺念慮などが生じていた。事例1では、娘は認知症の母と脳梗塞で寝たきりの夫両方の介護を担い、不眠や食欲不振になり、体重は短期間に10キロ近くも減少していた。外出の機会が減り、子どもからの電話にも出なくなり、周囲に自殺をほのめかしていた。事件当時、被告の娘は軽度のうつであったと診断されている。事例2では、嫁は医師からうつ病と診断されていた。実母の死をきっかけにうつが悪化し、事件1カ月前には服薬が不規則になり、被害者である義母を介護する以外はほぼ寝室のなかで横になっている状態であった。事件のきっかけは、被告が「たまたま聞こえた近所での車の騒音にいらだちを抑えられなくなった」であり、裁判では事件について「我慢できず発作的に」なされたものと認定されている。

　一方、被介護者にうつがみられる場合も少なくない。被介護者が自らの将来を悲観し、「死にたい」（事例3、12）、「迷惑をかけて申し訳なく思っている、死ねるものなら死にたい」（事例4）「生きていてもしょうがない」

－ 66 －

第3章　事例に学ぶ　なぜ事件を回避することができなかったのか

表1　介護殺人の判例

事例番号	加害者	被害者	事件が生じる背景	うつの疑い
事例1	娘	母	被告は病弱で、借金を抱えていた。自分が自殺した後は認知症の母を世話する者がいなくなる、母を一人残して死ぬことはできない、母を殺し自分も死のうと考えた。	犯行時、被告は軽度のうつ状態にあった。
事例2	嫁	義母	被告は介護から解放されたい、でも介護は嫁である自分の務めで放棄することはできないと思い、義母を殺して自分も死のうと考え、精神的に追い詰められた。	被告は事件発生の9年前、うつ病と診断。犯行当時、反復性うつ病性障害。
事例3	夫	妻と義母	被告は金銭的に困窮し、住宅ローンの支払いもできないうえ、妻の糖尿病はもはや治癒しないものと思い込んでいたことから将来を悲観し、また妻の望みどおり殺してやったほうが妻も楽になると考え、妻の「殺して」という頼みを受け入れた。重度の認知症である義母を一人残しても世話をする人がいないので可哀そうだと考えて義母も殺害した。	被害者は事件発生の年、うつ病と診断。被告に「死にたい」と訴えていた。
事例4	息子	父と母	被告は長年ひきこもり状態、このまま現在の生活を続けても母の病状は悪くなるばかりで父もいつ倒れるかわからない、借金もあって将来が見えてこないなどと絶望感を抱き、父と母を殺害して自らも死のうと決意した。	事件当日、被害者は被告に「死ねるものなら死にたい」と話した。
事例5	息子	父と母	被告は妹夫婦には仕事があり妻もパートに出ていることから、自分が入院をし、そのうえ父も入院することになれば、母の介護はだれがするのか、父も高齢で長くはもたないだろうと悪いほうへと考え、両親や自分の将来を悲観し、両親と自分が死ねば3人とも楽になれるはずだと思い込んで、両親を殺害した後、自殺することを決意した。	記載なし
事例6	息子	母	被告は多額の借金を抱えていた。認知症状の進んだ母の介護がなくなれば残された親族も楽になり、普通の生活に戻れるのではないかと考え、母を道連れに心中することを決意した。	記載なし
事例7	夫	妻	被告は長年連れ添った妻を痛みから解放して楽にしてやりたいと強く思うようになり、妻も死んで楽になることを望んでいると考えた。	事件発生の年、被害者は退行期うつ病で、被告に「痛い、殺してくれ」と頼んでいた。犯行時、被告には反応性うつ症状がみられた。
事例8	妻	夫	被告は夫ともども家族を捨てて駆け落ち同然で現在の住所地に来たという経緯から親戚を頼ることができず、悩みを打ち明けられる知人等もおらず、一人で悩みながら肉体的精神的に疲労し、将来を悲観、夫を殺して自分も死のうと考えた。	記載なし
事例9	妻	夫	被告は夫が病院をたらい回しにされ、苦しい思いをしながら死亡するのではないかと悩んだ。また、痰を喉に詰まらせて、苦しそうに呼吸をしている夫を見るに耐えず、早く楽にしてやりたいと思い、夫の殺害を決意した。	記載なし
事例10	妻	夫	被告は子や孫との関係悪化により、これ以上同居を続けられないと思い詰め、自分が1人で家出をすると、面倒をみる人が居なくなって夫が可哀想、いっそのこと2人で死のうと考えた。	記載なし
事例11	夫	妻	被告はある夜、ふと目を覚まし、妻を見た。すると、普段苦痛に耐えるような顔をしている妻が気持ち良さそうな顔をして寝ていた。被告はそのような顔を見ているうち、気持ちよさそうにしているうちにあの世に逝かせてやった方がこれ以上苦しむこともなく、幸せなのではないかと考え、犯行に及んだ。	記載なし

－67－

第3章　事例に学ぶ　なぜ事件を回避することができなかったのか

事例番号	加害者	被害者	事件が生じる背景	うつの疑い
事例12	息子	父と母	被告は自分の身体が不自由であり、いつまでも両親の介護を続けることもできないと思い、両親の介護に疲れていたことやその介護ができなくなれば同人らは惨めな思いをするであろうと考え、両親の嘱託に応じて同人らを殺害して自分も自殺しようと決意した。	被害者の父と母は病身を憂い、いずれも死にたいなどと口にしていた。事件当日、父・母は被告に「死にたい、殺してくれ」と頼んだ。
事例13	息子	母	被告は母に飲酒を注意され、一生懸命に母のことを考え世話しているのに理解してもらえていないと思い、腹が立つとともに悲しくなり、母を殺した上自殺し、今の生活を終わらせたいと考えるに至った。	母は被告に「生きていてもしょうがない」と言っていた。事件の1年前ごろから、被告と母の間に「一緒に死のう」「いいよ」というやりとりがあった。
事例14	息子	母	被告は母と2人暮らし、引きこもりがちであった。母は事件の2か月前くらいから毎日、意味の分からない言動を繰り返すようになり、1ヶ月前には尿や便をもらすようになったため、将来を悲観した。そして事件当日、母親が急に大声で叫びだしたため、状態が悪くなったと思って絶望し、母親を浴槽に沈め溺死させた。	記載なし
事例15	息子	母	被告は経済的に困窮していたが、きょうだいらには自分は働いていると嘘を話しており、また母の年金等で月額16万円程度の収入があったことから、今更きょうだいに金がないから都合してほしいとは言い出せず、切羽詰まった惨めな暮らしぶりにすっかり嫌気がさしてきて、家から逃げ出した。その結果、母は衰弱し餓死した。	記載なし
事例16	娘	母	被告は、母に自分の言うことに従ってほしいと考え、両手で母の両肩を押して布団の上に倒した。打ち所が悪く、母は後に死亡した。	記載なし
事例17	息子	父	被告は、薬を飲むようにという指示に父が従わないことに苛立ちを募らせ、たたく、殴るなどの暴行を加えた。その暴行が原因で、父は死亡した。	記載なし
事例18	娘	母	被告は夫が作った多額の借金を抱え、「もう死ぬしかない」と思い詰めていた。週3回のデイサービスのほか、全ての介護を被告が引き受けており、他の親族が母の介護を引き受けられるような状況にはなかった。このため、被告は他の人に母の介護を任せられないと考え、心中の道連れにすることを決意した。	記載なし
事例19	娘	母	被告はいつ夫が借金をしてくるかもわからず、将来に何の希望も持てない、こんな人生なら死んでしまいたいと考えるようになった。しかし自殺した後、母の世話をする人がいなくなる、嫌がる母を施設に預けるのはとても無理だと思い込み、遂に、母を殺して自分も死のうと考えるに至った。	記載なし
事例20	妻	夫	認知症の母を看取った経験を持つ被告は、将来老いた自分たちが2人の娘の負担になるのは忍びなく、相応の財産も残せる段階にある今のうちにと考え、夫婦2人で心中を試みたが、被告のみ生き残った。	記載なし

— 68 —

第3章　事例に学ぶ　なぜ事件を回避することができなかったのか

（事例 13）などと口にし、時には介護者に自分を「殺してくれ」と哀願
するなどの状況である。このような場合、介護者は「冗談言ってはだめだ」
「まだ頑張って生きていこうや」と言って被介護者を励ましたり（事例
12）、「そんなこと言うんじゃあない」と叱ったりして（事例 13）、何とか
その場をおさめようとしている。しかし、介護者自身の健康状態も悪化
して生活に支障が生じてくると、被介護者を励ます気力もなくなり、今
後の生活に不安を覚え、被介護者を道連れに自殺を図ったり（事例 12）、
苦難を逃れるためには死ぬことが最もよい解決方法であると考えたりし
て（事例 4、7）事件に至っている。

　うつ以外では、被介護者の認知症が介護者を追い詰める要因となって
いた。事例 8 では被害者に妄想、暴行、徘徊などの BPSD（Behavioral
and Psychological Symptoms of Dementia）が見られており、介護者は一
時も目が離せない状況であった。事例 14 では、被介護者の大声が事件
の直接的なきっかけとなっている。このような症状は、薬を用いればあ
る程度コントロールすることが可能であるが、介護者あるいは被介護者
が病院に行くのを嫌がる場合は受診自体が困難となる。また、娘や息子
にとって、認知症の親を看るのは精神的につらいことである。元気なこ
ろには気丈であった親の姿を思い出し、現在の姿を受け止められずに苦
しむ。その気持ちが将来の悲観につながり、事件発生のきっかけとなっ
ている（事例 6）。

　その他、介護に関わる困難が直接の原因ではないが、事件発生に介護
が影響していると思われる事件も確認できた。家族が要介護高齢者を道
連れに心中した事件（事例 18、19）では、加害者は人間関係のトラブルや
借金等、介護以外の理由で自殺を決意し、被介護者を連れて死のうと考
えた。「自分がいなくなったら誰も代わりに面倒を看てくれる人がいな
い」というのが被介護者を道連れにした理由であった。その他、事例 20
はまだ要介護状態にない高齢の夫婦が「将来、娘に降りかかるであろう」
介護困難を想定して心中を図ったというものである。被告である妻は以
前、認知症の実母の看病をした経験があった。この経験がもとで、妻は
自らの体調の変化から自分の老いも痛感し、物事の理解ができない状況

第3章　事例に学ぶ　なぜ事件を回避することができなかったのか

で生き長らえ、娘達に大きな負担をかけることに恐怖心を抱くようになった。その恐れが将来の悲観につながり、夫婦に心中を決意させることとなった。

　2）被告の考え方の特徴
　被告が殺人や心中に至った際の考え方については次の10通りに分類できた。「生きていてもしかたがない」「被介護者が不憫」「被介護者を楽にしてあげたい」「被介護者も死を望んでいるだろう」「被介護者への怒りと悲しみ」「介護から解放されたい」「現実から逃げ出したい」「介護者を楽にしてあげたい」「（被介護者に）自分の言うことを聞いてほしい」「（介護を）他の人に任せられない」である。
　「生きていてもしかたがない」は、事例1、3、8で確認できた。事例1では、妻は借金を抱え、家では要介護の母と2人だけの生活であった。入院中の夫を愛していたが、自身の体調も悪く、手術を受けなければならなくなり、「回復の見込みのない夫と同じような寝たきりになるのではないか」と考え、将来を悲観した。事例3では、夫は住宅ローンの支払いができないという経済的困窮状態にあり、同居の義母は認知症、妻も寝込んでおり、常に「死にたい」と口にしていた。夫は妻の病気はもはや治癒しないと考え、将来を悲観した。事例8では、妻は今まで唯一、頼りにしてきた夫が会話もできない状態になったことに大きなショックを受けた。そして、この先生きても同じつらいことの繰り返しと考え、心中を決意した。
　「被介護者が不憫」は、事例6、9、10、11、12で確認できた。事例6では、息子は元気なころには気丈であった母を思い、認知症の進んだ姿を哀れと受け止めた。事例9では、妻は死期の迫った夫が病院をたらい回しされ、苦しい思いをしながら死亡することは耐えられないと考えた。事例10では、妻は自分が家を出たら夫の面倒をみる人がいなくなってしまう、それでは夫が可哀想と考えた。事例11の夫は、（適切な転居先が決まらず）引越せば妻がさらに弱って入院し、体中に管を付けられて痛い、新しい家に行きたいと言いながら死んでいくのではないかと考えた。事例

－ 70 －

第 3 章　事例に学ぶ　なぜ事件を回避することができなかったのか

12 の息子は、自身の体調不良や介護疲れもあり、自分が介護できなくなれば両親はみじめな思いをするだろうと考えた。

　「被介護者を楽にしてあげたい」は事例 3、7、9 で確認できた。事例 3 では、被告は「望み通り殺してやったほうが妻も楽になる」、事例 7 では「妻を痛みから解放して楽にしてやりたい」と考えた。事例 9 では、痰をのどに詰まらせ、苦しそうに呼吸をしている夫の姿を見るに耐えず、「早く楽にしてあげたい」と考えた。

　「被介護者も死を望んでいるだろう」は事例 11 で確認できた。介護者の夫は安らかに眠る妻の傍らで「気持ちよさそうにしているうちにあの世に逝かせてやった方が、これ以上苦しむこともなく幸せなのではないか」と考え、妻の殺害を決意した。

　「被介護者への怒りと悲しみ」は事例 13、14 で確認できた。事例 13 の息子は彼なりに一生懸命に母のことを考え世話しているにも関わらず、飲酒を注意され、「母に理解してもらえていない」と感じ、腹が立つとともに悲しみを感じた。事例 14 の息子は母親の心身の状況が悪化するなか、母親の叫び声をきっかけに絶望し、事件に及んだ。

　「介護から解放されたい」は事例 2 で確認できた。意に反して介護を担うことになった嫁は、介護から逃れたいというのが正直な気持ちであったが、同時に「介護は嫁の務めで放棄することはできない」と思い込んでいた。

　「現実から逃げ出したい」は事例 4、5、15、18、19 で確認できた。事例 4 では、引きこもりの息子は衰えていく母の姿を見、引きこもりを克服して働かなければならないと思うようになったが、その反面、具体的な一歩を踏み出せず、悩み続ける日々が続いていた。事例 5 では、息子は食欲が減退し、寝不足で自身の体調不良に悩み、死んでしまえば楽になるかもと考えた。事例 15 では、息子はお金がない切羽詰まったみじめな暮らしぶりに嫌気がさし、寝たきりで衰弱した母を置き去りにし、家を出てしまった。事例 18、19 では、被告は夫が作った多額の借金に苦しんでいた。

　「主介護者を楽にしてあげたい」は事例 6 で確認できた。息子は要介

－71－

第3章　事例に学ぶ　なぜ事件を回避することができなかったのか

護の母と心中すれば、主介護者である妹が普通の生活に戻れるのではないかと考えた。

「自分の言うことを聞いてほしい」は事例16、17で確認できた。事例16では、娘は口ごたえする母に苛立ち、言うことを聞かせるため叩くようになった。事例17では、息子は父の動作が鈍く、自分の指示に従わないことに苛立ちを募らせた。これらはともに傷害致死の事例であり、介護者は被介護者を殺そうと意図していたわけではない。被介護者が認知症の影響により介護者の意に反する行動を繰り返したことが介護者をいら立たせ、暴力をふるわせる原因となっていた。

　3）被告が周囲に助けを求めなかった理由

　検討に用いた20事例のうち、13事例について、なぜ被告が周囲に助けを求めなかったのかを知ることができる記載があった。その内容は、「実際に頼れる人がいなかった」「頼るべき親族はいるが現実に頼れなかった」「親族に相談したが状況は改善しなかった」「外部の相談機関や施設に相談したがうまくいかなかった」「誰も頼れないと思い込んだ」「子どもに迷惑をかけたくなかった」の6つに分類された。

　「実際に頼れる人がいなかった」は事例8で確認された。妻は夫ともども家族を捨てて駆け落ち同然で他県に来たという経緯から、要介護状態が発生する以前から親戚を頼ることはしておらず、悩みを打ち明けられる知人等もおらず、一人で悩みながら肉体的精神的に疲労していった。

　「頼るべき親族はいるが現実に頼れなかった」は、事例1、5、10、13、14、15、18、19で確認された。事例1では、被告には別居の娘と息子がいたが、娘とは折り合いが悪かった。息子も家庭があるので頼っても無理だろうと考え、はじめから子どもたちに頼ろうとは考えていなかった。事例5では、被告の妹夫婦には仕事があり妻もパートに出ている、自分と父が入院することになれば母の介護をするのは自分しかいないと考えた。事例10では、被告は同居の子どもとの関係が悪かった。事例13では、被告のきょうだいたちは母の介護に非協力的で、頼ることができなかった。事例14の被告は引きこもりで、親戚に助けを求めることができなかっ

— 72 —

た。事例 15 の被告は経済的に困窮していたが、きょうだいらに自分が働いていると嘘を話しており、また母の年金等で月額 16 万円程度の収入があったことから、今更きょうだいらに支援を申し出ることはできないと考えた。事例 18 では、被告の親族は被害者の介護を引き受けられるような生活状況にはなかった。事例 19 では、他の弟妹には母を引き取ることが困難な事情があり、自宅にいて、かつ、仕事をしていないのは被告のみであった。

「親族に相談したが状況は改善しなかった」は事例 4 で確認された。引きこもりの被告はどうしたらよいか分からなくなり、事件が生じる 9 カ月前、父の妹の家を訪れて相談したが、有効な解決策は見いだせなかった。

「外部の相談機関や施設に相談したがうまくいかなかった」は、事例 9、19 で確認された。事例 9 では、被告は市役所で介護の相談をすることができず、また婦長から夫の退院は難しいと言われて追い詰められ、将来を悲観した。事例 19 では、母は 1 カ月に 1 回のショートステイを嫌がり、出かける前になると被告が前日に準備していた荷物を散らかすなどして手こずらせることもあった。そのため、被告は嫌がる母を施設に預けるのはとても無理と考えた。

「誰も頼れないと思い込んだ」は事例 2 で確認された。介護は嫁である自分の務めで放棄することはできないと考え、夫ら同居の家族に対して窮状を強く訴えて義母の介護を免除してもらうことは経済的理由からも無理だろうと思い、周囲に助けを求めることができずにいた。

「子どもに迷惑をかけたくなかった」は事例 20 で確認された。被告は自分が認知症の実母と義母を介護した経験から、将来年老いて自分の娘に負担をかけるのを避けたいと考えていた。

第2節　事件が生じる寸前で思い止まれた人の体験談分析

介護殺人に至る人はごく「稀」であるが、相手や自分の死を思うほどに追い詰められている介護者はそれほど稀ではない。NHK は 2016 年 7

月に番組「私は家族を殺した　介護殺人　当事者たちの告白」を放映した際、首都圏に住む家族を介護した経験のある615人を対象にアンケートを実施し、介護をしている相手への感情を確認したところ「一緒に死にたい」、「手にかけてしまいたい」のいずれかを思ったことが「ある」、「ときどきある」と答えた人は合わせて回答者の24%、4人に1人の割合であったと述べている。この数値からは、事件となったものは氷山の一角であり、その背後には多くの介護者の苦しみや行き詰りがあることを読み取ることができる。

　社団法人認知症の人と家族の会は2009年、一冊の本『死なないで！殺さないで！生きよう！メッセージ』を出版した。そこには死にたいと思うほどにつらい経験をしながらも何とか踏みとどまることができた介護者たちの体験が収録されている。過去に生じた介護殺人の事例から教訓を読み取るのは大事なことだが、一度は被介護者の殺害や心中を決意しつつも思い留まった人たちについて、なぜ、思い留まることができたのかを分析するのも、事件の回避という点からは重要と考える。

　そこで本節では、この本に掲載されている介護体験を分析の素材とし、死にたいと思うようなつらい経験をしながらも何とか踏みとどまることができた人について、なぜ事件に至らないで済んだのか、その理由について探っていくことを目的とする。

1．調査対象

　社団法人認知症の人と家族の会発行の図書『死なないで！殺さないで！生きよう！メッセージ』に収録されている介護体験の記述を調べ、被介護者の殺害や心中を考えたが、ぎりぎりのところで何とか思い止まることができたという内容が書かれているものを調査対象として抽出した。

2．調査・分析方法

　介護者が死にたいと思うほどつらい思いをしつつも、殺人や心中を回避できたのはなぜかについて、その時の状況や、思い留まることができ

第3章　事例に学ぶ　なぜ事件を回避することができなかったのか

表2　介護者が事件を思い止まることができた理由

事例 No.	殺人や心中を思い止まったきっかけ	分類
事例 1	いざという時、母が「イヤダ！」と言った	被介護者の生きる意思に気づく
事例 2	姑は、私の誘いをキッパリと拒絶したのです。「オラ、ヤンダヨ。死ぬのはヤンダヨ」	被介護者の生きる意思に気づく
事例 3	ケアマネジャーさんから連絡があって病院に行き、先生に診ていただき、2時間ほど話を聞いていただきました	親族以外の人からの支え
事例 4	その言葉に「おれヤダ…」	被介護者の生きる意思に気づく
事例 5	日頃母が「自殺は卑怯」と言っていたのを思い出し、また母の昔からのがんばる姿を思い出し	病気になる前の被介護者を思い出す
事例 6	姑はいつになくやさしい笑顔で私のほうを向いていました。そうだ、私はこの笑顔と穏やかなまなざしにどれほど助けられたことだろう	病気になる前の被介護者を思い出す
事例 7	その日は車を修理に出しており、自動車修理工場の代車を使っていたからです。もし私が事故を起こしたら、自動車屋さんも困るし、夫の損保会社(勤務先)にも迷惑をかけると思いました	人に迷惑をかけてはならないという気持ち
事例 8	母はとびきりの笑顔で「生きていたい」と	被介護者の生きる意思に気づく
事例 9	子どもや孫、助けていただいているまわりの人たちの顔が浮かび	大切な人の存在が頭をよぎる
事例 10	娘の子ども(孫2人が5歳と2歳)の笑顔に助けられました	大切な人の存在が頭をよぎる
事例 11	「死ぬのはいやだ」と	被介護者の生きる意思に気づく
事例 12	老いた母が、その時「殺すのやったら帰っておいで。孫が殺人犯の母をもったら一生かわいそうや」と泣きながら言いました。…母の涙を見て殺してはいけないと思いました	大切な人の存在が頭をよぎる
事例 13	残された家族のことを考える	大切な人の存在が頭をよぎる
事例 14	一度しかない自分の人生をこんなことで中断してはいけない	自分を大切にしようと思う気持ち
事例 15	実父に悲しい思いをさせてはならない	大切な人の存在が頭をよぎる
事例 16	主人は「わしは死なん。この家から自殺者も殺人犯も出してはいけない」と言いました。主人はやはり大黒柱だと尊敬しなおしました。	被介護者の生きる意思に気づく、病気になる前の被介護者を思い出す
事例 17	「一生懸命にならず開き直りなさい」という言葉に、雷に打たれたような衝撃	親族以外の人からの支え
事例 18	首に手をかけました。でも髭がざらざらしているので嫌になり、やめました	
事例 19	子どもや孫たちの顔が走馬灯のように脳裏をかけめぐり	大切な人の存在が頭をよぎる
事例 20	夫の口から「おかあちゃん」と	被介護者の生きる意思に気づく
事例 21	頭をよぎったのは「これは病気なのだ。本人の尊厳を守るのは私だけだ。私の勝手だけで行動してはいけない…」	
事例 22	ふとドイツのフランクフルトを妻と歩いた時のことが頭に浮かんだ。	病気になる前の被介護者を思い出す
事例 23	たまたま日曜日だったこともあり、教会をのぞくと〝祈る人々の姿〟があった。「そうだ、日本にもお寺がある」と思った。…お寺にお参りしていると、ご住職様のご法話が身にしみた。	親族以外の人からの支え
事例 24	夫が口笛をふいたのです。「夕焼けこやけ」でした。夫の口笛は初めて聞きました。泣きながら歌いました。	被介護者の生きる意思に気づく

たきっかけ等に関する記述を抽出し、その内容の整理・分析を行った。

3．倫理的配慮

　分析に用いる体験談は、すでに本の形で一般の人々に公開されているものであり、個人名が特定できるような情報の記載はない。

4．結　　果

　検索の結果、調査対象の条件に該当する体験談は80件中22件であった。これら22件の体験談から、事件を思い止まることができた理由について、以下6つのパターン「被介護者の生きる意思に気づく」「大切な人の存在が頭をよぎる」「病気になる前の被介護者を思い出す」「親族以外の人からの支え」「人に迷惑をかけてはならないという気持ち」「自分を大切にしようと思う気持ち」があることを確認した（表2）。

　「被介護者の生きる意思に気づく」は、事例1、2、4、8、11、15、19、22の8事例で確認できた。「いざという時、母が『イヤダ！』と言った」（事例1）、「姑は、私の誘いをキッパリと拒絶したのです。『オラ、ヤンダヨ。死ぬのはヤンダヨ』」（事例2）、「その言葉に『おれヤダ…』」（事例4）、「母はとびきりの笑顔で『生きていたい』と」（事例8）、「『死ぬのはいやだ』と」（事例11）、「わしは死なん」（事例15）、「夫の口から『おかあちゃん』と」（事例19）、「夫が口笛をふいたのです。『夕焼けこやけ』でした。夫の口笛は初めて聞きました。泣きながら歌いました」（事例22）である。

　「大切な人の存在が頭をよぎる」は死のうと思った瞬間に大切な誰かを思い出す、大切な誰かを悲しませてはならないなどの気持ちである。これは事例9、10、12、13、14、18の6事例で確認できた。「子どもや孫、助けていただいているまわりの人たちの顔が浮かび」（事例9）、「娘の子ども（孫2人が5歳と2歳）の笑顔に助けられました」（事例10）、「老いた母が、その時は『殺すのやったら帰っておいで。孫が殺人犯の母をもったら一生かわいそうや』と泣きながら言いました。…母の涙を見て殺してはいけないと思いました」（事例12）、「残された家族のことを考える」（事例13）、「実父に悲しい思いをさせてはならない」（事例14）、「子

第3章　事例に学ぶ　なぜ事件を回避することができなかったのか

どもや孫たちの顔が走馬灯のように脳裏をかけめぐり」（事例18）である。

　「病気になる前の被介護者を思い出す」は事例5、6、15、21の4事例で確認できた。「日頃母が『自殺は卑怯』と言っていたのを思い出し、また母の昔からのがんばる姿を思い出し」（事例5）、「姑はいつになくやさしい笑顔で私のほうを向いていました。そうだ、私はこの笑顔と穏やかなまなざしにどれほど助けられたことだろう」（事例6）、「主人は『わしは死なん。この家から自殺者も殺人犯も出してはいけない』と言いました。主人はやはり大黒柱だと尊敬しなおしました」（事例15）、「ふとドイツのフランクフルトを妻と歩いた時のことが頭に浮かんだ」（事例21）である。

　「親族以外の人からの支え」は事例3、16、21の3事例で確認できた。「ケアマネジャーさんから連絡があって病院に行き、先生に診ていただき、2時間ほど話を聞いていただきました」（事例3）、『一生懸命にならず開き直りなさい』という言葉に、雷に打たれたような衝撃」（事例16）、「たまたま日曜日だったこともあり、教会をのぞくと"祈る人々の姿"があった。そうだ、日本にもお寺がある」と思った。…お寺にお参りしていると、ご住職様のご法話が身にしみた」（事例21）である。

　「人に迷惑をかけてはならないという気持ち」は事例7の「その日は車を修理に出しており、自動車修理工場の代車を使っていたからです。もし私が事故を起こしたら、自動車屋さんも困るし、夫の損保会社（勤務先）にも迷惑をかけると思いました」である。「自分を大切にしようと思う気持ち」は事例14の「一度しかない自分の人生をこんなことで中断してはいけない」である。

　その他、「頭をよぎったのは『これは病気なのだ。本人の尊厳を守るのは私だけだ。私の勝手だけで行動してはいけない…』」、「首に手をかけました。でも髭がざらざらしているので嫌になり、やめました」などの理由も見出された。

第3章 事例に学ぶ　なぜ事件を回避することができなかったのか

第3節　考　察

1．判例分析より

1）事件のプロセスにみられる特徴

　Cohen（2005）は被介護者を殺害後、自殺をした介護者は通常、事件を起こすまでに何カ月、あるいは何年も考えており、その行動は愛や利他主義によるものではなく、絶望とうつによって生じる、少なくとも加害者の半数は、発見や治療のされていないうつやその他の精神的な問題を抱えており、介護者の孤立や、多くのストレスからくる無力感が事件の引き金になると述べている。

　介護殺人の判例分析からは、事件に至るプロセスにおいてうつの影響がみられるケースが7件見出された。被介護者や介護者のうつは軽度の段階で治療することにより、事態の悪化を避けることが期待できる。今後、何らかの形で被介護者や介護者にうつが疑われた場合には、すみやかに対処できる体制の整備が必要である。特に介護者のうつに関しては、早期に発見し、地域で適切な対応ができるようにしなければならない。介護者は仕事を辞めざるを得なくなったり、慣れない家事で右往左往したり、経済的に苦しくなったりしてこれまでの生活の変更を迫られ、日に日にストレスを溜めていく。また、介護は育児と違い、いつ終わるか目処が立たない。「ここまで頑張れば楽になる」という見通しを立てることは難しく、どう対応したらいいか分からず途方に暮れる者も少なくない。

　介護殺人に関し、なぜうつが危険なのかと言えば、うつになると判断力が落ち、物事を冷静に考えられなくなるからである。健康な状態であれば何とか対処方法を考え出すことができても、うつの状態では前向きな考えは浮かんでこない。そして、死ぬことこそがこの苦境を抜け出す唯一の方法であると思い込み、ぎりぎりのところでハッと我にかえることができなくなってしまう。松村（2014：125）は「ケアに関わる職員は、介護者の抑うつ状態や介護負担感につながる訴えを把握し、適切な援助の手を差し伸べることによって、抑うつ状態の予防や介護負担感の軽減が可能である」ことを指摘している。介護殺人の予防に向けては、うつ

－78－

第3章　事例に学ぶ　なぜ事件を回避することができなかったのか

の状態にある介護者を早期に発見し、適切な医療機関につなげるようにすること、被介護者のみならず介護者に対しても注意を払い、必要に応じ積極的な支援を行えるようにすることが重要である。

また、被介護者のうつに関しては、周囲に「死にたい」「楽になりたい」など漏らしていないかを確認することが極めて大事である。介護者は、被介護者から繰り返し「死にたい」言われると、その時は真に受けなくても、自分自身も体調不良になるとふと弱気になり「このまま一緒に死んでしまったほうが幸せかもしれない」と考える傾向が見られる。介護をめぐる心中や嘱託殺人を防ぐためには、被介護者がしばしば「死にたい」などと漏らしたら要注意と捉えなければならない。その言葉を介護者がどう受け止めているかを注意深く確認し、見守り、必要に応じて被介護者を精神医療につなぐなど、家族全体に目配りのできる体制を整えていく必要がある。心理的危機に直面した高齢者に対してはさまざまな社会的支援が有効であるため、地域の絆、ソーシャルキャピタルの醸成を目指した地域づくりも併せて考えていかねばならない（藤田 2015：62）。

次に被介護者が認知症の場合、介護者は被介護者の大声、妄想、暴行、徘徊などの行動・心理症状に適切に対応できず、悩んでいる可能性が高い。従って、支援者はこれら BPSD への対応も含め、日常的に介護者の相談に応じることが重要である。また、介護者が被介護者への対応に振り回されて気力が衰え、危死念慮が生じていないかも確認をしていきたい。認知症の行動・心理症状のなかでも特に徘徊に振り回され、追い詰められる介護者は多いが、この症状も心身の機能の衰えに伴い収まっていく傾向があり、いつまでも続くわけではない。支援者は介護者に対し、この先どうなるか、常に将来の見通しを含めたアドバイスを行うことが必要である。

2）被告の考え方の特徴

「生きていてもしかたがない」は、言い換えれば今のつらい現状を抜け出す方法が見つからず、この先、今よりもよい生活が訪れるとは思えず、将来に対して絶望する気持ちの表れと考えられる。介護状態が発生

第3章 事例に学ぶ なぜ事件を回避することができなかったのか

するまでの人間関係がよかった場合ほど、被介護者に回復の見込みがなくなることへの介護者の失望は大きい。がんや認知症などの場合、時が経つにつれ症状が進んでいく。相手を大切に思えば思うほど、介護者は介護する相手の変化に苦しみ、将来を悲観する可能性が高くなる。介護者は、この先の生活がどうなるかが分からず、不安のなかにいる。もし、支援者が彼らの気持ちを受け止め、寄り添い、この先の生活についてきめ細やかに助言を続けていけば、介護者もしだいに心の準備ができてくる。また、つらい現状は変えられないとしても、現状を正しく理解し説明してくれ、困った時にどうしたらよいか一緒に考えてくれる人がいるという状況は、介護者がいつ終わるか分からない介護を続けるための大きな原動力となり得る。

　次に「被介護者が不憫」「被介護者への怒りと悲しみ」であるが、介護が必要になる前の被介護者によい印象を持っている、尊敬の念を抱いているなどの場合は特に、介護者は被介護者の変わり果てた姿を受け止めきれずに苦しむ傾向がある。介護の専門職であれば、大人がおむつで排泄をし、認知症の症状を呈するのを目の当たりにしても、さほど心理的な抵抗はないだろう。しかし、息子や娘の場合、自分の親が赤ちゃんのようにおむつで排便するのは見るに耐えず、「こんな姿になるなんて」「哀れ」など、耐えがたい心の葛藤を抱くのである。この状況については、被介護者の変化は病気が原因と説明しつつ、介護者の驚きや悲しみにじっと耳を傾け、つらい気持ちに理解を示し、気持ちを受け止めていく支援が欠かせない。

　「被介護者を楽にしてあげたい」「被介護者も死を望んでいるだろう」については、被介護者が絶えず苦しんでいたり、介護者自身も心中を考えていたりする事例に見られる考え方である。このような事例の場合、介護者は自殺未遂などの手段で自らの危機を示す兆候を示すことがある。特に介護している相手から「死にたい」と繰り返し言われる、あるいは介護者に生きる気力が感じられない場合は心中に至る可能性が高いと受け止め、特に注意を払うことが必要である。

　「介護から解放されたい」「現実から逃げ出したい」は、そもそも介護

第3章　事例に学ぶ　なぜ事件を回避することができなかったのか

役割を担うことを期待されている者に、それに応じる力がない場合によく見られる。介護者自身に知的障害や精神障害がある、あるいは被介護者との間にわだかまりがあるなどの事情が考えられるが、そのような場合、介護者にあるべき姿を期待しても、現実的に無理である。引きこもりの子どもに介護を担わせようとするのは、その典型例であろう。市役所まで要介護認定の申請に行く、ケアマネジャーと連絡を取り、介護保険サービスを利用するなどの行動は、引きこもりの人には敷居が高く、現実的に実行するには無理がある。そのため支援者は、介護を期待されている者に関しては、実際にどれだけ介護を担えるのか、それだけの能力と意思があるのかを冷静に見極めなければならない。介護者に介護を担う能力や意思が不足している事例は、そのまま放置しておくと、介護放棄になっていく可能性が高い。このような事例については、社会が介護を担っていくという発想が必要である。

　「自分の言うことを聞いてほしい」は被介護者に認知症がみられ、介護者の指示に従わない場合に多くみられる。この気持ちは、言ってもだめなら暴力で従わせようという考えに転じる可能性がある。暴力には、即時的に相手がおとなしくなったり、言うことを聞いたりするという効果があるため、一度暴力で相手を従わせたら、次も続けて暴力をふるう可能性が高くなる。このような場合、支援者が介護者に「暴力はいけない」と忠告しても、何の効果も期待できない。介護者が困っているのは「どうしたら自分の意思が相手に伝わるか」である。暴力を咎める前に、暴力の代わりに相手に納得してもらう方法をいくつか伝え、実践してもらうことが重要である。暴力に頼らなくても被介護者とのコミュニケーションがうまくいくようになれば、介護者の苛立ちから来る暴力は減らすことができる。

　最後に、要介護状態になることを「恐れて」心中に至った事例については、国の高齢者施策そのものの在り方を考えさせられる。判例分析で扱った事例のなかには、介護で苦労した経験を覚えていた被告が、要介護になって娘たちに迷惑をかけたくないと考えたものもあった。この事例のように、自分の子どもに介護による過重な負担を負わせたくないと

－81－

第3章　事例に学ぶ　なぜ事件を回避することができなかったのか

考える高齢者は決して少なくない。現在の日本に「自分が倒れたら家族が犠牲になる」状況が現に存在する以上、これからも介護殺人は時を変え、場所を変え、発生し続けることが予想される。介護を引き受けたとしても、その人が必要以上に負担を負うことなく、自分自身の生活も大切にできる社会であってほしい。介護する人が介護者としてだけではなく、社会に生きる1人の市民として、自分自身の人生をも大切にできるような支援システムの構築が求められている。

3）被告が周囲に助けを求めなかった理由

　老老介護で「子どもに迷惑をかけたくない」と考えている場合、よほどのことがない限り、介護者が子どもに頼ることはない。そしていざという時、誰も頼れる者がいない介護者も少なくない。親族が誰もいないなど、実際に頼れる人が存在しない場合もさることながら、この誰も頼れない状態は、頼るべき家族が身近にいる場合にも生じることに注意が必要である。例えば自分以外の者はみな働いている、他の親族は育児などで忙しく介護を引き受けられそうにない、きょうだいらは介護に非協力的などの状況下では、介護者は「介護を担えるのは自分しかいない」と悟り、親族に相談すること自体をあきらめてしまう。また、要介護の度合いによっては介護保険で認められた介護サービスを利用することができるが、他者の介入を拒み、デイサービスやショートステイに行きたがらない被介護者は少なくない。そのため、せっかく要介護認定を受けても介護サービスの利用をあきらめたり、嫌がる被介護者を施設に預けるのはとても無理と考え、継続したサービス利用をあきらめたりする場合もあるのだ。

　介護者が自分のなかで「誰も頼れない」と思い込んだ場合、誰かにSOSを出すことは期待できない。このような考え方は「長男が何とかすべき」と言われた息子、「介護をするのは当たり前」と言われた嫁、あるいは完璧主義の介護者などに比較的よく見られる。ここ10年ほどで嫁介護者が激減し、男性介護者が増加するなど介護者の傾向は変わりつつあるが、介護が必要な状態が発生した場合、第一に家族が介護を担う

第3章　事例に学ぶ　なぜ事件を回避することができなかったのか

ことを期待される状況に大きな変化はない。もし介護を期待された者が
それに納得していればまだしも、本当はやりたくないと思っているのに
も関わらず、立場上、介護を引き受けなければならないと感じている場
合には注意が必要である。介護を担った場合、その者の「主観的な」限
界を超えないよう配慮し、超える部分に対しては社会からの支援を行う
という発想を持つべきである。また、完璧主義で誰にも任せられない介
護者の場合、そのきめ細やかな介護ぶりを見て支援者は安心してしまい
がちになるが、実は誰にも SOS を出すことができないのではないかと
考える視点を持たなければならない。介護者の様子を「完璧主義が高じ
て自分自身を苦しめていないか」という視点から観察し、もしそういう
状況が疑われるのなら、少しずつ、無理をしないことの重要さを伝えて
いかなければならない。そのためには支援者による積極的な働きかけが
不可欠である。

　2．介護体験談分析より
　1）ギリギリのところで事件発生を防げた理由
　認知症の人と家族の会の代表理事の高見氏は、「介護者が相手を殺そ
うとした時に思いとどまった理由は、人間の尊厳や命の尊さに思いを馳
せてというよりは、意外に簡単なことだと気付かされる」と指摘してい
る（社団法人認知症の人と家族の会 2009：6）。『死なないで！ 殺さないで！
生きよう！ メッセージ』に掲載してある体験談を読むと、ところどころ
「正気に返る」「我に返る」という言葉が出てくることに気づく。ここか
らは、ギリギリのところで我に返ることができるかどうかが事件発生の
大きなポイントであることが分かる。
　分析対象とした体験談のなかで、最も多く見られた理由は「被介護者
の生きる意思に気づく」であった。典型的なパターンは、介護者が被介
護者を殺そう、あるいは心中しようと思い詰め、その時はそれ以外何も
考えることができないような心理状態に陥る、ただし被介護者が「生き
たい」「死ぬのはいやだ」など、何らかの生への意思を示し、そこで介
護者がハッと我に返る、というものである。判例のなかでも、「被告は

－83－

夫の『痛い、痛い』という叫び声に我に返り」（事例8）、殺人未遂で止まった事例が見出された。被介護者が何らかの形で生きたいという意思を示すこと、そして介護者がそれを受け止め、「ハッと我に返る」ことができれば、ギリギリのところで事件を回避することが期待できる。ただし、被介護者も死を望む、あるいは死を容認している嘱託あるいは承諾殺人の事例や、介護者がうつ状態にあり、我に返ること自体が困難な事例に関しては、このような気付きによる事件回避は困難であろう。

　次に多かったのは「大切な人の存在が頭をよぎる」であった。犯罪学においては、犯罪や非行が生じるのはそれらを行うように動機づける力が強まったからではなく、犯罪をしないように統制する力が弱まったために、人々は犯罪を行うようになるとする理論（社会的紐帯論）が提唱されている（藤本 2003：267）。この理論の代表的な論者であるハーシは、なぜある人が犯罪者になり、また、なぜある人が犯罪者とならないかの差異を生み出しているものは、社会と個人の結びつき、すなわち絆（bond）と述べる（藤本 2003：269）。介護殺人や心中を思い止まった人が口にする「大切な人の存在が頭をよぎる」は、この理論によれば、事件に至る寸前に、大切にしたい誰かとの絆を思い出すことができた、ということであろう。そうであるなら、事件回避の鍵となるのはいざという時、頭のなかに大切にしたい誰かの存在を思い浮かべられるかどうか、である。そのためには、介護者を支える存在が周囲に数多く存在することが望まれる。しかし介護者を対象にした調査では、介護に時間を取られ、介護を始める前の人間関係が縮小するという傾向がみられている。被介護者から目を離すことができないため外出回数が減り、友人と会う機会も減り、社会的に孤立していくなどの状況である（津止，齋藤 2007：127）。このような社会的孤立に陥ってからではもう遅い。介護を担ったとしても、以前からの人間関係を維持できるような環境を意識的に整えていくことが重要である。

　「病気になる前の被介護者を思い出す」は、要介護状態が発生する前、介護者と被介護者の関係がよかった場合に抑止効果が期待できる。この「病気になる前の被介護者を思い出す」は、現状を受け止められない介

第3章　事例に学ぶ　なぜ事件を回避することができなかったのか

護者にとってはつらく感じるかもしれないが、被介護者とのよい思い出は、被介護者への愛情を思い出すきっかけとなり、介護を続けるモチベーションとなる。介護者の思いに耳を傾け、現状でできる最もよいケアを選択しつつ、介護者が被介護者の現状を受け止めることができるよう介護者の気持ちに沿い、見守り的な支援をしていくことが重要である。

　その他、追い詰められている介護者に声をかける、話を聞く、他の介護者と話せる機会を設定するなどの働きかけも、事件回避の点では効果的である。「我に返る」など、今まで述べてきた事件発生を防げた理由はある意味、介護者が最後に踏み止まれる力を有しているかどうかが鍵になるが、これらは介護者の力に頼るのではなく、第三者により実行可能な働きかけであり、事件回避の点からは大いに注目したい内容である。特に、他の介護者と話せる機会を設定することは重要である。同じような介護の経験がある者は、「殺人に至る介護者の心情が痛いほどわかる」だけに（社団法人認知症の人と家族の会 2009：4）、きれいごとではない、心に響く言葉がけをすることができる。介護者が現在の状態でできる介護をすればそれでよいと気づく、自分の理想とする介護ができなくても罪悪感を覚えなくてもよいと納得できるなどの点で、家族会などを通じて他の介護者と出会うことは介護者にとって大きな意味を持つ。また、介護で周囲との関係が希薄になり孤独を感じている者、要介護状態が発生する前に被介護者との関係が必ずしもよくなかった者に対しても、家族会を通じて新たな人のつながりを作ることで介護に伴う孤立を防ぎ、事件を予防する効果が期待できる。

本章の結論

　介護殺人の判例と介護体験の分析から、事件予防に向けては介護者を支援するシステムの構築が必要であるとともに、要介護になっても今後の生活や家族の負担を気にかけ、迷惑をかけることを憂い、将来を悲観し事件に至るという社会状況に課題があることが確認できた。

　介護者を支援するシステムについて、事件回避の点からまず必要なの

は、被介護者だけではなく介護者の心身状況や関係性にも注意を払い、介護役割を担うよう期待されている者が実際に介護を担えるのかどうかを現実に即して判断することである。なかでも自ら SOS を出さない介護者には介入的な支援が不可欠であり、介護者のうつに注意を払うことは介護殺人を防ぐうえで特に重要で、今後はこれらの状況に対する具体的な支援方法について検討していかなければならない。それから追い詰められている介護者に声をかける、話を聞く、他の介護者と話せる機会を設定するなどの働きかけも、事件回避の点から見れば効果的である。

　将来への悲観を理由とした事件について言えば、介護が必要な高齢者は今後も増え続けることが予想される。介護を担うことにより経済的困窮に陥り生活が破綻する、特定の家族に介護が集中した結果、介護者が社会から孤立するなどの現状が改善されないのであれば、将来への悲観を理由とした介護殺人はこれからも生じ続けるであろう。介護という行為を社会にどのように位置づけていくのかという私たちの認識が鋭く問われている。

《引用文献》

Donna Cohen（2005）Caregiver stress increases risk of Homicide-suicide. Geriatric Times November/December, 1-7.

藤本哲也（2003）『犯罪学原論』日本加除出版.

藤田幸司（2015）「高齢者の自殺および自殺予防対策」『老年社会科学』37 (1), 57-63.

松村香「介護者の抑うつ状態や介護負担感と『介護に関する困ったことや要望』に関する自由記述との関連」『日本健康医学会雑誌』23 (2), 125-135.

ＮＨＫスペシャル（2016）「私は家族を殺した"介護殺人"当事者たちの告白」http://www6.nhk.or.jp/special/detail/index.html?aid=20160703　2016.7.13 閲覧.

社団法人認知症の人と家族の会（2009）『死なないで！殺さないで！生きよう！メッセージ　いま、介護でいちばんつらいあなたへ』かもがわ出版.

津止正敏、齋藤真緒編（2007）『男性介護者白書　家族介護者支援への提言』かもがわ出版.

第4章　介護殺人の防止①　第三者による介入の可能性

　介護殺人を無くすのは難しいが、なかにはそれまでの経過や介護状況から、第三者が事前に危機を察知できる場合もある。本章ではそのような事例に焦点を当て、事件を事前に回避するためにはどうしたらよかったのかについて分析する。分析にあたっては検察庁から閲覧許可を得た裁判調書をもとに事件が生じるプロセスと被告の心情を明らかにし、第三者の介入可能性について検討する。第1節では調査の概要について述べ、第2節では結果と考察を記し、第3節で本章の結論を述べる。

第1節　調査の概要

1．問題意識
　介護殺人には様々なタイプがあるが、数多くの事件を知るなかで筆者が強く感じた疑問の一つは「そもそもなぜ、この人が介護を担っていたのか」である。客観的にみて、どう考えても無理と思われる状況で介護していた者が予想以上に多かったのだ。ここからは、傍から見て介護を任せて大丈夫かと心配になる状況にも関わらず、介護を担わざるを得ない立場に追い込まれている者がかなり存在することが推測できる。

　介護を担うには、ある程度の力量が必要である。相手の存在を気にかけ、自分で対処できないときには誰かに相談する、症状がひどくなった時には病院に連れて行くなど、臨機応変な判断力や対応力が求められる。もしそれらに著しく欠ける者が介護を担うことになった場合、介護はおろか、被介護者と介護者の生活そのものも破たんしかねない。そうなる前に誰かが危機に気付き、生活の立て直しを図っていくことが必要である。

2．目　　的
　客観的に見て被告の介護を担う力量が不足していたのではないかと思

われる介護殺人を取り上げ、事件に至るプロセスと被告の心情を明らか
にする。そのうえで、なぜその事例について、第三者の介入により事件
を回避することが適わなかったのかについて分析する。

3．調査対象

　調査対象は報道記事の記載内容から、裁判において被告の介護を担う
力量が問われたことが確認できる事例である。最近5年間（2010-2015）
に発生したもので事実関係に争いがなく、刑事確定訴訟記録法第4条に
基づき管轄の地方検察庁から記録の閲覧が許可された事例を分析に用い
た。

　なお、被告の介護を担う力量が問われた場合とは、主に介護を担う者
の心身状態や社会性、あるいは被介護者との関係が公判時、弁護士によ
り情状酌量の根拠として示された場合とした。

4．調査方法

　検察庁から閲覧を許可された裁判調書をもとに、事例の概要、事件に
至るプロセスとその時々の被告の心情に関する記述を抽出し、時間の経
過に沿って整理した。公判傍聴時に自ら作成したメモも情報整理の補足
資料として用いた。

5．分析方法

　事例を分析するにあたり、司法福祉学の研究方法である裁判「事例」
研究の手法を用いる。裁判「事例」研究は客観的事実をもとに事件発生
のプロセスと背景要因を整理すると同時に、加害者自身の供述や証言を
もとに、時々の加害者の心情と直面した危機への対処のあり方を明らか
にするものであり、加害者の視点に基づき事件を分析するのに適した手
法である（加藤 2005：64）。

　事件に至るプロセスは、主に警察や検察で作成された供述調書と公判
の記録を用いて整理した。被告の心情に関しては、根拠を明らかにする
ために出所を括弧内に記載した。（警）は警察での供述調書、（検）は検

第4章　介護殺人の防止①

察での供述調書、（公）は公判記録、その他の文書は文書名をそのまま記した。

6．倫理的配慮

　刑事確定訴訟記録法第4条、第53条に基づき検察庁に閲覧請求を行い、閲覧が許可された文書を用いて情報収集を行った。事例の記載にあたっては、個人が特定される情報は全て省いた。

第2節　結果と考察

　裁判で被告の介護を担う力量が問われた事例を調べたところ、介護者の心身状態に問題があった場合、介護者の社会性に問題があった場合、介護者と被介護者の関係に問題があった場合が確認できたため、それぞれの問題が顕著に表れている事例の分析を行った。また先行研究や判例分析を通じ、特に注意を払うべきであることが確認できた「うつ」については、被介護者がうつであった事例と介護者がうつであった事例の両方について分析を行った。

	加害者	被害者	罪　　名	問題点	危機が予想できる状況
1．裁判で被告の介護を担う力量が問われた事例					
パターン①　介護者の心身状態に問題があった					
事例1	娘	母親	殺　人	介護者の心身状態	介護者が軽度知的障害
事例2	夫	妻	傷害致死	介護者の心身状態	介護者が80代後半と高齢
パターン②　介護者の社会性に問題があった					
事例3	娘	母親	保護責任者遺棄	介護者の社会性	介護者は長年に渡る引きこもり
パターン③　被告と被介護者との関係に問題があった					
事例4	息子	父親	保護責任者遺棄	介護者と被介護者の関係	介護を担うよう期待された子は要介護状態の親と仲が悪い
2．事件発生にうつの影響が見られる事例					
事例5	夫	妻	殺　人	うつの影響	被介護者がうつ
事例6	妻	夫	殺　人	うつの影響	介護者がうつ

第４章　介護殺人の防止①

１．裁判において被告の介護を担う力量が問われた事例

<u>パターン①　介護者の心身状態に問題があった</u>

　ここでは被告である介護者の心身状態に問題があった例として「体調不良、うつ状態で知的能力の低い娘」と「高齢で自らも要支援状態の夫」、介護者の社会性に問題があった例として「長期間引きこもりであった娘」、被告と被介護者との関係に問題があった例として「もともと父親との関係が悪かった息子」の４事例について検討する。

<事例１　体調不良、うつ状態で知的能力の低い娘>
①事例概要
　交通事故による受傷で寝たきりになり、言語によるコミュニケーションができず、昼夜問わず体位交換と痰の吸引が必要な母親Ａ（60代）を長年にわたり自宅で介護し続けた娘Ｂ（40代、軽度知的障害あり）が介護に疲れ、将来を悲観して無理心中を図りＡを刺殺、自らは生き残ったという事件である。
　Ｂは高校卒業後、スーパーの正社員として経理や商品整理の仕事に従事していた。ある日Ａが交通事故に遭い入院、寝たきり状態となってしまった。およそ３年間の入院生活の後、ＢはＡを自宅で介護することを決断し、仕事を辞め24時間つききりの在宅介護を始めた。その後恋人とも別れ、事件に至る日まで12年半、Ｂは休むことなくＡの介護をし続けた。日々の介護はＢ一人に任せられており、外部のサービス利用は医師の往診と週２回１時間ずつの訪問看護サービスのみであった。
　Ｂは40代になると身体がのぼせ、気分が不安定になるなどの体調不良が続いた。疲労が蓄積していき、体重が減り、不眠、無気力状態、しだいにうつになっていった。
　事件当日、Ｂは朝がつらくて起きられず、おむつを変えるのも思うようにできなくなり、これ以上介護はできないと考えた。介護の苦しみから逃れたい、大切な母親を楽にしてあげたいと考え、母を道連れに無理心中を図った。

第4章　介護殺人の防止①

②事件に至るプロセスと被告の心情

　Aは交通事故に遭い、深刻な後遺症が残った。食事も自分で取ることができなくなり胃ろうを造設、声が出せず痰の吸引が必要、会話もできず意思疎通は困難、右腕がわずかに動く程度で寝返りも打てず、24時間目が離せない状態であった。病院のケアについて、Bは「看護師の態度を見ているとオムツが汚れていたり、身体が傾いたままにしていたり雑に感じ、時間にならないと診てもらえないので不安になった。母もずっと病院だと一人きりで気持ちが沈んでしまうのではないかと思った（公）」と不安を抱いていた。

　退院時にはAの介護施設への入所が検討されたが、チューブの消毒や痰の吸引など医療的なケアが必要であったため、入所は適わなかった（注1）。B自身も施設入所には乗り気ではなかった。この時の心情について、Bは後に「介護施設は看護の専門家がいないので…（公）」「1日中ずっと母を看ておけるし、病院にいるより安心だと思った（公）」と語っている。事故から約1年後、BはAを病院から自宅に引き取ることを決意した。退院に備え、Bは1週間病院に泊まり込んで介護の仕方を覚え、在宅での介護を開始した。

　Bは毎日休むことなく、1時間おきにAの体位交換を行い、夜も何度も起きてはおむつ替えを行い、痰が絡まっていないかを確認し、朝は4時に起きるという介護を続けた。事故から10年あまりが経過するとBは慢性的な寝不足に悩まされ、Aを抱き抱える力もなくなってきた。朝は目覚まし時計が鳴って目が覚めるが、身体を起こすのが辛かった。Bは「ぐっすり寝たいと思ったことは何度もあるが、他に誰も看てくれる人がいなかった（公）」。

　一方、Aも体調を崩し、繰り返し入院するなど、その容体は悪化していった。Bは「もう一度母親と話をしたい、いつか話ができるようになるのではないかと期待し介護を続けてきた（検）」が、現実はその思いを打ち砕くものだった。会話はできず、母親の手足は全く動かなくなり、おむつ替えも車いすに乗せるのも大変になった。動くことがないためか腸が働かず、何度も腸閉塞になった。Bは衰えていく母親を見ながら「こ

れ以上悪くなっていくのかと不安になった（公）」。毎日同じことの繰り返しで疲労が蓄積し、「なんで私だけが辛い思いをせなあかん（公）」という思いも抱え、うつになっていった。

事件の１年半前、Ｂの心身の不調は限界に達していた。食事ものどを通らず、10キロ近く体重が減っていた。介護の辛さから逃れたい、母の身体が動かず、話ができない辛さから解放されるためには「死ぬしかない」、「母を楽にしてあげたい」と考えるようになった（公）。この時、Ｂは「気力でやっていたけど、身体がしんどくてどうにもならない、心と身体の限界がきたかなと。母を一人にしたら後に面倒を看てくれる人もいないし、一緒に死のうかなと。解放される（公）」と考えた。かかりつけの医者からもらった睡眠薬を服用し、親しかった元交際相手に「死にたい」と愚痴をこぼすようになっていった。

事件当日、１日の介護を終えた後、Ｂは睡眠薬を母親に服用させ、自分も一気に数錠飲んだ。ベッドに寝ている母親に「楽になろか」と話すと、母親ははっきりとうなずいた。そして母親を包丁で刺殺、同じ包丁で自分の腹を何度も刺した。その後Ｂは気を失い、気が付いたら病院のＩＣＵのベッド上だった。

事件後、Ｂは裁判で「人を殺すことが犯罪だという認識は？」と問われ「一緒に死のうと思っていたのでなかった」と答えている（公）。被告人の最終陳述では「…私はお母さんを殺してしまいましたが、もう一度生まれ変わっても、お母さんの子どもとして生まれたいです」と語った（公）。

③第三者による介入の可能性
＜家族、親族＞
Ｂには父と別居の弟がいた。弟は結婚後に実家を離れ、車で20〜30分のところで生活していたが、実家を訪れるのは数か月に１回くらいで、Ａの介護はＢに任せきりであった。父からＡの施設入所について意見を求められたときのことについて、弟は公判時「おやじとお姉ちゃんに任すよ、僕は何かあったらすぐとんでくるけど僕は家で介護もようせんし、

第4章　介護殺人の防止①

またできるような状態違うから、もう何もかもお姉ちゃんのいうとおり
せなあかんのと違うか」と語ったと述べている。事件の数か月前、弟は
姉が将来、父母両方の面倒をみないといけないと悩んでいたことを知っ
たが、何か具体的な支援をすることはなかった。弟は公判で「姉に対し
ては本当に申し訳ないという気持ちと、姉のほうがほんまに被害者かな
と心から思っています」「母自身も十何年間しゃべられへんし、身体も
動かされへんかったんで、…母親も楽になったと思います…私自身、そ
うじゃないだろうかと本当に思っています。言い聞かすんじゃなくて、
自分自身思っています」と述べた。

　父親は、娘と介護の役割分担について話をしようと数回試みていた。
しかしBは「お父さんなんか、私みたいなことようするかいな、私がちゃ
んと面倒見るから（検）」と言い、父親の関与を望まなかった。父親は
Aが事故にあってからは車の運転中に文句を言う、下校する子どもの声
がうるさいと怒るなど、態度に変化が表れ、泣きながら「これ以上（A
は）よくならへんかな」と嘆き、落ち込むときもあった。ストレスからか、
Bにも「掃除しろ」「ものを片付けろ」など小さいことでブツブツ小言
を言うようになり、Bは「うっとうしいな、父の休みの日は嫌や（公）」
と感じていた。

　＜友人、知人＞

　Bの苦悩を理解し、Bの愚痴を聞き、理解を示していたのは元交際相
手のCであった。CはBに「ようやってると思うで、少しの我慢や」と
声をかけていた。だが母親の介護が始まり7年ほどが経過した時、Bは
Cに一方的に別れを告げた。この時の心情について、Bは「お母さんの
ほうが大切だった（検）」、Cは「介護がしんどいんだろうと思ったし、
自分が負担になりたくなかった（公）」と話している。

　事件のおよそ半年前、CはBから「死にたい」「母の介護もあるし、
父の面倒をみるのも両方しんどい」という話を聞くようになった。Cは
Bを気にかけ、事件のおよそ2か月前には朝昼夜の1日3回、メールか
電話で連絡を取るようにしていた。事件当日の昼、CはBに会ったが、
その時のBは普段通りに見えた。夜8時か9時ごろメールを送ったが連

－93－

絡が取れなかったため、不安に思いBを訪ねたところ、事件が生じていた。その時の心境について、Cは公判で「なんで気が付かなかったのか。自分が気がついていればこんなことにはならんかったと思う」と語っている。

＜専門職（保健、医療、福祉領域）＞

事件前にBと日常的に関わりがあった専門職は、医師と訪問看護師であった。事件当時、Bにはかかりつけ医から睡眠薬が処方されていた。Aに対しては、医師の往診と、週2回の訪問看護が入っていた。訪問看護師は2人組で午前9時から1時間支援に入り、入浴介助などを行い、2週間に1回は気管や尿管のチューブ交換もしていた。Bに対してはAの就寝後、3時間ごとくらいに寝返りをさせるよう指導していた。Aの容体が悪化したときにはサービス増加が検討されたが、訪問看護師がBに「介護保険の制度から言って、これ以上は増やせない」と伝えたため、サービス量が増えることはなかった。最後の訪問看護は事件当日で、その日は入浴の介助が行われた。担当した訪問看護師らは、Bについて特に異常は感じなかったという。医療関係者でさえ、Bが母との心中を考えていることに気が付かなかった。

④考　　察

要介護のAは言葉を発することができず、寝たきり状態であった。介護を担っていたBは疲労が蓄積し、十分な睡眠をとることができず、食欲不振で急激に体重も減少し、事件当時は深刻なうつで、介護の辛さから逃れるのは「死ぬしかない」と感じていた。これは自殺予防の視点から言えば、かなり危険な状態である（神庭ら2014）。もし誰かがBの様子に不安を感じ、受診を促すなど適切な対応がなされていたら、この事件は起きなかったかもしれない。

当時、心中を想定することは難しかったとしても、日常的にBと関わっていた訪問看護師らはBの態度から何か危機を察知することはできなかったのだろうか。それを確認するにはBと訪問看護師の間に信頼関係がどれだけ構築できていたのかを問わねばならないが、結果として、訪

－94－

第4章　介護殺人の防止①

問看護師らはBの危機に気づくことはできなかった。それは、Aの介護が特に問題にならない程度には行われていたことが影響していたと思われる。客観的に見て介護状況に問題がなく、かつ、介護者からの相談もない場合、現行の介護保険制度のもとではサービス提供者が介護者の状況にまで目を向け、積極的な介入を行うことは期待できない。

　被告の娘については後日、知的能力が低く、合理的な思考をする力に欠けることが明らかにされた。食事や衣服の着脱、排泄などの日常的な動作には支障がなく、職を得て働くことも可能であったが、様々な場面において臨機応変な状況判断を行うには困難が伴っていた。そのような困難を抱える人については外部からのニーズ把握が難しい（森本2011）。娘が母親の症状悪化や自らの体調不良に伴い、臨機応変に他者に助けを求め、介護体制を変えていくことができなかった背景には、この知的能力の低さからくる対応能力不足が影響していたように思われる。

　このような事件を防ぐためには、関わりのある支援専門職が世帯全体を支援する視点、つまり被介護者のみならず介護者も気にかけ、生活が成り立っているかと気にかける視点を持つことが不可欠である。もし介護者に不眠やうつなどが疑われたら速やかに受診を促す、ケアマネジャーに情報を集中し、介護者の状況に応じたケアプランを作成し直すなどの取り組みが必要である。本件の記録にはケアマネジャーに関する情報がほとんどないが、もしケアマネジャーの気付きがあれば、介護を娘に任せきりにしている父親や弟の力を引き出し、必要なサービスを導入して無理のない介護体制に組みなおすことは可能であった。

　その他、本件の訪問看護師の障害福祉サービスに対する知識にも疑問が残る。裁判調書には、Aの容体が悪化したときにはサービス増加が検討されたが、訪問看護師がBに「介護保険上、これ以上は増やせない」と伝えたため、サービス量が増えることはなかったと記録されている。しかしAは事件当時60代前半で、障害福祉サービスの利用が可能な容態であった。もし介護保険サービスを優先的に受けていたとしても、Aのような障害者に対しては、市は申請者の個別の状況に応じ、申請者が必要としている支援内容を介護保険サービスにより受けることが可能か

－95－

を適切に判断することが求められる。もしこの点が検討され、障害福祉制度における重度訪問介護サービスを利用することができていたら、Bの介護負担はかなり軽減されたことが想定される。

<事例2　高齢で自らも要支援の夫>
①事件概要
　認知症の妻A（80代半ば）を介護していた夫B（80代後半）がある夜、妻からの文句に立腹し、妻の頬を平手で数回叩いた結果、急性硬膜下血腫の障害を負わせ死亡させてしまったという事件である。
　AとBは二人暮らし、Bの性格は穏やかで、仲の良い夫婦であった。Aが認知症を発症したのち、Bも高齢で要支援であったにも関わらず、献身的にAの介護を続けていた。事件の3カ月前ごろ、Aは失禁・失便をくり返すようになった。はじめは夜、寝ているときに失禁する程度であったが、Aはだんだんと昼間起きているときにも失禁するようになった。またBはAを風呂に入れるため、嫌がり激しく抵抗するAの下着を脱がせ、身体を洗い、服を着替えさせ、汚れた衣服を洗濯するという一連の作業を一人で行っていた。BはAの介護にかかりきりになり、楽しみにしていた自らのデイサービスを休みがちになった。Bの気が休まる時間はしだいに減っていった。
　BはAの面倒は自分でみたいと考えていたが、いよいよ限界に近付いてきたと感じ、事件の2か月前には施設探しを始め、家の近くの施設に入所の申し込みを行った。しかしその間もAの認知症の症状は悪化していき、事件の1週間前になると、BはAにしばしば睡眠を中断され、夜、十分に眠れない状態に陥った。Bは日中の家事や介護の負担に不眠が重なり、精神的にも身体的にも疲れ切っていた。
　事件当日の夜、Bは寝ようとしたところをAに起こされた。そしてAからいわれのない文句を言われて立腹し、Aの頬を平手で数回叩いた。それでもAが黙らなかったため、さらに数回叩いたら、Aは急性硬膜下血腫を起こし倒れてしまった。すぐに救急搬送されたが、後に死亡が確認された。

第4章　介護殺人の防止①

　②事件が生じたプロセスと被告の心情
　Bは2人の子ども（息子）が独立してからずっとAと2人暮らしであった。70歳になるまで仕事を続け、その後は年金生活であった。あるときAは物忘れがひどくなり、病院を受診したところアルツハイマー型認知症と診断された。その後AとBは要介護認定を受け、二人とも要支援1と認定された。Bはデイサービスに通い始めたが、Aは「そんなじじいや、ばばあのいるところに行きたくない」と言い、訪問介護も「他人がうちに入ってくるのは嫌だ」といって利用を拒否した。当時、BはAの被害妄想で悩んでおり、地域包括支援センター（以下、包括）の担当者に何度となく相談していた。
　事件の2年前ごろ、Aは自分で料理を作ることができなくなり、夕ご飯は1食分のおかずを配達してもらい、2人で分けて食べるようになった。このころ長男の嫁から包括に「BがAの暴言に耐えられないようだ」という相談が寄せられた。Aはたった今聞いたことでもすぐに忘れるほど認知症の症状が進んでいた。Bは「さっき言ったばかりなのにと腹が立つこともあったが、認知症なのだから仕方ないという気持ちもあり、また、聞かれたことに答えなければ延々と妻が同じことを聞いてくるだけだと思い（公）」、仕方なく同じことを答えていた。この頃Bは抑うつ状態にあり、認知機能も低下していた。包括の担当者はBに家族支援事業の利用、家族サロン参加などを勧めたが、Bはデイサービスを優先したいと考え、家族支援事業を利用することはなかった。
　事件の1年前、自宅でBのサービス担当者会議が行われ、高齢者のみの世帯であること、Aへの支援が必要であること、Bの負担が大きくBへの積極的な支援が必要なこと、Bがうつ傾向にあることなどが確認された。その3カ月後には包括においてAへの関わり方などを検討する事例検討会が開催され、Aに対し包括全体で関わることが確認された。しかしその後、包括の担当者からAに対し、具体的な支援がなされることはなかった。
　事件の5か月前、包括の担当者は長男にAの支援を行いたいと相談し

第4章　介護殺人の防止①

た。しかしその時、長男が包括にAを施設入所させる方向で話を進めていると語ったためか、具体的な支援にはつながらなかった。

　事件の3か月前、Aの失禁が始まった。BはAに着替えをさせようとしたが、激しく抵抗された。Bは途方に暮れ、デイサービス職員に自分がAの世話に疲れていることを打ち明けた。デイサービスに行くことはBのよい気分転換であったが、Aから目が離せず家から離れられない日が増えていた。Bはしだいに「これ以上妻の面倒をみることはできない」と思うようになっていった（検）。

　事件の2か月前、Bは長男と入所施設の見学に行き、申し込みを済ませた。その後、Aの症状はさらに悪化していった。Aはテレビの画面をぼーっと見ているだけで、その内容を理解できていない様子だった。それまでもAは「年金をいくらもらっているのか。年金と貯金で生活費は足りているのか。遺産はどうなっているのか」などと繰り返しBに尋ねていたが、その回数が目に見えて多くなり、1分前に言ったことを忘れてまた同じことを聞いてくるという状況であった。BはAから目を離すことなく、昼夜問わず、Aの様子を見守り続けた。

　事件の数日前、Bは夜、長男に電話をしてAの世話の大変さを伝えた。長男が着替えを手伝いに行くと、Bが泣いていた。長男は今まで見たことがないBの涙にショックを受けた。事件当日の夜8時ごろ、寝入りばなを起こされたBはAが父親の葬式も法事もしなかったなどと事実に反する文句を言われた。Bは実の父親の葬式を出さない息子がどこにいるのかと立腹し、Aに叩くぞと言って手を挙げたところ、Aは叩けと言って顔を突き出してきたため、BはAの頬などを平手で2、3回叩いた。その後もAが同じことを繰り返し言ってきたため、その都度、Bは平手でAの頬を叩くことを5回ほど繰り返した。その結果、Aは急性硬膜下血腫を発症、病院搬送後に死亡が確認された。

　事件後、Bは次のように語った。「私はこれまで妻の介護をしてきましたが、介護が大変でストレスを感じていたということはありません。長年連れ添ってきた妻ですから、私が妻の面倒をみることは当然だと思っていました。ところがこんなことになってしまいました。今思うと、

第4章　介護殺人の防止①

妻の認知症の症状が進んでいたので、もう少し早く施設に妻を入れておけば、今回のような口論にもならなかったと思います。妻に対してはすまなかった、悪かったと思う気持ちでいっぱいです。長年連れ添った妻に対して、最後に一言謝りたかったというのが今の気持ちです（検）」。

　③第三者による事件回避可能性
　＜家族、親族＞
　AとBには2人の息子がおり、長男夫婦が近隣、二男は遠方に住んでいた。息子たちについてBは事件後、次のように語っている。「私たち夫婦の家の近くに長男夫婦が住んでいるので、何かあれば私は長男に相談していました。ただ長男も仕事をしているため、月1、2回来てくれる程度であり、妻の面倒はすべて私がみなければなりませんでした。また次男は離れたところに住んでいるため、次男を頼ることはできませんでした。そのほかに私が頼ることのできる人はいませんでした（検）」。長男は当時、職場で重要な役割を担っていたが、時間をやりくりしてAの受診に付き添い、Bの相談にのり、Bとともに入所施設を探していた。また長男の嫁もAやBを気にかけ、頻繁に様子を見に行っていた。長男は後に、公判で「どこでこんなことになってしまったんかなと、今は分からないです（公）」と語っている。
　＜専門職（保健、医療、福祉領域）＞
　親族を除き、AやBと日常的な接触があったのは福祉関係者たちであった。事件の3年前、AとBは要介護認定を受け、ともに要支援1と認定されている。要支援であるため、包括がAとBの支援計画の作成を担当することになった。
　Bが要支援1に認定されてから事件が生じるまで、介護予防サービス・支援計画表は計4回策定されている。初回に作成された計画の期間は6カ月、この計画表を見る限り丁寧なアセスメントがなされており、夫婦間のストレスの緩和、妻の家事能力への配慮が確認できる。ただし家事支援の必要性や夫婦間の関係性の悪化については触れられておらず、総合的課題の欄でも妻をも含めた世帯全体の支援の視点はみられない。そ

－99－

第４章　介護殺人の防止①

れから半年後に改訂された２回目の計画表は、前回とほとんど内容が変わらなかった。サービス担当者会議が行われたが、そこでの検討課題はＢの機能訓練のみで、Ａの暴言の確認や夫婦二人の生活に関する問題提起はなされなかった。それから１年後、３回目の計画表が策定された。この時、Ａの認知症状の進行に伴い家事の多くをＢが担っており、「家族の支援を受けながら在宅生活を続けているが、心身の負担が重い」というアセスメントがなされていた。総合的課題には「歩行状態の悪化に加え、在宅における妻との関係もあり、日常的に精神的なゆとりがない状況である。このままの状態が続くと身体的、精神的な負担が重なり心身に不調を及ぼす恐れがある」と記されていた。４回目の計画は事件の約10カ月前に策定されていた。Ｂはうつ状態で、自宅での妻の介護に精神的な負担を感じており、デイサービスに行くことがＢにとって重要であると指摘されていた。しかし事件当時、Ｂは失禁し動き回るＡから目が離せず、自らのデイサービスに行くことが難しくなっていた。それでも計画の変更がなされることはなく、Ｂの負担が軽減されることもなかった。

　次に介護予防支援経過記録であるが、ここにはＢも、息子も嫁も、Ｂが常にＡの介護で苦しんでいると訴えていることが記載されていた。しかし包括からは問題解決につながるような提案は特になされなかった。

　最後にデイサービスについて、Ｂが唯一利用していたサービスであり、彼の心のよりどころにもなっていた。当時、デイサービス職員は何度もＢからＡに関する心配事を打ち明けられている。デイサービス職員は包括にＢの危機を伝えていた。事件の直前にＢから休むとの電話を受けたとき、今までとちょっと違う、切羽詰まっていると感じたデイサービス職員は包括に連絡をし、すぐに様子を見に行ってくださいとお願いした。しかしそれは実行に移されなかった。後にデイサービス職員は公判で「…様子を見に行ってくださいねと念押しをしたんですけど。（行けなくても）電話で連絡することはたぶん、できたと思うんですね。それはやってもらえてなかったみたいなので、ちょっと残念です。…ケアマネジャーがもう一歩先に踏み込んでくれていれば、またちょっと違ったことに

第4章　介護殺人の防止①

なってたと思うんですけど、今回の事件を防げたと思っています」と語った。

④考　　察

　介護者からの助けを求める意思表示がないため介入の必要性に気づかなかった、という事例は少なくないが、本件では介護者である夫が福祉職の支援者らに何度も明確なSOSを出しており、介入のチャンスは何度となく訪れていた。そのチャンスが全く活かされなかった点は非常に悔やまれる。

　夫は80代後半と高齢かつ男性で、妻はアルツハイマー型認知症で介護サービスの利用がないという状況だけでも、介護の苦難は容易に想像できる。夫自身の体調も含め、きめ細やかな見守りが必要な事例であった。もし妻を担当していた包括職員が夫のSOSを真摯に受け止め、彼の状況を考慮してケアプランを見直し、適宜、必要な危機介入を行っていたら、この事件は生じなかっただろう。しかも事件直前にはデイサービス職員が夫の危機に気づき、包括に「様子を見に行ってください」と連絡を入れている。それを放置し、電話すらしなかったという現実に対しては、他職種との連携という意味においても包括の力量不足、判断ミスを指摘せざるを得ない。

　この事例の場合、包括が積極的に介入できなかった理由の一つに被介護者の支援拒否があった。確かに被介護者は要介護認定しか受けておらず、介護サービスの継続的な利用には至っていない。しかし客観的に見て支援が必要であるのにそれを拒否する事例は決して珍しくない。支援者の間では、支援拒否に対してどのような関わりを持てばよいかについての実践ノウハウは蓄積されつつある(注2)。本件は本人の支援拒否はあっても、家族の協力は得やすい状況にあった。包括は夫の話に耳を傾け、認知症への対応の相談にのり、妻に関わるチャンスを模索し、夫も含めた世帯全体の見守りを行うべきであった。地域に暮らす高齢者の生活を支援するのは包括の基本的な業務の一つである。このような基礎的な支援を行うことができなかったとすれば、包括のレベルの低さ、担当者の

－101－

未熟を指摘せざるを得ない。

<u>パターン②　介護者の社会性に問題があった</u>

　介護者の社会性に問題があった例として、介護を担っていた娘が長期間引きこもりであった事例について検討する。

＜事例3　長期間引きこもりであった娘＞
①事例概要
　認知症で歩行困難な母親A（70代）がある日、脳内出血で倒れ意識不明に陥った際、同居していた娘B（40代）は救急車を呼ぶことができず、Aを死に至らしめたという事件である。
　Bは小学校5年のとき、クラスメイトからずる休みと言われたのをきっかけに学校に行けなくなった。AはBの不登校を何とかしたいと考え、複数の病院や相談機関に連れて行くなどしたが、Bが自宅から外に出ることはなかった。父の死亡後、AとBはAの年金を頼りに生活していた。事件のおよそ2年前からAには認知症の症状が出始め、買い物ができなくなる、徘徊して警察に保護されるなど、日常生活にも支障が出るようになった。この間、Bは母親の食事を作り、汚れた衣服を取り換えるなど、家のなかで可能な世話は行っていた。事件の2か月前、Aは自宅で転倒して腰椎を圧迫骨折し、その後はほぼ寝たきり状態になった。認知症が進み、部屋のなかで便や尿を漏らすようになった。
　ある朝、AはBが作った朝食を食べたのちに吐き、横になったまま起きなくなった。その翌日にはBの呼びかけにも応じなくなった。Bは心配でAのそばに居続けたが、3日後、何の反応もなくなった（死亡したと思われる）。それでもBはAから離れず、結局、Aの死亡が発覚したのは倒れてから6日後のことであった。Bは40年近く音信不通だった伯父に電話をかけ、突然の連絡に驚いた伯父夫婦が様子を見に訪れ、Aの死が発覚した。Aの寝室はふすまがところどころ破れており、異臭がたちこめ、衣類や布団、座布団が散乱し、畳には糞尿が染みついている状

況であった。

　Bは逮捕後、公判の準備段階で裁判官から名前や生年月日を聞かれたが、答えることができなかった。その時の状況について、「緊張してしまった。泣きました（公）」と語っている。被告人の最終陳述では、「…こんな私を面倒見てくれた母に、心からありがとうって言いたいです。感謝しています（公）」と述べた。

　②事件に至るプロセスと被告の心情

　Bが31歳のとき、父が死亡した。その時の気持ちについて、Bは「別にいなくてもいいって思っていました（公）」と語る。父はBの引きこもりに特に関心を示さなかった。

　父の死亡以降、BはAと2人暮らしであったが、事件の6年前、Aが大腿骨を骨折して3週間入院することになった。当時の心境について、Bは「寂しかったです。お見舞いには行っていません。外には出ていけなかったので。人に会うのが怖くて外には出られませんでした（公）」と語っている。Bが外に出たのは16、7歳の時に皮膚科に行った時と、一度だけトイレットペーパーを買いに行った時の2回だけだった。生活費は2か月に1度、Aに支給される年金（15万／2か月）とBのわずかな貯金が頼りであった。

　Aには親しい知人はおらず、近隣とは会った際に挨拶や世間話をする程度で、特に訪ねて来る者もいなかった。親戚ともささいな喧嘩をきっかけに長い間没交渉であったため、Bは子どものときから親戚、近所と関わる機会がほとんどなかった。また、引きこもってからは近隣住民がBを見かけることはなかった。

　事件の2年前ごろからAに認知症の症状が出始め、迷子になり警察に保護される、買い物リスト通りに買い物ができなくなることが続いた。近隣住民は家の前でうずくまり、一人で歩けず、壁に寄りかかるAをたびたび目撃していた。Aは日々の買い物に行く際も、近所の人から助けられることが増えていった。

　事件から約2か月前、Aは風呂場の前で転倒し、腰椎を骨折した。A

は「一人では行けない」と言い、すぐに病院に行かなかった。この時からＡの歩行は困難になり、排泄の介護が必要になった。当時の心境について、Ｂは「（前に入院したときのように）母親が入院して私一人になるのか…また骨折する前のように歩けるようになってほしいって思いました。元気になってほしいって。誰かに助けてほしくても、私は助けを求めることができなくて（公）」と語っている。

Ａの症状が悪化するなか、Ｂは日記に「今後のＡと私、一体どうすればよいのか…（中略）…どうにか助かる道、誰かに助けてもらわねば、32年のブランクどうしようもできぬ、何も分からない、精神科なのか尼寺かすがって２人助かりたい、そのほうがきっとＡも幸せ、こんなみじめな生活しないで済む、すがりたい、誰かに助けてほしい、救ってほしい、私とＡを」と記すなど、一人で悩んでいた。ＢはＡの回復を願ったが叶わず、Ａは大声でわけの分からない言葉を発する、夜騒ぐ、尿や便をもらすなど、その症状はさらに悪化し、徐々に体を起こせなくなっていった。ＢはＡの食事を用意し、汚れた衣類の取り換えをするなど、できる限りの介護を行っていた。当時の心境について、Ｂは日記に「"ごはん""薬飲む"ボケ言葉、表情、見てられん、耐えられん、認知と骨折両方に襲われ、やはり私ではとてもムリと思える。誰かに助けてほしい、その方が二人共幸福と思えて…ど～にも骨折だけの気丈だったＡがなつかしくてどうにもならん」と記している。

生活すべてを頼り切っていたＡが外出できなくなり、Ｂは生きるために外出せざるを得なくなった。ＢはＡの買い物代を立て替えてくれた近所の方の家に行き、お礼の手紙とともにお金をポストに入れたり、新聞店に新聞代を支払いに出かけたりするようになった。また、話さなくてもレジを通せば済むスーパーには買い物に行けるようになった。この状況について、Ｂは「（以前、母が）骨折して入院した時、私は母に代わって買い物をしてあげることができなくて、母が松葉づえをついて買い物に行くことがあったので、そのときのような思いをさせてはいけないと思って、私が今度は母に替わって買い物に行けないかという思いと、母が喜んでくれると思って買い物に行くようになりました（公）」と述べ

第4章　介護殺人の防止①

ている。少しずつ行動範囲を広げていたＢであったが、コンビニのレジ
で「スプーンどうされますか」と聞かれ、すぐに言葉が出ず、ショック
を受けることもあった。この時の心境について、Ｂは日記に「緊張する、
話しかけられるとだめだ」と書き綴っていた。

　骨折から約２週間後、民生委員がＡ宅を訪問した。Ａ宅の近所に住む
人から「Ａの家の電気が夜はいつも点いているのに昨日は点いていなかっ
た。Ａが腰を痛めているようだから動けないのかもしれない、心配だか
ら見てきてほしい」と頼まれてのことであった。初回訪問時は玄関が施
錠されており、誰も呼びかけに応じなかった。民生委員は施錠のなかっ
た窓から部屋に向かって声をかけたが、反応はなく、社会調査票にある
電話番号にかけても「（この電話は）現在使われておりません」であった。
民生委員はいったん帰宅し、時間をおいて再度訪問したら、Ｂがたまた
ま玄関先で新聞を取り出しているのに遭遇した。「お母さんは大丈夫？」
と声をかけるとＢが「誰に聞いたの」と言ったため、民生委員は「最近、
近所で顔を見なくなったから心配して」と説明した。するとＢは「大丈
夫です。面倒見ています」と答えた。民生委員が開いていた玄関から家
の奥を見ると、Ａがソファーを支えにして立っていた。「お元気ですか」
と声をかけるとＡは「心配せんでいい、まあいい、まあいい」と答えた。
そこで民生委員はＢに「お母さんはどこの病院にかかっているの」と質
問しつつ、自分の名前と住所と電話番号を書いた紙を渡して「何かあっ
たら連絡ください」と告げ、帰宅した。この日、Ｂの日記には「…（近所
の人が）何かあってはと話したんだ、私がこうだから母を心配してのこと
だ、私の心配ではない。要らんことをと怒れたが、時間たつにつれ気に
かけていると思えてきたが、本当のとこはわかんない」、「民生委員の○
さんって人、感じすごく良かった。この人なら良いと思えど…民生委員
登場でいったいどうなるのか、行政が入り私とＡどうなるのか恐ろしさ
あり」と記されていた。当時のＢの日記には、Ａは「またＡが騒ぎたてる、
パンツ、ズボン汚れているので換えるよう言うと怒り、声を荒げ、大騒
動。一日静かだと思うと次の日騒ぐ」と記されていた。Ｂは「元の生活
に戻りたい、看護スタートだったらとどうにも不安で歩けるだけでもなっ

てほしい、ボケなど治りっこないもん、助けてお願い」と悩んでいた。

　民生委員の訪問から数日経ったある日、Aが夜中に大声で騒いだため、BはAの頭を蹴り、静かにさせようとした。その時の心境について、Bは「隣や裏に住む人に聞かれると嫌なので。でも大声はおさまりませんでした（公）」と語っている。異変が起きたのはそれから2日後のことだった。Aは身体を横たえたまま朝食を食べたが、間もなく吐いてしまった。そのまま横になったが翌日になると、AはBの呼びかけに応じなくなった。Bは「このまま死んじゃうんじゃないか（公）」と心配になり、ずっとそばに居続けた。この時のBは「民生委員や救急車を呼ぼうと思ったが、怖くてできませんでした。人と会って話すのが怖かった（公）」と感じていた。Aはとうとう、呼びかけに何の反応もしなくなった。この時の心境について、後にBは「Aと離れたくなかった…どうしていいのか分からなかった。病院に連れて行ってあげられなくて、許してほしいって気持ちがありました（公）」と語っている。

　Aが倒れてから6日後、Bは長年、音信不通だった伯父宅に電話をかけ、母の死を報告した。それは「私一人では何もできないので、どうしていいか分からなくて（公）」という思いからであった。

③第三者による介入の可能性

＜友人、知人＞

　Aは近所づきあいもなく親戚とも疎遠、介護サービスも受けておらず、第三者がAとBの窮状に気付くのは困難な状況であった。ただ事件の2年前ごろからはAが警察に保護される、買い物できちんと清算ができなくなるなどの問題が生じ、近所の人がさりげなく助けるという関係ができていた。家に帰れなくなり道で困っていたAを見つけ、車に乗せ、薬局まで連れて行き、お金を立て替えて洗剤を買ってくれる隣人もいた。隣人はAを気にかけ、地区担当の民生委員に「心配だから見てきてほしい」と依頼し、民生委員がAを訪ねるという動きも見られている。ここからはAとBは地域住民から見守られ、支えられており、決して孤立していたわけではなかったことが分かる。しかし民生委員から地域の行政

機関にＡの情報が伝えられ、包括職員や保健師らによる訪問や支援がなされるまでには至らなかった。

　Ｂは最後まで、自ら民生委員に連絡をすることはなかったが、その存在はしっかりと認識していた。Ａが病院に行くのを渋った時のことについて、日記に「民生委員に一緒に付いていってもらうよう（Ａに）言うも行かず」と記している。事件の約３週間前の日記には「明日、民生委員さんにお願いに行けるか、他人の手をやはり借りたくない、あ〜ァイヤだ、どうにかならないかこの事態」という言葉が記されており、その翌日には「民生委員宅やはりムリだった、直接はムリと思えポストに手紙入れてこようと思う。あ〜ァイヤだ他人に頼みたくない。なんて思われるか、何もかも分かる、生活状況も。お礼もしないかん、頼みたない、でも仕方ないのか」と書き込むなど、どうしたらよいか葛藤していた。

　この日から約１週間後、Ｂは買い物に行くついでに民生委員の家を見に行った。この時、Ｂは「民生委員変わっていないか確かめにいった。変わらずだったので安心した。外車に乗ってる、金持ちなんだ、Ａが○○屋と前に言ってたが本当に金持ちと思えた。うちのなか見てびっくりしたろうな（日記）」と考えた。ただ、翌日の日記には「民生委員に頼らず本当に良かったと思う。いい年してとか話されるかもしれん。信用いまいちよさそうな人に見えたが信用できない人なんか」と記すなど、Ｂの気持ちはその時々で大きく揺れ動いていた。その後、民生委員がＡを訪問することはなく、Ｂからも民生委員に連絡をすることもなく、民生委員の訪問から10日後にＡは意識を失い、死亡に至った。

　④考　　察

　要介護の母親は事件当時、認知症が進み、外出は困難であった。唯一の同居者である娘は長年に渡る引きこもりの影響により、人と関わることに強い恐怖感を抱き、困難に直面しても誰かに助けを求めることができないという課題を抱えていた。娘は日々悪化していく母親の変化に戸惑い、悩み、自分達の将来に大きな不安を抱いていた。そんななか、母娘を心配して訪れた民生委員の訪問は、この母娘が頼れる存在に出会う

第4章　介護殺人の防止①

大きなチャンスであったと言えよう。

　民生委員は母親から「帰って」と言われてもひるむことなく、世帯の状況を把握しようと努め、娘にも声をかけ関係を築く努力をし、帰る時には連絡先を書いたメモも残した。しかしその後、この訪問が具体的な支援へと展開することはなかった。今後の関係の構築を考えれば、初回の訪問では拒否されないよう声掛け程度に留め、じっくり信頼関係を築いていくやり方が功を奏すことも少なくない。ただ本件の場合、娘が民生委員の連絡先を常に手元に起き、頼りにしてよいかと躊躇を繰り返していたことを考えると、民生委員のさらなる介入があれば事態は変わっていた可能性は高い。例えば包括を巻き込み、近所の人たちに加え、民生委員と包括の職員による見守りに発展させることができていれば、いざ母親が危機に陥った時、娘が誰にも相談せず、倒れた母親の傍らで途方にくれるという事態は避けられただろう。

　このような事例に対しては、要介護の母親のみならず介護を担う娘も助けを求めていると捉えることが重要である。民生委員の訪問について、娘は日記に「私がこうだから母を心配してのことだ、私の心配ではない」と書いていたが、もし民生委員が娘自身を心配する言葉をかけ、娘の不安な気持ちを丁寧に聞きとり、助けになりたいと伝えていたら、事態は変わっていたかもしれない。

パターン③　被告と被介護者との関係に問題があった

　被告と被介護者との関係に問題があった例として、介護を担うことを期待された息子と被介護者の父親との関係がよくなく、父親が結果として遺棄されてしまった事例について検討する。

＜事例4　病気の父親を放置した息子＞
①事例概要
病気の父親A（60代）が日に日に衰弱していくにも関わらず、同居していた長男B（30代）がAに十分な食事を与えず放置し、死亡に至った

第4章　介護殺人の防止①

という事件である。Aはアルコール性肝障害、胆石症、総胆管拡張症を患っており、近くの病院に通院していた。

　事件の1か月前、Aは再び歩けなくなるほどに容体が悪化した。Bの妹C（別居、30代）が実家を訪問した際、Aの状態悪化に気づいて急きょ119番通報し、Aは病院に搬送された。Cは「父がベッドに横たわっており、会話はできても起き上がることはできなかったので、具合がかなり悪いと思い、119番通報しました」と述べている。Aは貧血状態で、軽度の脱水症状が確認された。対応した医師によれば、その時のAは見た目、においから運ばれてきたとき浮浪者でないかと思われる状態だった。

　Aはそれから約2週間入院し、順調に回復した。退院時の食事摂取はほぼ10割、コミュニケーションにも問題はなく、栄養と水分さえ摂れれば今すぐ命に関わるような症状は全く見受けられなかった。退院の日の午後、AとCは歩いて近くの商店街に行き、食料品を購入して帰宅した。

　退院から5日後、Cは食料を持ってAを訪ねた。Aは座椅子に座り、テレビを見ていた。自分で動くことは可能だったが、部屋はかなり散らかっており、Aの好きな焼酎の大きなボトルや尿の入ったコンビニの袋が部屋の床に散らばっていた。

　退院して10日ほどが経過すると、Aは床に寝たまま起きあがることもなく、飲み物しか要求しなくなった。ある朝、Aは酎ハイがほしいと言ったが、Bは仕事に行かねばならなかったため、代わりに冷蔵庫にあったスポーツドリンクを手渡した。帰宅後、Aは平机の下に頭を突っ込み、足を部屋の入口に向けた態勢で横になっていた。Bはその後、毎日の仕事の行き帰りに父親の様子を目にしたが、その体勢が変わることはなかった。

　それから数日後、父親と連絡が取れないことを心配したCが実家を訪ね、室内で倒れているAを発見した。声をかけても反応がなく、身体が固まっていることに気づき、119番通報した。そこでAの死亡が確認され、Bが保護責任者遺棄の疑いで逮捕された。司法解剖の結果、死後数日か

ら10日程度が経過していることが分かった。

　警察の調べに対し、BはAの遺棄を認め「父のことが嫌いだった（警）」と供述した。検察の調べに対し「ほっとしている気持ちがある。もうすぐ死ぬことは分かっていたし、そもそも父親のことが好きではなかった（検）」と語った。

　②事件に至るプロセスと被告の心情

　Bは事件から5年ほど前、精神的に不安定になり、当時勤めていた会社を辞めて実家に戻り、父と二人暮らしを始めた。しばらく無職であったが、2年半くらい前に再就職をし、事件当時は毎日、朝に家を出て仕事に行き、夜に家に帰ってくるという生活であった。Bの職場での評判は悪くなく、勤務態度にも問題はなかった。

　BはAに自ら関わろうとはせず、父親との関わりは薄かった。「朝、出かけるときに父親から『○○買ってきて』と言われ、その日の仕事が終わって帰宅するときに頼まれたものを買いに行っていました（検）」「父親に買って来たものを渡してから会話もせずに自分の部屋に戻るので、父親がご飯を食べたかどうかまでは見ていないので分かりません（検）」という状態であった。Bは後に「私としては父親に頼まれたものを買ってくるだけが仕事と思っており、それを父親が食べるのを見届けようとは思っていなかったですし、父親の栄養のことを考えることもありませんでした（検）」と語っている。

　事件の1か月前、BはAがベッドで寝ていることが多く、杖をついて歩くこともできずかなり弱っているのに気づいていたが、特に何もせずそのまま放置していた。その理由について、Bは「Aが病院に行くと言わないので（弁護士の面会記録）」と語っている。Bが無理やりにでもAを病院に連れて行かなかった背景には、過去、Aが頑なに入院を拒んだことが影響していた。事件の4年前、Aは歩けなくなり、Bが近くの総合病院に受診させたところ、医師は検査結果の数値を見て「相当悪い、このまま家に帰ったら死ぬかもしれない」と警告した。しかしAは入院を拒否、院長にまで説得されたが聞く耳を持たず、家に帰ると主張し続

けたため、結局、BはAを家に連れ帰らざるを得なかった。Bは検察での取り調べで「父は4〜5年前に病院に行った時、院長に『このままだと死ぬ』と言われても入院はしませんでした。父としては入院すれば酒が飲めなくなるので、楽しみがなくなるので、入院したくなかったのだと思います（検）」と語った。

　Aが動かなくなったときの心境について、Bは「父親がこのまま死んでしまうだろう、仕方がないと思いました（弁護士の面会記録）」「生きる意思をなくしたと思いました（公）」「…私は父に病院に連れて行くよう頼まれるまでは病院に連れて行く気がなかったので、父がこのまま亡くなっても仕方がないと思っていました。それが父の意思だと思っていました。私と父は親子ですから、なんとなく父の考えていることは分かります（公）」と語っている。そして「父親は病院に行こうとしませんでしたし、もし生きたいと思うのであれば酎ハイではなくごはんを要求するはずですが、それはなかった…私のなかで、父親が退院をしたにも関わらず、すぐに容態が悪化して、また入院することになった場合、いつまでこのようなことが続くのかということや、父親も生きていても仕方ないのではないかという気持ちがありました（弁護士の面会記録）」と語った。加えて「私は父親との仲がよくなく、むしろ嫌いでした。それは子どものころからの積み重ねの結果の感情であり、親が離婚したことや父親に『息子と思っていない』などと言われたことなどが原因だと思います。もし私が父親のことが好きであれば、無理やり病院に連れて行ったかもしれませんが、父親が病院に行きたいと言わない限り、連れて行かなかった…私のなかでは、選択肢がこれしかなかったのでした（弁護士の面会記録）」と述べた。

　救急車を呼ばなかったことについては「私のなかでも救急車を呼ぶべきかどうかという葛藤があったのですが、父もそれを望んでいないと思い、そのまま放置してしまいました（検）」、ただし「私は父に死んでほしくて放っていたわけではなく、父が『病院に連れて行ってほしい』と言わない限り、病院に連れていくことはしないと思っており、その結果、父が亡くなっても仕方ないと思っていました（検）」と語った。聴取を行っ

－111－

た検事は「与えていた食料だけで栄養が十分足りていると思っていたか」と尋ねたが、Bは「そもそも私は、栄養が十分かどうかということは全く考えていませんでした。私はただ、父に頼まれたものを買っていただけでした（検）」と答えた。事件については「100％私だけが原因とまでは思っておらず、ここまで病気を悪化させた父にも原因があると思っています（検）」「当時はまったく思わなかったのですが、自分や妹を守るために、延命措置でも父親を病院に入れればよかったなと今は思います（検）」と述べた。

公判にてBは「…妹に迷惑をかけてしまいました。事件が新聞、テレビで伝えられ、『父親を見殺しにした人間の妹』と後ろ指をさされるかもしれないと思うと、合わせる顔がありません。私の勤務先にも迷惑をかけてしまいました。自分の性格にあった良い職場でした。申し訳ないと思うと同時に残念でもあります。本当にすみませんでした（公）」と語った。

③第三者による介入の可能性
＜家族、親族＞
Aは妻と離婚しており、事件が起きる5年前からはBと二人暮らしだった。AにはBのほかに別居の娘Cがおり、CはAの入院や退院にも付き添い、Aのことを何かと気にかけていた。退院後も食料を持参してAを訪ねたり、電話をかけてAの安否を確認したりしている。しかし劣悪な生活環境のせいか、退院後、Aの容態は急激に悪化していった。入院時は食事を全量摂取し、歩いて退院できたAは、その1週間後に寝たきりになり、退院から1か月経たないうちに死亡してしまったのである。

Cは事件後、「退院した後、もっと頻繁に父の家に行って確認してあげるなり、父を引き取るなりすればよかった（検）」と述べている。Bに対しては「兄はなぜ、私に連絡したり救急車を呼ばなかったのか、ご飯を食べずに弱っている父を放置した兄の感覚が理解できない（検）」と語った。

＜専門職（保健、医療、福祉領域）＞
AとBに関し、近隣住民との関わりは裁判資料を見る限り、全く確認

第 4 章　介護殺人の防止①

できない。別居の家族Cのほか、事件当時にAと関わりがあったのは入院先の医療スタッフのみであった。事件の1か月前、救急車で運ばれてきたAの治療をした医師は「見た目、においから浮浪者ではないかと思った（検）」と供述した。ここからは搬送当時、Aはネグレクトが疑われる状態であったことが推測される。医師は入院の手続きをしていたCからも、兄は父親に関心がない、介護を期待できないことを聞いていた。入院中もCばかりが病院に来ており、Bが訪れたのは一度きりであったため、主治医は同居の息子Bではなく、別居の娘Cをキーパーソンと考えていた。内科入院診療記録には「息子と同居しているがあまり関心なし」「今後、息子宅での同居が困難であれば、娘宅での介護や施設も検討していかないといけないのか。脱水軽快し、自己にて対応可能。娘が今後は介護の中心となるが、土曜日の通院を希望され、近医へ紹介することとなった。…断酒をお勧めするも遵守できるかは不明」と書かれていた。主治医はCが仕事の都合上、土曜日に連れていける病院を探せるようにとあえて病院名を特定しない形の紹介状を書き、退院のときにCに渡した。どこか自宅近くの病院で通院すればいいと思っていたからであった。後に主治医はA死亡の事実を知り、検察で「娘さんが病院探しをしていた矢先のことだった…息子さんに対しては、医療に携わる者として残念でなりません」と語った。

④考　　察

　救急搬送された父親は入院により体調が改善したが、退院後は急速に体調が悪化し、すぐに寝たきりになってしまった。この結果は、被害者となった父親の入院の経過を考えれば、ある程度想定できたはずである。父親が救急搬送された時、対応した医師は見た目、においから浮浪者ではないかと感じていた。病院搬送後、同居家族である息子はほとんど見舞いに来ず、頼りになるのは別居の娘で、医師は娘から兄が父親の面倒をみないことを告げられていた。息子による父親の虐待（ネグレクト）が容易に推測できる状態である。医師は高齢者虐待の防止、高齢者の養護者に対する支援等に関する法律第5条、第7条に基づき、市に虐待通

－ 113 －

報を行うべきであった。

　もし病院から虐待通報がなされれば、包括や市の職員らが状況把握に訪れ、第９条に基づきリスクアセスメントと関係者による会議が開催される。本件の場合、生命又は身体に重大な危険が生じるおそれがあり、市による措置の検討も必要であった。虐待の有無と危険性の判断を行うコア会議が開催されれば、少なくとも何の見守り体制もないままＡを自宅に退院させるという判断はなされなかっただろう。しかし裁判資料を見る限り、本件について虐待通報が行われた、同居する息子のリスク把握がなされた、あるいは退院に向け市との調整会議が開催されたという形跡は確認できない。本件は専門職の不作為が取り返しのつかない結果を招いた事例とも言える。

　２．事件発生にうつの影響が見られる事例

　介護殺人の発生において、被介護者や介護者のうつは大きな影響をもたらす。特に介護者のうつに対しては専門職による支援が十分になされているとは言い難い状況にある。ここでは「被介護者のうつ」が確認できる事例と「介護者のうつ」が確認できる事例について検討を行い、このような事件をどうしたら防ぐことができるかについて考える。

　＜事例５　被介護者のうつ＞
　①事件概要
　脳梗塞の影響により右半身が不随になり、うつ病を患っていた妻Ａ（70代）から「一緒に死のう」と頼まれた夫Ｂ（70代）が心中を図ったが、自らは生き残ったという事件である。

　事件前、ＢはＡと２人暮らしであった。日々の生活費は年金と貯金で十分に賄うことができていた。ある日Ａは左足の痛みを感じ、病院で精密検査を受けたが「どこも異常なし」という診断であった。その後も痛みは止まらず、何か所も病院を回ったのち、ようやく病名が分かり手術を受けたが回復しなかった。以降、Ａは常に左足の痛みを訴えるようになり、Ｂはその絶え間なく続く痛みの訴えに悩まされ、気がめいってし

第4章　介護殺人の防止①

まった。Bは外に出て気を紛らわせたいと考え、事件の約3年前から平日は仕事にでかけるようになった。

　事件の約2年前、Aが脳梗塞で倒れた。幸い後遺症は残らず、1か月ほど入院し、自宅に戻ることができた。それから約1年半後、Aは再度、脳梗塞で病院に運ばれた。今度は右半身と下半身が不自由になり、医師からは「これからは車椅子生活になる」と告げられた。およそ1か月の入院の後、リハビリ専用の病院に転院し、3か月の間リハビリ訓練を行ったが大きな成果は出ないまま、自宅に退院をすることになった。Bは仕事を辞め、Aの介護に生活のすべてを捧げる決意をした。それ以降ずっと献身的な介護を行っていたBであったが、Aの「死にたい、死にたい」という言葉に常に悩まされる毎日であった。

　事件当日は午後からデイサービスの見学予定が入っていたが、Aの様子から行くことはできないと考え、施設に断りの電話を入れた。BはAを病院に連れて行き、医師に薬が効かず痛みが続いていることを説明した。帰宅後、Aは布団をかぶり「痛い、痛い、死にたい、死にたい」と言い続け、夫に一緒に死のうと強く求めた。Bは疲れ果て、絶望的な気持ちになり、自宅に火をつけ、心中を図った。

　②事件に至るプロセスと被告の心情

　Aが左足に違和感を覚えるようになったのは事件からおよそ10年以上も前のことであった。それから2、3年経つと動きづらくなり、痛みも増していった。痛み止めの薬の影響で胃がやられ気持ちが悪くなる、しかし薬を飲まないと足が痛むという状態だった。長女は母親について、治らないことが受け入れられなくて気持ちがめいっていると感じていた。Bはその当時を振り返り「左足の痛みをずっと訴えるので、私も気がめいってしまいましたし、頭がおかしくなってしまいそうだったので、妻とずっといるよりは少しだけ外に出て働けば気が紛れると思い、仕事を探しました。仕事をしていた時には妻の愚痴を聞くことがなかったので、ずいぶん気が楽になりました（警）」と述べている。

　1回目に脳梗塞を発症したとき、Aははじめて「死にたい」と口にし、

－ 115 －

第4章　介護殺人の防止①

　退院後も気分の落ち込みは続いた。それから1カ月後、再び脳梗塞を発症し、今度は右半身がほとんど動かなくなってしまった。それをみたBは「これから妻とどのように生活していけばいいのだろうか（警）」と悩み、何も考えられなくなってしまった。また、医師から「右半身まひはリハビリで何とかなるけど、左足は一生治らないし、これからは車椅子生活だよ」と告げられた。この時の心境について、Bは「今までずっと、いずれは妻の左足は治ると信じていましたが、先生から治らないと言われ、妻は一生、左足の痛みで苦しまないといけないのだと思い、強いショックを受けました（警）」と語っている。Aも医師の言葉に衝撃を受け、「死にたい」と訴えるようになった。

　リハビリ専用の病院に転院しても、Aは「足が治らんで、帰ろう」「死にたい」「お父さん、一緒に死のう」「お父さん迷惑かけてごめんね」などと言うようになった。Bは病院スタッフに相談したが、自宅での生活を勧められたため、そのまま退院することになった。Bは退院後、仕事を辞め、自分がAの介護を担うことを決意した。この時、Bは「妻は一人では生活する力はなく、私が妻の面倒をみるしかなかった。娘たちはそれぞれ家庭を持っており、自分たちの生活を一生懸命生きている。私の苦しみを経験させたくなかったので、妻の世話をお願いすることはしませんでした（警）」と考えていた。

　Aは自分で歩くことができず、右手がまひしているため車椅子で移動することも難しく、お風呂や衣服の着脱も介助が必要であった。トイレも自分で行けなかったのでBがポータブルに座らせ、ズボンを脱がし、紙を渡していた。失禁に備えおむつもはかせていた。

　事件の3日前、Aは足の痛みを訴えた。Bは119番通報し、すぐに病院に搬送した。しかし医師は「異常はありません」「もう大丈夫ですので薬を飲んで安静にしてください」と言うだけだった。Bは「私にはどうしようもできないし、どうしたらいいんだろう。これからもずっと愚痴を聞かんといかんなあ（警）」と途方にくれた。帰りの車のなかで、Aは「ほら、やっぱり真剣に診てくれなかった」「病院に行っても痛みは治らない」と嘆いた。

－116－

第4章　介護殺人の防止①

　事件の2日前、AはBに「お父さん、一緒に死にに行こう」「車に乗って崖から飛び降りて死のう」と呼びかけた。Bは「今まで私と一緒に死のうという話は聞いたことがなかったし、死に方まで言うようになってしまった。考え方を変えさせないと、本当に死んでしまうかも（警）」と危機感を募らせた。AとBは「一緒に死のう」「そんなことはやめよう」「死ぬのはだめだ、死ねないよ」という会話を繰り返した。そしてBは「妻がどこかに行って自殺してしまうのではないか、他人に迷惑をかけてしまうのではないか。妻は冗談で死にたいと言っているのではなく、本当に苦しくて、生きていくのが辛いことから必死で『死にたい』と言っている、身体が動かず自殺できないので私に『死にたい』と訴えたのだ（警）」と考えた。この時のBは、妻の介護を続ける自信がなくなっていた。介護の大変さは想像以上であった。

　後にBは当時を振り返り「足が痛い、死にたいという愚痴を聞くのも、説得するのも疲れ果てて、心が折れてしまいました。私は今まで自殺をしたいと考えたことはありませんでしたが、妻が倒れ、私が家事をやるようになり、さらに脳梗塞で右まひが残った時から将来に向け、不安で一杯になりました。妻が繰り返し『死にたい、死にたい』『飛び降りて死のう』と言うのを聞き、『妻の介護は私にはもうムリだ、もう全てが限界だ、どうしようもできない』と感じ、これからの生活を想像すると生きる力がなくなってしまいました。私は、妻だけを殺すことはできないが、妻が死ぬことを望んでいるなら、私と一緒に死ねれば妻も本望だろう。それなら崖から車で飛び込んで、一緒に死のうと決心しました（警）」と語っている。

　BはAを連れ、車を出したが、しだいに死ぬことが怖くなっていった。「死んだらどうなってしまうのだろう…まだ死にたくない、死ぬのは怖い、妻と一緒に死ねない、生きたい（警）」と考えた。「この先、どうなるか全くわからないけど、もう少し妻のためにがんばろう（警）」と思い直し、Aに「死に場所がないで家に帰るよ」と言い、帰宅した。その後、Bは娘2人に電話し、「死に場所が見つからずに帰ってきた」と話した。娘2人は父親の言葉に驚き、「死んだらダメ」と声をかけた。

－117－

第4章　介護殺人の防止①

　事件当日、AはBに「今日、病院に予約が入っているけど薬を飲んでも治らないし、行きたくない」と言った。Bにとって、病院の医師はいつも自分の話を親身になって聞いてくれる存在であり、妻を病院に連れて行けば自分の気晴らしにもなると考えていたが、Aが「行きたくない」と言うので、泣く泣くキャンセルの電話をした。ところが看護師から「せっかく予約したので来た方がいいですよ」と促され、Aも「それなら行こうか」と考えを変えたため、受診することができた。しかし診察のとき、Bは医師に介護のつらさについて何も語らず、「高い薬でもいいので痛みを止める薬はないか」と尋ねるにとどまった。医師は「今飲んでいる薬も高い」と返事をした。

　帰宅後、Aは「もう死ぬから食事はいらない」「薬も治らないからいらない」と頑なな態度をとった。薬を飲まないと痛みが出るので、BはAの口をこじあけ無理やり飲ませたが、Aは吐き出してしまった。Bは「ついに薬すらも飲むのを嫌がるようになってしまった、（Aは）ますます痛い痛いと言い続けるだろう」と思い、絶望的な気持ちになった（警）。デイサービスの見学は昼からだったが、とても行ける状態ではなかった。TVを見ているときも、Aは布団をかぶり「痛い、痛い、死にたい、死にたい」「お父さん2人で死のう」「灯油をまいて」と話し続けた。Bはベッドに座り、Aを抱きしめて泣いた。Aは「お父さんに迷惑かけて私、辛い。死んで」と言った。Bはベッドの周りに灯油をまいて火をつけた。しかし煙に耐えられなくなり、一回外に出、再び家の中に入ろうとしたところを人に助けられた。戻ろうとしたのは妻を助けるためであったが、結局、助けることはできなかった。

　Bは逮捕後、当時を振り返り「私は全てが嫌になりました。この先の生きる希望もなくなりました。私は死ぬのは怖いが、妻と一緒に死ねればもう何も考えなくていい、妻が私と一緒に死にたいのなら妻を殺してもう楽にしてあげたい、妻は自殺できないので一人で死ねないと思いました。他の方法で殺すこと、焼死の苦しさを考える余裕はありませんでした。ここで私は家に灯油をまいて火をつけて、一緒に死んでやろうと思い、決めたのです（警）」と語った。

― 118 ―

第4章　介護殺人の防止①

公判では、Bは「こんな大それたことをやって申し訳なかったと思い、反省しています。娘たちには、私がお母さんをこのような目に合わせたことを本当に申し訳なく思っています。周辺の家に火が燃え移る危険もあり、周辺の人たちにも迷惑をかけたと思っています。妻に対しては、大変なことをしてしまい申し訳なかったと思っています。毎朝、申し訳なかった、ごめんなと手を合わせています。結局、妻をおいて自分だけ逃げたことについては申し訳なかったと思っています（公）」と語った。

③第三者による介入の可能性
＜家族、親族＞
父母のことを常に気にかけ、心配していたのは2人の娘たちであった。2人とも既婚で別居、実家を訪問する際には連絡を取り合い、1ヶ月に1度は母親の入院先や実家を訪問していた。心配する娘たちに、父親は「お前らには迷惑かけないから。俺が全部やるで」と声をかけていた。そんな父親を長女は「責任感が強く、根がとてもやさしい人」と語っている（公）。

事件の5日前、次女が実家に電話をしたとき、父親は「明日、お母さん退院してくる」「3月からデイサービスを受けるようにケアマネジャーに手続きしてもらっている」と告げた。

事件の2日前、長女は父親から電話で「（Aが）死にたいって言うで、どこか（崖から飛び降りるところを探しに車で）連れて行ったけど、今、死に場所探してきたけど、見つからなかった」と打ち明けられた。驚いた長女は「心中するかもしれない」と思い、必死で説得を試みた。母に電話を代わってもらい、「病気はしょうがないから。もっとつらい人もいるから。生きたくても生きられない人もいるよ」と励ました。しかし母は「だめだ」と言った。父に電話を代わり「お願いだからそんなことしないで」と言うと父は「分かった、しない」と言い、翌日には病院に行く約束をしたのでひとまず安心して電話を切った。実は、長女だけでなく次女も父から同じ内容の電話を受けていた。次女も長女と同じく、「死んだ方がいい」という母親に対し「そんなこと言ったらあかんよ」

－119－

と話し、父親には「死にたいと言ってはだめだから、気持ちを切り替えてがんばってね」と励ました。その時、父親は「そうやな、そんなこと言ったらいかんね」と答えた。

　事件の前日、次女が父親に電話をかけた。父は「母の調子がいいし、薬が一つ増えたけどそれを飲んでいれば大丈夫だから心配しなくてもいい」と話した。次女はすぐに長女に電話をかけ「（病院で）薬をもらってきたそうで、お母さんの調子はいいみたいやよ。お父さんも元気だった」と伝えた。長女はそれを聞いて大丈夫だろうと安堵した。

　事件発生日の翌日、集中治療室のベッド上で、父は娘たちに泣いて「申し訳ない、申し訳ないことをした」と謝った。娘たちが「なんで？なんでやったの？」と聞くと父は「一緒に死のうと思って火をつけちまった」と泣きながら答えた。それを聞いた娘たちは何も言うことができなかった。

　長女は後日、次のように供述している。「…家に火をつけ、母を殺したのはもちろんだめなことは分かりますが、身体が不自由になり、自分の将来が絶望的になり、死にたいという母の気持ちも分かりましたし、これが母の望みであったのならば父はそれを叶えてあげたのだと思います。死にたいと言われるたびに励ましていた父の苦悩や母の介護の大変さは十分分かります。だから私は『お父さんを責めないよ』と言って励ましました。その気持ちは今でも変わりません。父が（自分たち娘に）迷惑をかけないと言ってくれたことに、私たちが甘えてしまって申し訳ない気持ちでいっぱいです（警）」。次女は「…事件の３日前に父親から電話をもらうまで全く気付かず、時々電話をすると父が『前向きにやらなあかんな』と口癖のように言っていたので、まさか今回の事件を起こすとは考えもしませんでした（警)」と語った。

　＜知人、友人＞

　AやBと関わりがあった地域住民としては、地元の区長がいる。区長は事件の２日前にBと言葉を交わしていた。隣に住むBが、自宅前の街灯の修理を頼みに来たのである。その時、Bは「妻が帰ってきた。私が面倒見ていかないと」と語り、区長は「そりゃ、大変だね」と応じた。

第4章　介護殺人の防止①

そのときのBについて、区長は特に異変は感じることはなかったためそのまま別れ、区長とBとの関わりはそこで途絶えた。

＜専門職（保健、医療、福祉領域）＞

Aにはかかりつけの病院があり、事件当日も受診していた。しかし受診時、Bは医師にAが繰り返し「死にたい」と言うため悩んでいるとは言わなかった。「自殺しようとした話をしたら、治療をしてくれているのに怒られてしまう（警）」と考えたからであった。この日、医師はBに「今はどん底で、トンネルのなかにいる状態ですが、きっと外に出て明るい状態になりますよ」「これからは訪問介護を頼んだ方がいいですよ」とアドバイスしている。しかしその時、BはAが以前、デイサービスでリハビリを受けることを嫌がっていたことを思い出し、「Aがサービスを受け入れることはないだろう」と考えていた（警）。

④考　　察

本件は事件発生にうつの影響が見られる典型的な事例である。AがBに「死にたい」「一緒に死のう」と繰り返し告げていた点に注目したい。これは自殺リスクの点からも危険性が極めて高く、第三者による速やかな危機介入が必要な状態である。

Bは常日頃、心配する娘たちに「お前たちには迷惑かけないから。俺が全部やるで（検）」と言い、なるべく心配をかけないよう努めていた。そんなBも、死を決意した時には娘たちに苦境を訴え、心中未遂をしたという明確なSOSを出していた。しかし残念ながら、その訴えが適切な危機介入につながることはなかった。娘たちは驚き、「死んだらダメ」とBの説得を試みたが、効果はなかった。この時、もし娘たちがBの説得に執心せず、ただ訴えに耳を傾け、速やかにケアマネジャーに連絡を取り、専門職による危機介入をお願いしていれば、心中という最悪の事態は防げたと思われる。

その他、Aには主治医がおり、Bは彼に信頼を寄せていた。しかし受診時、Bが主治医に話したのはAの治療と薬についてであり、自らの苦しみを打ち明けることはなかった。もしこの時点でAの主治医がBの悩

— 121 —

第4章　介護殺人の防止①

みに耳を傾け、Aを検査入院させるなどの処置をとっていたら、事件は起きなかっただろう。とはいえ、介護者が被介護者の主治医に悩みを訴えないのはよくあることである。受診するのはAであるため、付き添いのBが医師に話す内容は当然、Aの症状についてであり、自らの苦境について相談をするということ自体、Bの発想にはなかったのだろう。介護者が安心して自らのことについて相談できる専門職や機関の存在が不可欠である。

　ちなみにAにはケアマネジャーがついていたが、その存在はBの供述でも、娘たちの供述でも話題にあがってこない。Bにとって、ケアマネジャーは支援者として意識されていなかったのだろう。もしケアマネジャーがBの話に耳を傾け、丁寧なアセスメントを行い、Bの状況も考慮したうえでAのケアプランを立てていたら、Bはケアマネジャーを頼り、死を思うまで追い詰められる事態にはならなかったと考えられる。

＜事例6　介護者のうつ＞
①事件の概要
　夫A（70代）を介護していた妻B（70代）が、自らも体調不良になり、うつ状態で判断能力が著しく低下している状況において、深夜に大声を出した夫の姿にショックを受け、将来への不安を募らせて衝動的に夫の首を絞め、死に至らしめたという事件である。

　事件当時、BはAと2人暮らしであった。Aは温厚で人当たりがよく、Bはまじめで責任感が強く、B曰く「どこにでもあるごく普通の家庭」であった。子どもは息子（40代）が一人おり、息子夫婦はAとBが住む家から歩いて数分のところに住んでいた。

　Aは事件の1年ほど前から意味不明な言動を繰り返すようになり、時々、家を出て近所を徘徊するようになった。Bは嫁の手助けを得つつも家事とAの世話を担い、Aの通院にも付き添うなど献身的な介護を行っていた。しかし事件の3か月前にはB自身も重い病に倒れ、手術を受けたが術後の経過が悪く、食欲不振や不眠に悩まされ、今後の介護の継続に不安を募らせるなど、精神的にも身体的にも苦しい状況になって

－ 122 －

しまった。

　嫁は日に日にやつれていくBを心配し、Aが寝ているわずかな時間を利用し、Bを連れて市役所を訪れ、応対した職員に介護の苦境を訴えた。嫁とBは介護保険制度の説明を受け、要介護認定のための市の訪問調査があることを教えてもらった。「なるべく早く来てほしい」とお願いしたが、職員からは「順番があります」と言われ、実際に認定員がA宅を訪問したのは要介護認定の申請日から約1か月後であった。この間、Bの付ききりの介護にもかかわらず、Aの容態は悪くなる一方であった。

　事件当日、Aは深夜、突然ベッドから起き上がり、「出かけにゃいかんで、行くところがある」などと近所にも聞こえるくらいの大声を出した。Bは立ちあがって外に出ようとするAを何とか落ち着かせ、ベッドに寝かしつけたものの、Aが夜中に突然、近所に聞こえるような大声を出したことに大きな衝撃を受けた。BはAの容態が悪くなっていること、自分の体力も落ちていること、施設は順番待ちですぐ入れないこと、今後もこのような事態が続くと近所に迷惑をかけてしまうことなど将来に対する不安を募らせ、衝動的にAが（寒さを防ぐために）日常肌身離さず首に巻き付けていたタオルでAの首を絞め、死に至らしめた。

　②事件が生じるプロセスと被告の心情

　Aは長年勤めていた会社を60歳で定年退職し、契約社員として働いていたが、不況のため3年間で退職に追い込まれてしまった。その後何とか再就職することができたが、そこも経営困難を理由に辞めさせられ、働くことを生き甲斐にしていたAはひどく落ち込んだ。その年の末ごろからAの歩き方は不自然になり、事件の4か月前、小脳の腫瘍を摘出する手術を受けた。それ以降、Aは「俺はまだ定年退職していない」など事実に反する言葉を話すことが多くなり、足腰もしだいに弱ってきて、起居などの動作もゆっくりとしかできなくなった。そして「俺は会社にはめられた」などと被害妄想的な言葉を四六時中、口にするようになっていった。

　そんなAを見たBは「私がしっかりしないと」と思い、Aの世話と家

第4章　介護殺人の防止①

事全般を一人で抱え込んだ。しかしBは体の不良を感じ、かかりつけ医を受診したところ、胃腸障害と診断された。事件の2か月前には急に痛みと吐き気があり、尿道結石で入院、手術となった。Bは手術を受け、1週間ほどで退院して自宅に戻ったが食欲は回復せず、ゼリーや果物類しか食べられず、体重が激減するとともに性格まで一変したような状態で、ひどくやつれてしまった。BはAを福祉施設に入所させたいと考え、事件の1か月前、嫁とともに市役所を訪れた。この訪問がきっかけとなり、ケアマネジャーが翌々月に訪問し、状況を確認することが決まった。

事件の半月前、Aはほとんどの時間を自宅のベッドで寝て過ごすようになり、起居や歩行などに介助が必要になった。Aは「もうこの家はだめになる。お前がちゃんとやってこなかったのが悪い」などとBを責める言葉を発するようになった。Bは体調不良が続き、ほとんど外に出ない日々を過ごしていた。嫁はその時期、Bが暗い部屋のなかで窓も開けず引きこもり、何をするわけでもなく、焦点の定まらない目でぼーっと佇む姿を目にしている。

事件の4日前、親戚がAとBを訪ね、Aの状態を知って驚き、Bに「自分だったら、入院させている」と言った。この時の心境について、後にBは「入院させると言っても簡単なことではないし、嫁と一緒に主人を定期的に通院させ、主人の病気が治るように努力をしていたのに、それでも主人の状態が悪くなっていったので、そんなことを言われてもどうしたらいいか分からないと思いました（検）」と語っている。

事件の3日前、BはAを連れ、病院に行った。その時、Bは夫の主治医（精神科医）に「最近、お父さんにつられて私もうつっぽくなった気がします。もうヘトヘトです」と訴えた（検）。しかし夫の主治医がAに薬を処方したり、入院させたりすることはなかった。

事件の2日前には、一昨日とは異なる親戚がAを訪ね、息子と嫁に「このままではだめだから、しっかり面倒みなきゃ」と忠告した。この時のことについて、後にBは「親戚の皆さんは私を責めるつもりで言ったのではないと思いますが、（言われた）言葉を聞いて、自分がしっかりしていれば主人がこんな状態にはならなかったのではと思い、責められて

－124－

いるように感じました。…中略…『民生委員に相談したほうがいいんじゃないか』と言われましたが、私は、知り合いの民生委員がいるわけではなかったので、そんなこと言われてもどうしたらいいか分かりませんでした（検）」と語っている。

　事件当日、Bが就寝していた未明ごろ、Aが突然ベッドから起き、「出かけにゃいかんで。行くところがある」と大声を出した。そして「着替えをする」と台所に向かって歩いて行った。Bは「Aが夜中に大声を出して近所迷惑になってはいけないし、勝手に外に出かけられては困る」と考え（検）、台所に行き、Aをなだめてベッドに連れ戻そうとした。するとAは台所のテーブルに座り、「出かけるだ、出かけるだ」と繰り返した。Bは「こんなに夜遅く、どこに行くの」「今日も休みだよ」と声をかけたが、Aは自分が何をしているのかよく分かっていない様子だった。Bはとりあえずをベッドに連れ戻そうと考え、「もう少し寝ましょうよ」声をかけた。Aをようやくベッドに連れていき、横たえた後、Bはこの先Aと2人で生活することに強い不安を感じ、衝動的にAの首を絞め、殺害してしまった。

　事件後、Bは「…Aを殺すのはやってはいけないことだと分かっていましたが、その時はAを殺したらどうなるかという先のことは考えず、Aを殺すしかないという気持ちになっていたのだと思います（検）」と語った。

　③第三者による介入可能性
　＜家族、親族＞
　Bが信頼を寄せ、介護や生活に関する相談に応じていたのは息子の嫁であった。嫁は常にAとBの様子を気にかけ、Aの受診や散歩に付き添い、気落ちしているBを気晴らしのため買い物に誘うなど、AとBを助けていた。Bは自分が介護しなければと考えていたが、嫁に対しては「Aが一日中おかしなことばかり言ってくる、どうしたらよい」などと頼るようになっていた。嫁はBから助言を求められた時、なるべく相談に乗るよう努めていた。Bを市役所に連れて行き、介護サービスの申請をし

－ 125 －

第4章　介護殺人の防止①

たのもこの嫁である。嫁はBに付き添い、一緒に介護保険制度の説明を受けた。

　事件の3日前、嫁はBから「ふがいない親でごめんよ。今までちゃんと相談してこなかった私が馬鹿だった。本当に申し訳ない。こんなふうになるなんて」という電話を受けた。いつもと様子が違うBを心配した嫁は「今から行こうか」と言い、すぐに様子を見に行った。また、BはAを殺害した朝、事情を知らずに様子を見に来た息子には何も言わず、嫁に「どうしよう、私、お父さんの首、絞めちゃった。どうしたらよい」と尋ねている。Bが困った時、最も頼りにしていたのは嫁であった。しかし嫁もまさかBがAを殺害するとは思わず、事件を阻止することはできなかった。

　その他、関わりのあった親族としては、事件の4日前と2日前に見舞いに訪れていたA方の親戚がいる。Bは親戚に「もう何もできない、うつ病みたいになっている」と言い、Aも「俺なんか生きていても仕方がない。死にたい、殺してくれ」と話した。それに対し、親戚はBに「しっかり考えるしかないよ」、Aに「そんなこと言っても仕方がない、そんなことは言っちゃいかん」と諭した。その後、親戚は息子夫婦に電話し、息子夫婦に「とにかく、このままではだめだから、しっかり面倒みなきゃだめだぞ」と言い、帰っていった。この親戚たちの訪問は結果として、Bをさらに追い詰めることとなった。のちに事件を知った親戚の一人は「AやBの様子が分かっていれば、周りで手助けをするべきだったと感じていますし、それができなかったことを後悔しています」と語った。

＜専門職（保健、医療、福祉領域）＞

　Bのうつに対して危機介入を行うとしたら、事件の3日前の病院受診は絶好の機会であった。Aが主治医（精神科医）の診察を受けている最中、Bは「最近、お父さんにつられて私もうつっぽくなってきた気がします。もうへとへとです」と苦境を訴えたのである。しかし、この訴えは医師に受け止められず、結果としてBが何らかの支援を受けることはなかった。この時の医師とのやりとりについて、Bは後に「…印象に残るやりとりがあった記憶はありません（弁論メモ）」と振り返っている。

－ 126 －

Aが通院していた病院には医療福祉相談室があり、医療ソーシャルワーカーが常時、療養生活や介護、福祉等に関する相談を行っていたが、Bはこの医療福祉相談室の存在を知らなかった。もしAの主治医が早い段階でBを医療福祉相談室に紹介し、Bが医療ソーシャルワーカーに過酷な介護状況について相談することができていれば、早い段階で介護保険サービスの利用につながり、一人で介護しなければと思い詰めることなく、生活を立て直すことができていた可能性がある。

Bが市役所を訪れ、要介護認定の申請を行ったのは事件の1カ月半前のことであった。Aの要介護認定日は申請から約1か月後に設定された。嫁は「なるべく早く（要介護認定の訪問調査を）お願いします」と依頼したが、応対した職員から「急いでいるのは皆さん同じです」と告げられてしまった。介護保険の説明を行う職員は、困っている介護者が最初に出会う存在である。相談に来た者が切迫した状況にある場合、すぐに暫定的なケアプランを立て、サービス提供を行うことも可能であるが、そのような対応がなされることはなかった。本件は介護保険サービスの利用手続きが速やかに行われず、せっかく介護保険制度の申請という形でSOSが発せられたにも関わらず、保健、医療、福祉領域の専門職による危機介入には繋がらなかった。

④考　　察

従来、うつから自殺が生じやすい点については多くの指摘がなされているが、うつと犯罪とは一般に縁遠いものとされている。うつの絡む犯罪で、特異的な位置を占めるのは家族殺人とそれに続く自殺であり、加害者の性格特徴はまじめ、きちょうめん、勤勉、律儀であり、一般の犯罪とは趣を異にしている（奥村 1990：282）。

第三者が介護者のうつに気づくのは難しいのだろうか。ある介護殺人の裁判では、事件当時にうつが疑われた被告の精神鑑定を行った医師の証人尋問があり、うつに関する周囲の気付きについての質問がなされた。その時、医師は「うつはあくまで本人の内面のなかの変化のことですし、表面的な生活は何とかつくろっておられたような状態だったかと思いま

す。うつの影響によって、介護が大変なのに、ほかの人に支援を求めることができなかった。おそらく殺人というのはその人の人格からは少しかけ離れた行動だったと思います」と説明した。

この説明の後、裁判員が「家族や介護職員が全く分からない重度のうつはあり得るのか」と尋ねた。医師は「…何らかのサインは出しておられたと思います。うつが表に出るきっかけの一つが不眠ということだったろうと思います。おそらく、その時点では、不眠、うつの症状はもう始まっていたのであろうと思います」と答えた。また裁判長の「現実にはあと1年か2年ぐらいで被介護者は施設に入所できる見込みもあった…（事件は）うつのせいでしょうか」という質問に関しては、「その1、2年が待てなかったのだろうと思います。（1、2年が待てないということは）うつの症状として大きいでしょうね」という説明がなされた。

ここからは、たとえ介護者が重度のうつであったとしても、家族や介護職員が容易に分かるような生活の変化が見られるとは限らず、危機に気付けるとは限らないということが分かる。とはいえ、うつに陥っている人が全くサインを出していないわけではない。もし被介護者が医療機関に受診をしていれば、医師は付き添う介護者の行動や言動から、介護者の極度の不安感や意欲低下を察知できるだろう。また、不眠はうつに必ずといってよいほど現れる症状であるため（高橋1998：5）、介護保険サービスを利用している場合、少なくともケアマネジャーは介護者が十分に睡眠を取れているかを確認することができる。もしうつが疑われるようであれば、状況に応じてサービス内容を調整し、包括と連携して受診を促すなどの配慮も必要であろう。

うつの者は、あと少しで楽になることが分かっていたとしても、待つことができない。支援者はその点を考慮し、介護者のうつが疑われた場合は速やかな危機介入を行わねばならない。うつが背景にある介護殺人は、周囲の気付きにより、事前に回避することが可能である。支援者はこのことを決して忘れてはならない。

第4章　介護殺人の防止①

本章の結論

　本章では、過去に生じた介護殺人事件をもとに、事件が生じるプロセスと被告の心情について確認し、第三者の介入可能性と支援内容について検討した。

　介護殺人の裁判では、加害者に対し、よく「誰にも相談せず介護を一人で抱え込んだ」「独りよがりな犯行」という指摘がなされる。しかし、本章で示した6つの事例からは、事件当時、被介護者に自力で状況改善できる力は失われており、加えて主介護者（事例4は介護を期待された者）の問題能力が著しく低下しており、その危険が第三者に把握され、適切に対処されることがなかったという状況が確認できた。

　事件の回避という点から言えば、第一に、介護者自身をきちんとアセスメントすることが必要である。本章で分析した事例のように、介護を担う者の力量に疑問を感じる事例については、社会福祉専門職らによる力量の見極めを行わねばならない。そこでもし、介護を担うには無理があると思われる者が介護を行っていたら、速やかに第三者が介入し、必要に応じ介護サービスの導入を図るなど、現実に則した介護体制を構築していかなければならない。特に被介護者にうつや認知症がみられる場合、介護者はどのように接したらよいのか分からず、励ましたり叱ったりするなど、逆効果の対応をしてしまう場合もあるため注意が必要である。

　今回提示した事例を見る限りでは、支援者は介護者の危機に気づくことができたはずなのに、適切な対応をとるには至っていない。それはなぜなのか、支援者個人の力量の問題なのか、それとも組織的な問題なのか。事件が起きた後に検証を行い、まずはこの点について確認していくことが必要であろう。そのうえで、介護者の危機に気付き、適切な対応ができるよう支援者個々の力量を高め、同時に介護者を支援できる体制を地域全体に整えていくことが重要である。

第4章　介護殺人の防止①

（注1）　2016 年現在、介護福祉士及び一定の研修を受けた介護職員等は、一定の条件の下に痰の吸引等の行為を実施することは可能である。

（注2）　松下（2015：89）はサービス利用に拒否的な家族介護者への支援方法について、「基本は、家族が機能不全に陥っているがゆえのサービス拒否である可能性を想定し、その結果として、家族介護者、被介護者、他の家族メンバーのウェルネスと自立度が低下していないかをアセスメントすること、どうしたら家族機能が復活するか、すなわち個々の家族メンバーが互いに自立できるかを意識しながらアプローチをし続けることである」と述べている。具体的な支援ノウハウについては、業界紙である介護支援専門員誌に 2007 年から 2008 年に連載された岩間伸之「支援困難事例アプローチ」シリーズや、勝部麗子（2016）「地域づくり　勝部流アプローチ　ノウハウ編7　当事者と信頼関係を築くには」『月刊福祉』18（10）などが参考になる。

《引用文献》

加藤悦子（2005）『介護殺人－司法福祉の視点から』クレス出版.

神庭重信、高橋祥友、中村純執筆、日本医師会編（2014）『自殺予防マニュアル：地域医療を担う医師へのうつ状態・うつ病の早期発見と早期治療のために、第3版』明石書店.

森本久美子（2011）「軽度知的障害者に対する相談支援における支援困難事例の特性分析」『社会福祉学』52（2), 80-93.

松下年子（2015）「第二章　家族介護者が陥りやすい心理と支える方法　Ⅰ. 家族介護者と共依存」矢吹知之編『認知症の人の家族支援　介護者支援に携わる人へ』株式会社　ワールドプランニング.

奥村雄介（1990）「拡大自殺を行った女性例3例について（うつ病と拡大自殺─その精神医学的考察）」『犯罪学雑誌』56（6), 281-290.

高橋祥友（1998）『老年期うつ病』日本評論社.

第5章　介護殺人の防止②　"将来に悲観"しなくてもよい社会に

　介護殺人の原因・動機としてよく耳にするのは「介護疲れ」であるが、それと同じくらいよく聞かれるのが「将来に悲観」である。

　本章では加害者が事件の原因・動機として「将来に悲観した」と供述した事例を対象とし、先章と同様に、事件に至るプロセスと被告の心情について確認する。それらを通し、介護に関わる困難を背景に、人々が将来に悲観しなくてもよい社会の構築について考える。

　第1節では調査の概要について述べ、第2節では結果と考察を記し、第3節で本章の結論を述べる。

第1節　調査の概要

1．問題意識

　2005年の冬、あるひなびた村で衝撃的な事件が起きた。認知症の妻（80代）の介護をしていた夫（80代）が自らも体調不良に陥り、将来を悲観し、妻を連れて無理心中したのである（朝日新聞社：2005）。老老介護の夫婦間で生じた痛ましい事件であるが、この事件が週刊誌に掲載されるほどに注目された理由は、夫妻が死亡した場所であった。日記帳に「妻と共に逝く」と書き遺した夫は深夜、近所の火葬場まで行き、妻と手を取り合って炉のなかに入り、自ら火をつけたのである。被介護者の妻は、認知症で目が離せない状態にあったとはいえ、傍から見て万策尽きて死ぬしかないと思うほどの状況ではなかった。なぜ夫は妻と心中しなければならなかったのか、またなぜ、よりにもよって自らの死に場所として火葬場を選ばねばならなかったのだろうか。

　夫は経済的に困窮していたわけではなかった。夫は自宅を取り巻く約1万3千平方メートルの田畑の地主で、広々とした庭にある池には丹精込めて育てられた錦鯉が泳いでいたという。夫は事件当時、「全財産を

－ 131 －

市に寄付する」との内容の遺言状を書き、自宅や田畑、山林などの固定資産評価額約700万円近くを市に遺そうともしていた。認知症に罹患していた妻は週1回デイサービスを利用し、市内の施設に通っていた。親戚も介護をしていた夫の様子を気にかけ、自宅への訪問を行っていた。夫は気難しい性格であったようだが、地域から孤立していたわけではなく、第三者の関わりを頑なに拒んでいたわけでもなかった。客観的に見れば、夫が将来を悲観し、妻を連れて心中しなければならない理由はどこにも見当たらない。

　現在、介護がさほど危機的な状況でなくても、将来に悲観した介護者と被介護者が心中を図るという事件がたびたび発生している。将来への悲観が主たる原因・動機である事件は「介護疲れ」とは質が異なる部分があり、予防に向けての方策も変わってくるように思う。ただしこのような事件についての予防策は現在、十分に検討されているとは言えない状況にある。

　2．目　　　的
　過去に生じた介護殺人のなかで「将来への悲観」を原因・動機とする事例を取り上げ、事件に至るプロセスと被告の心情を明らかにする。その結果をもとに、介護者や被介護者が将来に悲観して死亡する事件を防ぐためにはどうしたらよいのかについて考察する。

　3．調査対象
　本調査では被告が逮捕後、事件の原因・動機として「将来への悲観」と語った事例を調査対象とする。先章と同じく、最近5年間（2010-2015）に発生したもので、事実関係に争いがなく、かつ刑事確定訴訟記録法第4条に基づき、管轄の地方検察庁から記録の閲覧が許可された事例を分析の対象とした。
　調査方法、分析方法、倫理的配慮は先章で述べた内容と同じである。

第5章　介護殺人の防止②

第2節　結果と考察

　介護疲れから将来への悲観に至る事例は多いが、その一方で、そこまで介護が切迫しているわけではないにも関わらず、将来を悲観して事件に至る事例もかなり存在する。この場合、内容としては大きく分けて①閉じた関係性のなかで人生を完結させる　②経済的困窮から生活苦に陥り力尽きる　の2つのタイプが存在した。

　ここでは①に当てはまる事例として、夫婦間と親子間で生じた事件をそれぞれ1例ずつ、また②経済的困窮から生活に行き詰った事例として3事例の分析を行った。事例の概要は以下の通りである。

	加害者	被害者	罪　名	問題点	注目点
1．閉じた関係性のなかで人生を完結させた事例					
事例7	妻	夫	殺　人	介護者の心身状態	夫婦ともに難病、共依存状態
事例8	母　親	娘	殺　人	介護者の心身状態	高齢の母が障害のある娘を長年にわたり介護、共依存状態
2．経済的困窮から生活に行き詰まった事例					
事例9	息　子	母　親	殺　人	離職、経済的困窮	生活保護制度の運用に問題あり
事例10	娘	母　親	殺　人	離職、経済的困窮	生活保護制度の運用に問題あり
事例11	娘	母　親	殺　人	経済的困窮	介護に伴い人生の選択肢が減少、生きづらさを抱える

　1．閉じた関係性のなかで人生を完結させた事例

　＜事例7　夫婦で人生を完結＞

　①事件概要

　妻B（70代）は病気で思うように動けなくなった夫A（70代）を介護していた。子どもたちには頼れないと考えたこと、B自身も難病を抱え、Aの世話をするのが大変になったことなどから将来を悲観し、BはAとの心中を図ったが、Bのみが生き残ったという事件である。

　AとBはお互いを労りあい、二人で仲良く暮らしていた。二世帯住宅の家に長女夫婦と同居していたが、お互い行き来することはなく、Bは長女夫婦に関する不満をよく周囲に漏らしていた。

　事件の約半年前、Aは病気の影響で足腰が弱くなり、歩くのが不自由になってしまった。立ち上がれないことや排便が困難になったことから

－ 133 －

第5章　介護殺人の防止②

生きる望みを失い、Bに「おまえと一緒に死にたい」と言うようになった。BはAの世話は当然のことと受け止めていたが、自らも難病に罹患してからは将来に強い不安を覚え始めた。しだいに「死ぬことは嫌だが、（夫婦）一緒に死ねるのであれば幸せ」と考えるようになった。ある日、先祖代々から受け継いだ大切な土地に重機が入る音を聞いたAは、Bに「俺を殺し、すぐ後を追ってきてくれ」と頼んだ。それを聞いたBは「夫と死ぬのなら構わない」と考え、Aの首を絞めて殺害、自らも後追い自殺を試みたが未遂に終わった。

　②事件が生じるプロセスと被告の心情
　事件の約半年前ごろ、Aは病気のため足腰が弱り、一度転ぶと立ち上がるのが困難、かつ自らの意思で排便することができなくなってしまった。この状況について、Bは「お父さんの世話をすることには何の苦痛も感じておらず、当然のことだと思っていました（検）」「お父さんのことを不憫に思いました（検）」と語っている。その後、Bも身体に異変を感じて受診したところ、自分も難病に罹患していることが判明した。体中に腫瘍ができる病気で、肺に腫瘍ができれば命に関わる恐れもあった。Bは「もし私がお父さんより先に死んでしまったら、お父さんの世話は誰がするのだろう（検）」と考え、先行きに不安を覚えるようになった。
　事件の3か月ほど前、BがAに「私が入院したらどうする」と尋ねたところ、Aは「子どもの世話にはなりたくない、でも施設にも入りたくない、いっそおまえと一緒に死にたい」と答えた。それを聞いたBはAを不憫に思い、ずっとAの世話をしていこう、Aの面倒をみるのは自分しかいないと考えた（検）。AとBには娘が2人いたが、同居の長女夫婦とは仲がよくなく、次女は長男に嫁いでいたため、娘たちに頼ろうとは考えなかった（検）。
　ある日、AはBに「お母さんが元気なうちに俺を殺してくれ、そしてすぐその後を負ってきてくれ」と話した。Aはいつになく真剣な様子だった。それを聞いたBは「私が病気でいつお父さんの前からいなくなるか

－ 134 －

第5章　介護殺人の防止②

心配しており、私以外の人の世話になるくらいなら私と一緒に死ぬこと
を望んでいるのだ（検）」と考えた。そして「お父さんが苦しむくらい
なら私の手で殺そう、私もお父さんの後を追って死ぬことはできる（検）」
という気持ちになった。そこでBはAに「いいですよ」と答え、Aの望
む通り、Bとともに死ぬことを決意した（検）。その日以降、AとBは
どうやって死のうか、いつ死のうかと毎日語り合うようになった。

　AとBは同居の長女夫婦に大きな不満を抱いていた。長女夫婦の意向
で先祖代々から受け継いだ自宅の敷地に整地のための重機が入ることに
なり、AとBはそのことに納得していなかった。AとBは「自宅の土地
に重機が入った時に死のう」と決め、長女夫婦にあてて遺書を書いた。
それから一週間後、自宅の敷地に重機が入る音がした。BはAから頼ま
れた通り、夫の首を絞めて殺害した。B自身も自殺を試みたが未遂に終
わった。

　事件後、Bは次のように語っている。「私はお父さんのことが大好き
でしたので、お父さんに頼まれたことであれば何でも言うことを聞いて
いました。お父さんは私以外の人に面倒をみてもらうのは嫌だったよう
で、それくらいなら死を選んだのだと思います（検）」「私一人が生き残っ
てしまい、お父さんには大変申し訳ないことをしたと持っています。今、
私一人が生き残っている状況からすれば、お父さんを殺したことは後悔
していますが、2人で一緒に死ぬという当時の状況からすれば、お父さ
んを殺した当時は何も後悔はなかったという気持ちでした。お父さんと
一緒に死ぬということが私にとっての幸せだったため、このような気持
ちでした。今でもお父さんの気持ちとしては、どうして後を追ってきて
くれなかったのか、ではないかと思っています。お父さんが私のことを
待っていると考えると、私は胸が張り裂けそうな気持ちです。できるこ
となら、早くお父さんのところに行きたいという気持ちでいっぱいです
（検）」。

　③考　　察
　BはそもそもAを介護すること自体に苦痛は感じていなかった。二人

— 135 —

第5章　介護殺人の防止②

が心中を決意した直接の原因は介護疲れではない。二人がともにお互い
を案じ、この先の将来に希望を見出せず、悲観したことが事件の原因・
動機であった。ＡもＢも心中に至る過程で誰にも相談しようとせず、二
人だけで苦しみを共有し、心中という形で人生を終わらせることを決意
した。ＡとＢは二世帯住宅に住んでいながら心理的な孤立に陥り、二人
だけの世界に生きていたのだ。

　二人の生活に日常的に関わっていた他者は確認できず、第三者の介入
により事件発生を回避するのは現実的に考えて難しい状況であった。こ
こではこのような閉じた関係に介入するために欠かせない視点として
「共依存」に注目し、対応への必要性を示したい。加えて介護に対する
過度にネガティブなイメージがもたらす危険について考察する。

　＜共依存の危険＞
　共依存は、両者が一緒にいることで互いの自立を妨げている関係性の
ことである（松下 2014：561）。人と人との関係性のあり方の基本は、互
いに自立していることである。しかし共依存の人には「（そのようなこ
とをされて）普通なら逃げるであろう、別れるであろうという状況にあっ
ても逃げない、別れない、別れられない」という対象へのこだわりがみ
られる（松下 2014：562）。

　共依存は程度の差はあれ、多くの介護事例で確認できる。しかしもし
介護者が被介護者の問題にのめり込み、自分を見失うほどの状況に陥っ
ているのに気づいたら、支援者はすみやかにそこに風穴を開ける介入を
しなければならない。そのままでは介護者と被介護者の閉じた関係がさ
らに強固になり、最悪の場合には心中に至ってしまうこともあるからで
ある。

　保健医療福祉領域の専門職は「誰も寄せ付けない二人きりの世界」は
危険、と察知できる力量を備えていなければならない。松下（2014：
565）はシステムズ・アプローチの視点から、対象となる家族がシステム
として外界とどのように付き合っているかに注目し、システム内外の境
界、バウンダリーが明確でしっかりしていると同時に柔軟でもあること、

第5章　介護殺人の防止②

硬すぎないこと、結果的に外界からの情報や刺激、干渉がほどほどに入っ
てきて、しかし入りすぎて、あるいは取り入れすぎてシステムが崩壊す
ることはないことが大切と説明する。本件では、被害者の夫は妻に頼り
切り、妻の介護しか受け入れなかった。このような状況のとき、もし妻
の介護に虐待など何か明確な問題があったり、妻が誰かに SOS を出し
たりすれば、支援者が介入することが可能になる。しかし特にこのよう
な状態になければ通常、第三者による踏み込んだ介入はなされない。妻
が介護を抱え込む限り、誰かとつながる機会は訪れず、二人だけの世界
が強化され、心理的に孤立していく。そんな二人が死を決意したとき、
そこにストップをかける第三者は存在しない。

<介護に対する過度にネガティブなイメージ>
　次にAとBの会話から、彼らがイメージした「将来への悲観」の内容
について考える。Aは「子どもの世話になりたくない、でも施設にも入
りたくない」と語っていたが、Aは施設がどのようなところなのかにつ
いて具体的なイメージを持っていたのだろうか。Bが後に「介護施設の
どういうところが嫌なのか、確認したことはありません（検）」と供述
したことから考えると、AもBも施設サービスの実際をさほど知らない
にも関わらず、施設でケアを受けることに対し、漠然としたネガティブ
イメージを持っていたのではないかと推測される。
　最近はマスコミなどで、介護職員の激務や施設内虐待などが頻繁に報
道されている。報道を通じて介護の質の低さが指摘され、改善が図られ
るのは大いに歓迎すべきことであるが、一方で、これらの報道は人々に
施設介護に対するネガティブなイメージを植え付けかねない点に注意が
必要である。実際には質の高い介護を行っている施設は数多く存在する
にも関わらず、メディアを通じて一部の問題が多い施設や施設内虐待な
どの情報にさらされ続けることにより、人々は要介護になることや介護
サービスを利用することに漠然とした不安を抱えてしまうのではないだ
ろうか。
　ケアラー連盟が 2010 年に全国 5 地域 10,663 人を対象に行った調査（牧

— 137 —

野 2011：120）では、現在ケアをしていない人のうち、84.5％が「将来の
ケアへの不安」を感じていることが明らかになった。また、明治安田生
活福祉研究所が2014年に全国の20歳以上69歳以下の男女6,195人を対
象に行った調査では、介護全般（介護について総合的に）について「とて
も不安を感じる」と回答した割合は男性が38.0％、女性は45.0％であった。
ここからは、かなり多くの人が将来、直面するかもしれない介護に対し
て不安を抱えていることが分かる。何がそんなに不安なのか。介護にか
かる費用、利用できるサービスの量や質、不安を覚える要素は多々あれ
ど、人々は実は、これらについて実態をよく知らないままに不安を募ら
せているのではないか。介護に対し、過度なネガティブイメージを持つ
ことは私たちの社会に必要のない不安と困惑を引き起こしかねない。い
ざ要介護になったとき、人々が介護サービスの利用を躊躇する背景に介
護サービスに対するネガティブなイメージがあるのだとしたら、この状
況を放置していてはならない。

　本件の被告Bは「今、私一人が生き残っている状況からすれば、お父
さんを殺したことは後悔していますが、2人で一緒に死ぬという当時の
状況からすれば、お父さんを殺害したことに後悔はなかった…お父さん
と一緒に死ぬということが私にとっての幸せだった（検）」と供述したが、
介護者が幸せに生きる道を考えたとき、介護していた相手とともに死ぬ
ことしか頭に浮かばなかったという状況は悲しすぎる。

　介護が必要な状態になることを恐れ、大切な家族や周囲に迷惑をかけ
ることを心配し、将来に不安を抱える人たちは決して少数ではない。そ
う考えると、本件のAとBが直面した問題は、現在の私たちに突き付け
られた問題でもある。

＜事例8　親子で人生を完結＞
①事件概要
　幼いときから重度の障害のある娘A（60代）を長年に渡り、一人で介
護していた母B（80代）が深夜、もうこれ以上介護を続けられないとい
う思いを募らせ、Aの首を絞めて窒息死させた事件である。

第5章　介護殺人の防止②

　Aは事件当時、重度の脳性まひのためにほぼ寝たきり状態、手足が不自由で知的障害もあった。BはAが生まれてからずっとAの介護を担い、事件の14年ほど前に夫が死亡した後は2人暮らしをしていた。事件の約半年前、Bは転倒して右肩を脱臼するとともに鎖骨を折り、それが原因で利き腕である右腕を痛め、以前のような介護を行うことができなくなった。Bは年齢からくる自らの体力の衰えや心身の不調を感じ、介護を行うことがつらいと感じるようになった。

　事件当日、Bは横で寝息を立てて眠るAを見て、将来に強い不安を覚えた。枕元にタオルがあるのを見つけ「これで首を絞めればAを殺せる」と思い、娘の首を絞めた。

　裁判で事件が生じた理由を聞かれたBは「自分の腕が利かないようになりまして、どうにもいかなくなって、そのような結果になったわけです」と答えた。

　Bの献身的な介護を知る地元住民は寛大な処分を求める嘆願書を裁判所に提出、その数は1,000を超えていた。法廷で証言した者は「娘の深い愛情の結果で、本当にお気の毒だ」と語った。

②事件が生じるプロセスと被告の心情

　BはAがまだ幼いとき、Aを施設へ入所させようと考えた。しかし周囲からは、母親の愛情で育てていくしかないと言われ、Bは「Aの介護は、自分が全部やらないといけない（検）」と考えた。そして「せっかく自分のところに生まれてきた子だ。この子は自分の命に代えても守る。この子を自分の手で育てて見せる（検）」と決心した。

　それ以来、BはAをずっと手塩にかけて育ててきた。Aが成人してからもその介護は楽ではなく、夜中も二度起き、おむつを交換しなければならなかった。裁判でAの介護について問われたとき、Bは「娘の介護を私がするのは当たり前のことですし、負担とは感じませんでした。こういう娘がいることで、自分が制約されていると思ったことはありません（公）」と述べている。

　事件の半年前、Bは右肩脱臼と鎖骨骨折をして介護が難しくなり、家

－139－

第5章 介護殺人の防止②

事を手伝ってもらう訪問介護サービスを依頼するようになった。前は 20 分ほどでできたおむつ交換も骨折後は 30 分以上かかり、それでもうまくできないこともあり、どうしたらよいのかと思い悩むようになった。当時、Bは近所の人に「娘の世話をするのがしんどい」と漏らしている。B自身、外出のときには車いすを利用し、一人での外出は難しい状態だった。そして「自分の老い先は短く、娘を残しては逝けない（検）」と考えるようになった。

事件の 10 日前、Bは血圧が高くふらふらする状態で、夜も眠れず、このままだったらどうなってしまうのかと心配になった。睡眠導入剤を飲まないと眠れない日々が続いた。

事件当日、AとBは夜遅く就寝したが、午前 2 時ごろ、BはAに「お母さん、お母さん」呼ばれた。おむつ交換が終わりスヤスヤと寝入るA、それとは反対にBは眼が冴え「眠れなくてこのままやったらどうにもならんな、自分の身体がついていけない（警）」と思い始めた。Aを眺めているうちに、Bは先行きの心配で頭が一杯になってしまった。このときの心情について、Bは次のように語っている。「心が折れました…それまで何とか『娘の世話をするのは私しかいない』とつないでいた心の糸がプツリと切れた瞬間だったと思います。暗い闇に包まれたベッドの上で、私はとにかく孤独でした。血圧も安定せず、物忘れ等で気分がめいり、先行きの心配ばかりが頭のなかをめぐりました（警）」。

Bは朝になれば訪問介護サービスのヘルパーが来ることを思い出し、玄関のドアさえ開けておけばヘルパーが見つけてくれるだろう、娘を殺すのは今しかないと決心し、Aの首に手をかけた。寝入っていた娘は突然の息苦しさに目を覚まし、「お母さん、何するの」と言ったが、Bは「途中で止めるわけにはいかない、言い訳がたたない（警）」と考え、Aから「お母さんやめて」と振り絞るような声で懇願されたにも関わらず、そのまま首を絞め続けた。

呼吸が感じられなくなったAを前にして、Bはようやく「娘が死んだ」と確信した。そして「大変なことをしてしまった」と我に返り、腰を抜かしてしまった（警）。

― 140 ―

第 5 章　介護殺人の防止②

　Bは後に、次のように語っている。「…当時の私は自分のこともまま
ならず、娘を介護する余裕がなかったのです。まるで自分が暗いトンネ
ルのなかから抜け出せずにいるようでした（警）」。裁判では「…生涯、
娘の一番近くにいたのは私」と語るとともに、「…娘への愛情が強すぎて、
介護の必要な娘の面倒を愛情だけでみるのはだめだなと思いました。亡
くなった主人にも悪いと思っています（公)」と語った。

　③考　　察
　母親のBはAが生まれたときから常にAに寄り添い、生きてきた。B
はAの母親であると同時に、Aを誰よりも気にかける介護者でもあった。
Bは公判で子離れできていなかったと述べている。確かにそうだが、A
B親子が生きる課程において、子離れできるような社会環境にはなかっ
たと考えるべきではないか。Aが生まれた1950年代は、障害の子は家
族が面倒見るのは当たり前、母親が介護するのが当然とみなされていた。
現在のような在宅ケアを支える支援はほとんど存在せず、家族が家で面
倒をみることができないのであれば、子を施設に入れるしか選択肢がな
かった。そのような社会において、ずっと母親が介護をし続けていれば、
母親以上に子の気持ちを察することができる者は誰もいなくなる。母親
ほどにかゆいところに手が届く介護ができる人はおらず、母と子の関係
はますます強固になっていく。子は母親がいないと生きていけない状態
になり、いざ外部のサービスを利用しようと思っても母の強い意向が妨
げとなり、第三者がうまく関われないことも少なくない。
　そうなることを防ぐためには、子どもが小さい時から少しずつ外部の
サービスを利用し、子どもも親以外の者から介護を受ける状態に慣れて
いくことが大切である。知的障害児の親たちを対象に聞き取り調査を
行った西村（2009）は、外部サービスを家族介護の補完ではなく、親亡
き後も知的障害のある子どもたちが地域で暮らしていくという視点で捉
えることが必要と指摘する。中根（2006）は障害者の家族特性として、
子どもの成長や親の老いによっても親子関係は変化しにくいと述べてい
る。そうであるからこそ、支援者が関わり、適切な親離れ・子離れを促

— 141 —

進し、親によるケアから親以外の支援者によるケアへのスムーズな移行を働きかけることが重要なのである（夏堀2007、植戸2012）。

　この事件の判決では、客観的に見てBが別居の家族や支援者に助けを求めるのは容易であったにも関わらずなぜ誰にも頼らなかったのか、独りよがりの犯行であるとの指摘がなされた。しかしBが助けを求めなかった背景を考えれば、独りよがりと言い切るのは酷であろう。Bは母親になった瞬間からAの介護者であることが求められ、B自身も「娘の世話をするのは私しかいない」と受け入れていた。これはBが悪いのではなく、障害児の介護を当然のように母親に求めた社会の責任と考える。森口（2015：34）は、障害者が成人しても親に依存し続けることは、殺人や心中といった深刻な事態にも至る可能性を含むという点でも大きな問題があることを指摘している。Bは体調不良に悩み、もう介護を続けられないと感じたとき、社会にSOSを出すのではなく、娘とともに一生を完結するという選択をした。このような事件を繰り返さないためには、事件の背景にある世間の障害者家族に対する眼差しの危うさを認識し、公的な支出も視野に入れ、障害者本人への支援を充実させ、成人後の障害者の家族依存の状況を変えていくことが必要である。

2．経済的困窮から生活に行き詰まった事例

　公益財団法人家計経済研究所が2011年に行った「在宅介護のお金とくらしについての調査」によれば、在宅介護にかかる費用は要介護4で平均月額101,000円、要介護5で107,000円であった。介護で仕事がままならない家庭にとって、日常の生活費に加え、これら在宅介護にかかる出費はかなりの負担になることが想定される。

　介護殺人のなかには、家族に介護が必要になり、その介護を担うために子どもが仕事を辞めざるを得なくなり、その結果、経済的に困窮し、生活に行き詰まり心中を図るという事例が数多くみられる。次に述べる2つの事件はその典型例である。

第5章　介護殺人の防止②

＜事例9　生活保護制度の運用に問題あり1＞
①事件概要
　認知症の母親A（80代）を介護していたB（50代）がAの症状悪化により仕事を辞め、経済的に困窮して将来を悲観し、母親を殺害後に自殺を試みたが死にきれず、生き残ったという事件である。
　Bは父親の家業の手伝いをした後、ホテルの警備員や電化製品の製造工、派遣会社に登録しシステムキッチンの製造工として働いていた。事件の7年前に父親がなくなり、その直後からAに認知症の症状が出、しだいに悪化していった。Bは仕事の合間にAの介護をしていたが、夜もろくに眠れず疲労が蓄積し、精神的なストレスも増えていった。
　事件の1年前、Aが徘徊して警察に保護されたことをきっかけにBは仕事を休職し、介護保険サービスを利用するようになった。しかしBの介護負担の軽減にはならず、職場復帰までのつなぎとして考えた生活保護も、申請を受け付けてもらえなかった。生活福祉資金貸付の申請も考えたが保証人が必要と聞き、親戚筋に迷惑をかけるのを恐れたBは申請をあきらめた。
　事件の4か月前、Bは休職していた仕事を退職した。その後失業保険をうけ、再度福祉事務所に行き、生活保護を受給したいと相談したが、またもや申請は受理されなかった。事件の2か月前、Bの失業保険が切れると同時に生活は行き詰まり、介護保険サービスの利用も打ち切らざるを得なくなった。食事にも事欠く日々となり、家賃を払う目途が立たなくなったことからBは絶望し、家を出て死ぬしかないと思い詰めた。事件当日、心中を決意したBはAを車椅子にのせ、Aの思い出の場所に連れて行った。Bは何度も逡巡したが同意を得てAを殺害、すぐに自殺を図ったが死にきれず、現場を通りかかった通行人に発見され、一命を取りとめた。
　後にBは公判で「母の命を奪ってしまったが、もう一度、母の子に生まれ変わりたい」「母がかわいくて、かわいくてしかたありませんでした」と語った。

－143－

第5章　介護殺人の防止②

②事件が生じるプロセスと被告の心情

　Bは一人っ子で、染め物職人であった父親に「他人に迷惑をかける生き方をしていけない」と言われて育った。Aは夫が死んだ直後から「狐が出る」と妄想的な言動を繰り返す、天井をほうきで叩くなど認知症の症状が見られるようになり、一人で買い物に行くことすらできなくなってしまった。

　AとBは親類が家主をしているアパートで2人暮らしをしていたが、Aは妄想的な話をしたり、夜30分あるいは1時間おきにトイレと言っては寝床を立ち、寝ずに外に出ようとしたりすることが続いたため、Bは心が休まらず、ろくに睡眠を取れない日々が続いた。それでもBは朝から仕事に行き、夜帰ってきては家事や掃除をし、Aの介護を行っていた。Bは絶対に他人には迷惑をかけない、何とか母親を守ってやっていくと心に決めて毎日を過ごしていたが（公）、心身ともに限界を超え、疲労困ぱいの状態にあった。

　殺害の約半年前、AはBが仕事に行っている間に家を出て徘徊し、警察に保護されるという事件が生じた。Bは「（Aを）一人にしていると他人に迷惑をかけるかもしれない、もう放っておけない（公）」と考え、会社に休職を申し出た。それまではBの給与15万円と、2か月に一度支給されるAの年金5万円で生活していたが、休職によりBの収入が見込めなくなったことから、AとBは経済的に困窮していった。

　Bは市役所の福祉介護支援課を訪ねて介護保険の利用申請を行い、Aは要介護3と認定された。Aはデイサービスを利用できるようになったが昼夜逆転は変わらなかったため、Bの介護負担はほとんど軽減せず、その一方で新たにデイサービスの自己負担が出費として加わることになり、家計のやりくりが苦しくなった。そこでBは福祉事務所を訪れ、これまでの介護状況を説明し、3カ月間でもいいから職場復帰できるまで生活保護を受給できないかと相談したところ「（あなたは）世帯主、働けるからがんばって働いてください」と言われ、相談にのってもらえなかった（公）。その後、Bはケアマネジャーに「あかんかった。保護ワーカーの態度は冷たく、自分たちに死ねといわんばかりの態度だった」と打ち

－ 144 －

第5章　介護殺人の防止②

明け、落ち込んだ様子だった（公）。そこでケアマネジャーが直接、保護課に不受理の理由を問い合わせたが、回答はなかった。Bはケアマネジャーの助言を受け、社会福祉協議会に行き、生活福祉資金貸付を受けることができないか相談した。担当者からは保証人があれば貸し付けができると言われたが、Bは親戚筋には迷惑をかけないと決めていたため、その場で申請をあきらめた。

　Bはこのままの状態では仕事はできないと考え、職場復帰をあきらめ、休職していた会社を退職した。職業安定所で失業保険を申請し、3か月の間、保険金を受け取ることができるようになった。そして再度、福祉事務所を訪れAを自宅で介護するために生活保護を受給できないかと相談したが、ケースワーカーは失業保険が支給されることなどを理由に要件を充足しないと判断、申請を受理しなかった。困ったBは何とか生活費を捻出しなければと考え、Aの週5日のデイサービスを週2日に減らし、Aがデイサービスに行っている時間で働ける仕事を探した。しかしなかなか条件に合う仕事は見つからず、そうこうするうちに失業保険の給付も終わってしまい、カードローンの借り入れも限度額近くに達してしまった。やむなくAのデイサービス利用を打ち切ることになり、Bはもう死ぬしかないと思い詰めるようになった（公）。

　BがAとずっと一緒にいるようになると、それまでAとはほとんど会話にならなかったのに、なぜか会話が通じるようになった。Bが「もう、お金がなくて生きていけないで。もう死ぬしかないんやで。もう年を越せるか、分からんで」と言うとA「うん。そうか、仕方ないな」と答え、B「生きたいんか」と聞くとA「うん、生きたい。でもお前と一緒。お前と一緒」と答えるなど、意味のある会話ができるようになった。Bは喜び、少しでも長く生きることができるようがんばろうと決意した（公）。しかし年が明けたころ、手持ちの金がほとんどなくなり、翌月の家賃を払う目途すらたたなくなった。Bはもうこの家に住めない、家を出て死ぬしかないと覚悟を決め（公）、従妹やアパートを貸してくれた親戚に向けて遺書をしたためた。それからは毎晩、Aに「もう、死ぬしかないんやで」「もう、終わりなんやで」と泣きながら語りかけた。

－145－

第5章　介護殺人の防止②

　事件当日、Bはいつものように朝昼夜兼用としてコンビニでパンやジュースを買い、自宅で最後の食事をした。部屋の整理をして、遺言書や通帳、印鑑などをテーブルの上に起き、昼頃にAを車いすに乗せ、家を出た。Aの望むところにつれていこうと考え、2人で繁華街をゆっくり行ったり来たりし、川のほとりで休憩をとるなどしてこの世の別れを惜しみながら景色を眺め、街を歩き続けた。

　車椅子を押しているうち、AとBは自宅の見える場所を通りかかった。Bは涙をこらえて通り過ぎ、人目につかない河川敷歩道に向かっていった。Bはこの近くで死のうと心に決め、何度か「帰ろうか」というAに「もう帰れへんで。家賃払えんやろ。もうあかんのやで」と繰り返し言いつつも、なぜ死ぬことになったのかと思いをめぐらし、悔し涙を流した。心の中では誰か自分とAを助けてくれないかと期待していたが、あいにく人は通らず、結局死ぬしかないのかと思いながらも怖くて死ねず、どうしようかと逡巡していた（公）。

　Aに「もう生きられへんのや。ここで終わりや」と言うと、Aは「そうか、あかんのか」とゆっくり答え、Bに抱き締められながら「B、一緒やで。お前と一緒」とつぶやいた。Bは「すまんな。すまんな」と泣きながら謝ったところ、Aは「こっちにこい、B、こっちにこい」と言ったので、額をくっつけるとAが「Bはわしの子や。わしがやったる」と口にした。それを聞いたBはAがもう覚悟を決めていると思い（公）、「もうええか。最後やで。お袋が逝って、すぐにわしも逝くからな」と言い、Aの首を絞め、包丁で切り付け、Aを死に至らしめた。その後Bは自らを切り付けて後を追おうとしたが死ねず、ロープで首を吊ろうとしているうちに意識を失ってしまった。雨降る朝、AとBは通行人に発見された。

＜事例10　生活保護制度の運用に問題あり2＞
①事件概要
　自らもがんを思いながら体が不自由な母親A（80代）を介護していた娘B（60代）が将来を悲観し、心中することを決意し、Aの承諾を得て

－ 146 －

母親の首をひもで絞めて殺害、自分も自殺しようとしたが死にきれなかったという事件である。

AはBと団地で2人暮らしをしていた。事件の11年前、Aは転倒して左肩を骨折した。その後も転倒により左大腿骨や肋骨、背骨を次々と骨折し（背骨は圧迫骨折）、その治療のために入退院を繰り返していた。Bは会社勤めをしながら母親の面倒をみていたが、自らもがんを患い、しだいに手足に不自由を感じるようになった。それでも献身的にAの介護を行っていた。

Bは企業の管理職として働いていたが、事件の約半年前にはAの介護のために役職を外れた。その後、自身の体調への不安も加わり、仕事を辞めることになった。収入がゼロになったことでBは将来に向けて大きな不安を抱き、Aとの心中を考え始めるようになった。ある日、BがAに「この生活を終わりにしたい。一緒に向こうに行こうよ」と話したところ、Aは「そうだねえ」と答えた。それ以降、2人は死ぬ方法について相談するようになった。Bは実際に死ぬ決断を下せずにいたが、Aはゴールデンウィークに心中したら別居の弟に迷惑をかけると心配し、Bに早く実行してほしいと促した。

BはAとともに練炭自殺をはかったが死にきれず、同じく死にきれなかったAを絞殺し、そのまま力尽き、心配して様子を見に訪ねて来た弟に発見された。後にBは「なぜこんなことをしたのか自分を責めています。弟の家族や親戚に顔向けできない、申し訳ないことをしたと思います（公）」と語った。

②事件が生じるプロセスと被告の心情

Aはもともと夫と息子（Bの弟）と3人で生活しており、Bとは別居状態であった。事件の16年前に夫が死亡し、Aはショックで気落ちしてうつがひどくなってしまった。そんな母を一人にしておくことはできないと考えたBは実家に戻り、Aや弟と暮らすことを決意した。父の死亡時、父親が残した借金が120万円ほどあり、Bが代わりに返済しなければならなかった。しばらくして弟が結婚して家を出、2人暮らしになっ

— 147 —

第5章　介護殺人の防止②

た。Bの収入で2人の生活を支えるのは厳しかったが、Aがアルバイトをして生活費を補充してくれたので、何とか生活することはできていた。それから約5年後、Aは左肩を骨折、その後は骨折と入院を繰り返し、事件の3年前からは糖尿病のため厳しい食事管理が必要になった。認知症はなかったがほぼ寝たきり状態でアルバイトもできなくなり、家賃を含む2人の生活費はBが一人で稼がなければならなくなった。事件の2年前にはB自身もがんに罹患し、入院や手術が必要になった。Bが入院している間、Aには老人保健施設に入ってもらって急場をしのいだ。事件の約1年前、Aは再び転倒して肋骨を折り、4日ほど入院した。その後自宅に退院したが、ベッドに寝た状態で全く動けなくなってしまった。Bは自分が仕事に行っている間に様子をみてもらえるよう、訪問介護サービスを昼と夜の2回頼むことにした。

　Bは企業に正社員として勤めており、月あたり約30万円の収入を得ていたが、Aの介護のため会社を遅刻し迷惑をかける可能性があることや、自らの体調への心配もあって管理職を降りることを決意した。しかしその影響で給料の手取り額が10万円ほど減ってしまった。家賃や借金の返済を含めると生活費は毎月30万程度かかっていたため、給与減額後の収支は大幅な赤字であった。Bは医療費や生活費を補填するためにカードローンを使ったが、返済が追い付かず、その額はいつしか300万円近くに膨らんでしまった。このような厳しい経済状況のなか、Bは自らのがん保険金を取り崩しながらAとの生活を支えていたが、カード会社への借り入れは増え続け、将来への不安も募る一方であった。

　事件の4か月前、Bは介護と自らの体調不良から、それまで勤めていた会社を辞めることを決意した。この時の心境をBは「定年間近であったため、会社からは退職するか働き続けるかを聞かれていたが、下がった給料のままでは毎月の生活費に足りないし、身体がきついこともあって、きりのいい年末で退職することにしました（警)」と述べている。それ以降、Bは減っていく貯金を気にしながら将来への不安に苛まれることとなった。Bは「預金が毎月減ってきて、増えることはありませんでした。（正社員だったときよりも）収入が多い仕事は見つからないと

－ 148 －

思っていましたし、体調も非常に悪かったことから、明るい将来というものがみえませんでした。預金がみるみるうちに減ってきて、先のない人生をどうしようかと悲観したのです（警)」と述べている。Bが「本当に、死んでしまうしかないのかな（警)」と考え始めたのはこの頃だった。

　仕事を辞めてしばらくの間、Bの生活は穏やかであった。Bは毎日家にいて、Aに温かい食事を食べさせてあげることができ、洗濯をしながら天気がよくて気持ちいいと感じることもできた。後にBはこの頃を振り返り「先のことを考えなければ、本当によい時間でした（警)」と述べている。しかし、そんな時間は長く続かなかった。収入がないことを心配したAは「これからどうするのか」とBに尋ねた。Bは「この生活を終わりにしたい。一緒に向こうに行こうよ」と応じ、Aは「そうだねぇ」と答えた。その時、AとBは一緒に死ぬことで合意した。

　事件が起きたのはゴールデンウィークの直前であった。練炭自殺をすることに決め、AとBは睡眠薬を飲んでから布団に入った。Bは数時間後に目覚め、傍らでAが口から泡をふいているのを発見した。BはAを楽にしてあげよう、母親が苦しんでいるのをそのままにしたら自分も死ねないと考え、母親の首をひもで締めて殺害した。

③考　　察

　これら2つの事件には、ともに介護を原因とした離職により経済的困窮に陥り、生活が行き詰まるというプロセスを確認できる。被告らは被介護者の病状の悪化により仕事を続けることができず、離職を余儀なくされた。その結果、経済的に困窮し、生きるために必要な収入を確保できなくなってしまった。日々の生活の見通しが立たず、将来に望みを見出すこともできずに絶望し、被介護者の同意のもと心中を決意するという過程をたどっている。

　事例9では被介護者が認知症で、徘徊等の行動があり、目が離せなくなったことをきっかけに休職、復帰の目途が立たず退職を余儀なくされた。事例10では、介護のために遅刻するなど会社に迷惑をかけること

第5章　介護殺人の防止②

を恐れて管理職を辞し、退職を決意した。被告らは親の要介護状態が発生する前には社会人として真面目に勤めており、自らの生活を維持するには十分な収入を得ていた。しかし仕事を失ったことをきっかけに経済的に困窮し、生活がままならない事態に直面することになる。

　総務省統計局がまとめた就業構造基本調査によれば、平成19年10月から24年9月までの5年間に介護・看護を理由に離職した者は48万7千人に達していた。育児・介護休業法が定める介護休暇は年間93日間しかなく、この期間に介護を代替してくれる人やサービスを見つけ、介護の見通しを立てることが求められる。もしそれが適わなかったら、施設に入れるか、家族が仕事を辞めるなどして介護者を確保する必要に迫られる。離職者の数からは家族のなかで自分以外に介護を担える者がおらず、離職に追いやられている者がかなり存在することが窺える。ちなみに連合が2015年、加盟する労働組合のある企業の40歳以上労働者約8,200人を対象に行った調査では、親などの介護を過去5年以内に経験した人で「仕事を辞めようと思ったことがある」人は27.9%、実際に辞めた人も1.6%存在した。介護と仕事を両立できず仕事を辞めることは、その後の経済的困窮に直結する。私たちの社会にとって、介護を抱えつつも可能な限り仕事を続けられるような体制づくり、離職者の生活保障は喫緊の課題である。

　事例9について、Bの経済的困窮に関しては福祉事務所への相談がなされていたが、それがAとBの困難な生活状況の改善にはつながっていない。福祉事務所の職員はAが認知症で目が離せない状態にあり、Bには他に介護の代替者がいないことを承知していた。やむなく休職中で、職場復帰できるまでの期間に生活保護を受けられないかと尋ねるBに「働けるでしょう」「頑張って働くように」とアドバイスし、申請を受け付けないという姿勢を示した。Bが再度申請に訪れた際にも、当時失業保険の給付を受けていることを理由に「要件を充足しない」と伝え、申請を受理しなかった。

　このとき福祉事務所の職員がBに、失業保険が切れたら申請が可能になるのでまた相談に来るように等、今後の見通しについてアドバイスし

第5章　介護殺人の防止②

たかどうかは不明である。生活保護の申請を断られたBは、少しでも生活費を捻出するためにAのデイサービス利用を週5日から週2日に減らさざるを得なかった。職業安定所に行き、Aがデイサービスに行っている時間帯に働ける仕事を必死に探したが、条件にあう仕事は見つからず、失業保険が切れた翌月には生活に行き詰まり、翌月の家賃さえ払えない状況になってしまった。このような経過でBは将来を悲観するに至ったのである。

　Bが早々に生活に行き詰まることは、Bの置かれた状況を確認すれば容易に予測できたはずである。福祉事務所はAとBの経済的困窮や生活困難を予測し、まず保護の申請を受け付け、ケースワーカーが「この先、どのように生活を立て直していくことができるか」について、AとBが確かな見通しを持てるようアドバイスするべきだった。それができなかった背景には、福祉事務所の職員の力量不足、そして、いわゆる「水際作戦」と呼ばれる生活保護制度の運用の課題がある。

　事例10について、Bは心中を決意した際、弟に宛てて経済的に立ち行かなくなったことが心中の理由であるとする手紙（遺書）を残している。Bは事件後、警察で「本当であれば、死ぬこと以外の選択肢も考えるべきなのですが、毎月黙っていても30万円を超すお金を支払わなければならない、収入も全くない…福祉に相談しても話を聞いてくれないと考えると、私と母の将来は全く見えなかった」と供述している。ここからは、Bは経済的困窮を相談する先として、福祉事務所の存在を知らなかったわけではないことが分かる。しかしBは、前に福祉事務所に相談に行った際、応対した者が横柄な態度で親身に話を聞いてもらえず、追い返されたという経験をしていた。当時は「自分が仕事をしていたから」と受け止めたが、いざ仕事を辞め、生活が行き詰まっても、Bは再び福祉事務所を訪れようとはしなかった。Bはその理由について「福祉に相談しても話をきいてもらえないと思った（警）」と語っている。加えてBは事件当時、母親の医療費は生活保護だけではとても賄えないと考えていた。逮捕された後、生活保護を申請することにより医療扶助を受けられる可能性があったことを知ったBは「そんな甘い話はないと思

－151－

いこんでいました…そこまで手厚い福祉というものが頭に浮かびません
でした（警察）」と語っている。このような経過からも、本件に関し、生
活保護制度がうまく機能しなかったことが窺える。

　2つの事件を通じ、事件回避の点で最も悔やまれるのは、両事例とも
にせっかく福祉事務所につながったにも関わらず、相談したことが結果
として被告らの経済的困窮、行き詰まった生活の打開につながっていな
いことである。事件前、被告らの頭に浮かんだ打開策は被介護者と「と
もに死ぬこと」だったのだ。この状況は、ソーシャルワークの失敗を意
味しているのではないか。

　宮本によれば、ソーシャルワーカーの本分は真っ暗闇の中にも光を、
絶望の中にも希望を見出す作業にあり、暗闇に閉ざされている人のなか
に一抹の光を見出す手立てを講じ、よりよく生きてみようと希望を抱か
せることにある（宮本 2013：176）。しかし、被告らは福祉事務所を訪ね
たことで、希望どころか、逆に将来に悲観する気持ちを強めてしまった。
両事例の被告らの相談を担当した者は、ソーシャルワークの視点に欠け
ていたと言わざるを得ない。たとえ裁判でその点が問われなかったとし
ても、利用者に適切な危機介入ができなかった点において、「最後の砦」
とも言われる生活保護を管轄する機関で働く者に対し、そのスキルの低
さを問題として指摘しなければならない。

　次に示す事例も、経済的困窮に陥り、生活が行き詰まったことが確認
できる。しかし本事例はこれまでのように生活保護制度の運用の問題が
浮き彫りになったものではない。事件が起きた地域の福祉事務所のケー
スワーカーは被告の相談にのり、手続きの際には自ら被告の家を訪ね、
丁寧な聞き取りを行っている。手続きは順調に進み、数日後には保護費
を受給できる目途もたっていた。それでもなお、介護を担っていた娘は
将来を悲観し、家族全員で心中したのである。この事件では、いったい
何が彼らを死に追いやったのだろうか。

第5章　介護殺人の防止②

＜事例11　生活保護制度の手続のなかで絶望が生じた事例＞
①事件概要

　要介護状態の母親A（80代）を介護していた娘B（40代）が、父親（70代）の心中の誘いに応じ、一家3人で入水自殺を図ったという事件である。父親とAは死亡、Bのみが生き残った。当時、Aは認知症とパーキンソン病を患い、寝たきり状態であった。父親は新聞配達の仕事をしていたが、頚椎圧迫による手のしびれや足の痛みのため退職し、要介護状態になっていた。

　一家は質素な平屋建ての家で生活していた。Bは父と協力してAを介護し、父が稼ぐ月18万円ほどの収入で生活していた。しかし、事件の2か月前ごろから父の体調が悪化し、父は仕事を退職、自力歩行もできなくなり、手術を受けることになった。生活費のやりくりに困窮したBは市役所を訪ね、生活保護の申請を行った。その翌日、父がBに心中を持ちかけた。Bはすぐに同意した。

　後日、福祉事務所のケースワーカーが一家を訪問し、生活歴などの聞き取りが行われたが、Bの心中への気持ちは高まっていった。一家が心中を図ったのはそれから2日後の夜である。BはAを連れ、父と近くの川にでかけた。車ごと川に入り、3人で手をつないで入水自殺を試みた。父親とAは死亡し、Bは翌日の朝、通行人に発見された。

　後にBは公判で「介護はつらいとは思わなかった」、そして「（Aには）悪かった、申し訳ないです」と語った。一方、父親に対しては「申し訳ないんですけど、父が死ねて良かったとは言っちゃだめなんでしょうけど、死ねたことが私はよかったと思っています」「ここにいるのが私でよかったと思います」と語った。そして姉の「Bだけでも生き残っていてよかった」という言葉に対しては「（Aや父と）一緒に死ねなくてごめんねみたいな感じの気持ちがいっぱい」と語った。

　②事件が生じるプロセスと被告の心情

　事件当時、BはAと父との3人暮らしであった。Aの認知症は重く、夫やBに「どなたさんですか」と聞くような状況であった。また、大声

－ 153 －

や暴言を吐くなどの症状がみられていた。それでも、BはAの介護が辛いと思ったことはなかった。「認知症だからしょうがない」「介護はあたり前」と捉えていた（公）。

別居の姉によれば、Bは優しく従順な性格であった。黙々とAの介護を続け、父親と助け合いながら質素な暮らしを続けていた。そんな生活に狂いが生じ始めたのは事件から約半年前のことである。高齢ながらも一家の生計を支えていた父親の手にしびれが出、仕事中にバイクで転倒するようになってしまった。父親は手のしびれと足の痛みのため新聞配達の仕事を続けることができず、生活が行き詰まった。そこでBは市役所を訪ね、今後の生活の相談をした。生活保護の申請を行い、そこで保護が決まるまで2週間から1カ月かかるという説明を受けた。

その後、父親は日に日に症状が悪化し、歩行はできず、食事もできず、髭も剃れず、トイレにも行けなくなり、オムツを付けるようになった。手術をすることになったが、医師からは「手術をしても完全に回復することはできない」と言われ、父親とBは大きなショックを受けた。

事件の3日前、父親がBに「Bちゃん、一緒に死んでくれるか。お母ちゃん残してもかわいそうだから、一緒に3人で死んでくれるか」と語りかけた。Bは即座に「いいよ」と答えた。この時の気持ちについて、Bは後に「全てがなくなって、解放されて、楽になる」と語っている（公）。心中という重大な決断について、Bは姉たちに相談することはなかった。「相談することが迷惑になる。姉たちは、各々家庭があったので（公）」と考えていたからだ。今まで手厚い介護をしていたAを道連れにすることについては「私と父だけが楽になって、残された母が施設とかに入ったとして、いじめられたりしたらかわいそうだなというのもある反面、父に言われたことで、家族だから一緒じゃないと意味がないから（公）」と捉えていた(注2)。

事件の2日前、生活保護受給の手続きのため、福祉事務所のケースワーカーがB宅を訪問した。手続きに必要な事項の一つとして、ケースワーカーがBに今までの生活歴について確認を行った。この時、Bは「すごくみじめな思いをした」という。公判でこの点について聞かれたとき、

第5章　介護殺人の防止②

Bは「私は、自分の今までの人生も仕事も転々としてみじめだし、高校も中退してみじめだし、仕事も幾つも転々としてみじめだったけど、父の話も聞いていると父も親子で似たような人生を歩いているなみたいな感じでみじめに思いました」、そして「（心中する時期を）早めました」と述べている。ちなみにケースワーカー訪問の印象に関しては、後に「私のなかで調査に来たから、これで大丈夫という安心感はない」と振り返っている（公）。

　また、Bは公判において「私は自分では死のうとは思わない、生活保護とかがんばってやろうと思って走り回っていた」と述べつつ、「…でも後からずっと考えているうちに、もしかして自分では死のうとは思っていないけれども、父に言われたことで無意識というか、心のどこか片隅にあったのと合っちゃったから、即答できたのかな」と振り返った。そして「母に関しては、見ていられたことは、母にとって幸せととってもいいのかなと思う」「一緒にいたかった」と語った。

　③考　　察

　Bはなぜ将来を悲観し、心中を決意したのだろうか。この点について、弁護人は「3人での暮らし。約20年間、支え合って生きてきた。そのバランスが崩れた事件」と説明する。Bは事件後、自分が死にきれなかったことを後悔し、Aに申し訳ないと語った。一方で、自らの判断に後悔はないとも述べている。本件には事例7で指摘した施設に対する根拠のないネガティブイメージや共依存の問題がうかがえるが、ここでは別の視点として、Bが将来を悲観するに至った直接的なエピソードに注目してみたい。

　Bが具体的に死を意識したのは、生活保護受給に向けた手続の場面であった。一家の生活歴の確認が行われ、福祉事務所のケースワーカーの質問を通して、Bは自らの人生に直面せざるを得なくなった。Bはこの時、これまであえて振り返らず、意識の下に沈めていたであろう自分の「みじめな人生」に直面することになる。同時に、父親も同じような人生を送ってきたことを知り、衝撃を受ける。結局自分も親と同じ道を行っ

－155－

第5章　介護殺人の防止②

ている、未来は変わらないという思いが生じ、生きる希望を見失ったことから「早く死にたい」という気持ちに至ったと考えられる。

　Bが語る「みじめ」とは、いったい、どのような意味で捉えたらよいのだろう。Bは近所でも評判の孝行娘であった。きょうだいでさえ、Bを悪く言う者は誰もいない。Bは母親に尽くし、文句も言わず過酷な介護を引き受け続けた。しかしその行為は現在の社会において、十分にその価値が認められているとは言い難い。Bは仕事に就きキャリアを積むことは叶わず、同じ年代の女性のように結婚し子育てを経験することもなく、経済的に自立することもできず、Aの介護を長年に渡り行い続けた。Aの介護を引き受けたことについて、Bは全く後悔していないと述べる。しかし、いざ自分について考えた時、なぜ生きているのか、自分の人生はいったい何だったのだろうと疑問に思っても不思議はない。事件当時、Bに残されていたのは唯一、父と母と自分という3人の生活であった。Bは公判で「父も加えて三位一体」とも語っている。父親の病気をきっかけに、Bが大切にしていた3人の生活が崩れてしまった。生活を立て直す展望を持つことができず、どうしたものかと悩んでいたとき、父親から心中の提案を受け、Bは今まで想定しなかった人生の選択肢があることに気付いてしまった。心中を「全てがなくなって、解放されて、楽になる」手段と捉えたとき、Bの心は急激に、死に傾斜してしまったのではないだろうか。

　なんとなく仕事がうまくいかず、職を転々とするなかでたまたま家族に介護が必要になり、そのまま介護を引き受けるというパターンの介護者は、以前と比べ増えてきているように思う。彼らは人と関わることが嫌いなわけではないが、社会にうまく関わることができない。家族の介護を引き受けてはいるが、自分が社会で役に立っているという実感を持つことができない。自己肯定感が低く、悲観的な心情にも陥りやすい。このような介護者が被介護者とともに心中する事件は、実は昔から存在したのかもしれないが、それほど問題にはされてこなかった。今までは制度の運用の課題や支援の未熟さが前面に立ち、介護を担う者の社会で

第5章　介護殺人の防止②

の位置づけや生きづらさについてはあまり目が向かなかったのかもしれない。しかし、この事件は、前の事例9、10のように、支援の未熟さが前面に出ているような内容ではない。その分、今まで見えにくかった、介護者が抱える「生きづらさ」という問題が浮き彫りにされた事件とも捉えられる。

第3節　生存権の保障はどうあるべきか

　介護殺人の原因・動機が「将来への悲観」である事件のなかでも、特に経済的困窮から生活が行き詰まり、心中を図る事例は複数見られるため、早急に予防の手段を講じなければならない。そこで最後に、このような事例を念頭に置いた時、生存権の保障はどうあるべきかについて考えてみたい。

1．制度の運用の課題
　健康で文化的な最低限度の生活を営むことは憲法25条に基づく国民の権利であり、その権利を具現化するものとして生活保護制度が設けられている。しかしその運用について疑問を感じる事例はこれまでに数多く報告されている。

　事例9は介護殺人のなかでも特に社会に大きな衝撃を与えた事件であり、当時、裁判の様子、被告が事件に至った背景が新聞やテレビ等のメディアで繰り返し報道された。そこでは「この事件を防ぐことはできなかったのか」という疑問とともに、福祉事務所の対応への非難が集中することとなった。具体的には、生活保護の申請において、相談の扱いにして申請を出させないようにしたり、あの手この手を使い申請を受け付けないようにしたりする行為（水際作戦）に対する非難である。これらは違法行為であり、あってはならないことである。しかし自治体の予算削減を主な理由として、各地で水際作戦が繰り返されてきたのが日本の現状なのである。

　事例9が起きたのち、北九州市で、もと生活保護受給者が餓死すると

— 157 —

第 5 章　介護殺人の防止②

いう事件が発生し、世間は大きな衝撃を受けた。死亡した男性（50 代）は肝臓の病気のために働けず、生活保護を受給していたが、福祉事務所で「そろそろ働いてはどうか」と勧められて辞退届を提出、生活を支えていた保護費は打ち切られ、餓死するに至った。残された日記には「働けないのに働けと言われた」などの福祉事務所のケースワーカーへの不満、「おにぎり食べたい」などと空腹や窮状を訴える言葉が残されていたという。それ以外にも生活保護の窓口に、生命保険がなくなった場合に生活保護を受給できるのかという相談に訪れた母娘がケースワーカーから「保険金がなくなったときに来てほしい」と言われ、再び窓口を訪れることはないまま餓死したという事件も報じられている（池上 2013）。

　事例 10 が発生したのはこれら事件の後である。一連の事件には、生活保護制度の運用における明確な問題点が見いだせる。国民の権利であり、命を守る最後の砦であるはずの生活保護制度が適切に運用されていないこと、生活保護制度を担う福祉事務所のケースワーカーの力量に課題があり、必要なソーシャルワークを展開することができなかったことなどが共通している。これらに対しては早急に改善する必要があるが、生活保護制度の問題はそれだけではない。

　近年、日本政府は生活保護制度の機能を縮小させるような改革を推し進めている。その背景には 2012 年に生じたタレントの母親による生活保護受給問題の影響が窺われる。これは法的に不正受給にあたるものではなかったが、世間からはあたかも不正受給であるかのように報じられ、生活保護の受給者に対する世間の目はさらに厳しくなった (注2)。

　2013 年 12 月には改正生活保護法が成立し、生活保護の申請手続の厳格化がはかられるとともに、扶養義務者に対する新たな規定も設けられた。なかでも扶養義務者に対する通知義務の創設や調査権限拡充を定めた第 24 条 8 項、第 28 条、第 29 条は「必要があるときに」「調査あるいは報告を命じることができる」という内容で、扶養義務者への圧力強化との批判がなされている。たとえば山田（2016：8）は「申請者やその扶養義務者に対する心理的圧力が強まる恐れは払拭できない」と述べ、「申請手続きの厳格化や扶養義務者に対する圧力強化は生活保護を貧困者か

— 158 —

第5章　介護殺人の防止②

ら遠ざけるおそれがあり、貧困問題の最終的なセーフティネットとしての生活保護の機能を弱体化させることに繋がりかねない」と警鐘を鳴らしている。

　生活保護の適正な運用を図ることは重要であるが、過度の確認は申請者を委縮させ、本当に必要な申請までも控えさせかねない。事例9、10の被告はともに、親類に迷惑をかけたくないと考え、自分の力で何とかしようとしたが叶わず、力尽きてしまったのである。

　そもそも生活保護とは、何を目的とした制度なのだろう。生活保護法第1条には、次のように定められている。「この法律は、日本国憲法第25条に規定する理念に基づき、国が生活に困窮するすべての国民に対し、その困窮の程度に応じ、必要な保護を行い、その最低限度の生活を保障するとともに、その自立を助長する」。ここで示された「最低限度の生活を保障する」基準に関しては、原則として、まず客観的な最低限度の生活を想定したうえで単なる制度の合理性に留まらない個々人のニーズの問題を、具体的な生活実態との関連も勘案しながら検討すべきである（葛西2012：3）。そのうえで「必要な保護」とはどのようなものを指すのか、「自立の助長」とはどういう意味なのかについて、これまでの社会福祉の流れを踏まえた丁寧な議論を行っていかねばならない。

　社会福祉の流れを振り返ると、現実に生活を困窮している人々の救貧から防貧へと向かい、その後、非貨幣的ニーズや生活障害など所得保障とは異なるニーズに目を向け、現在は自立支援と社会参加促進としての社会福祉へと方向性を変えてきている（河野2003：11）。この歴史的な流れを踏まえれば、「必要な保護」は単なる所得保障に留まるものではなく、非貨幣的ニーズや生活障害への着目も必要であることが分かる。

　なお「自立の助長」については、社会福祉を目的とする事業の全分野における共通的基本事項を定めた社会福祉法に基づいた理解がなされなければならない。社会福祉法の第3条には「福祉サービスは、個人の尊厳の保持を旨とし、その内容は、福祉サービスの利用者が心身ともに健やかに育成され、又はその有する能力に応じ自立した日常生活を営むこ

－159－

とができるように支援するものとして、良質かつ適切なものでなければ
ならない」と定められている。

「自立」については、今から50年以上も前に、自立を経済的な自立と
して狭く捉えるのではなく、その人の内在的な可能性を発見して、そ
れを助長育成することであるという視点が提示されている（小川1951）。
2005年には生活保護制度に「自立支援プログラム」が導入され、そこで
は「自立」規定を就労自立、日常生活自立、社会生活自立という視点か
ら説明されている（村田2000：59）。生活保護制度を担うケースワーカー
は、個人の尊厳の保持、そして心身ともに健やかに育成されるという福
祉サービスの前提を念頭に置き、その人の内在的な可能性を発見して、
それを助長育成するという姿勢で利用者の相談に応じることが求められ
る（河野2003：11）。

2．生存権の保障をどのように捉えるか

生活保護制度の本質は、日本国憲法第25条に規定される生存権の保
障である。秋元（2016：100）は「これまで生存権は福祉国家のもとでの
経済的・身体的ニーズの充足ということと結び付いた権利として一般的
にイメージされてきた」と確認したうえで、改めて生存権を基本的人権
という文脈から捉え直し、「生き方や生活設計の選択に関する問題とい
うのは、トータルとしての福祉の水準を考慮する上で重要な要素となり
うる…それゆえ今日的な文脈において、生存や福祉に関する権利の問題
を考えていく際には、福祉ニーズを充足するためのサービスが得られる
かどうかという問題に加えて、こうした問題についても目を向けていか
ねばならない」と主張する。

生き方や生活設計の選択とは、どういうことだろうか。ここで再び、
事例11の被告がおかれた状況を振り返ってみたい。生活保護制度の利
用に向け、ケースワーカーによる生活歴の調査がなされていた最中に、
被告の娘は「私は、自分の今までの人生も仕事も転々としてみじめだし、
高校も中退してみじめだし、仕事も幾つも転々としてみじめだったけど、
父の話も聞いていると父も親子で似たような人生を歩いている」ことを

第5章　介護殺人の防止②

自覚し、将来を悲観するに至っている。

　母親が病気に倒れたのち、介護を担うことになった被告は、母親に付きっきりで、きめ細やかな介護を行っていた。誰に強制されることもなく、自ら引き受けた介護であったが、彼女に代わって母親の介護を引き受けてくれる者はおらず、気が付けば介護を始めて10年以上が経過していった。事件当時の被告は40代後半、人生の最も重要な時期を介護に費やしたと言っても過言ではない。そんな母親の介護を抱えた彼女が自らの人生を選択し、生活を設計することができたかと言えば、状況から見て難しかったと言わざるを得ない。被告の人生には、基本的人権の核となる生き方や生活設計の選択肢そのものが存在しなかったと言えるのではないだろうか (注3)。

　菊池（2008：358）は「主体的かつ自由に自らの生き方を追求できるという意味での『自律』は基本的には個人の人格や内面にかかわる次元の問題と言えるものの、外的な諸条件により制約を受けざるを得ない。『自律』は所与の前提ではなく、目指されるべき『目標』である。外的な諸条件によって『自律』が大きく損なわれるような状況を防ぎ、あるいはそうした状況に陥った場合にそこから回復することを可能にするための役割の一端を果たすのが社会保障制度である」と説明する。これをふまえると、事例11の被告の『自律』が外的な諸条件により、大きく損なわれていた状況に関しては、社会保障制度の視点から問題提起を行う必要があったと考えられる。

　生存権の保障の領域において憲法25条と13条の関係を論じた高野（2003：130）は、「憲法25条は個人が主体的に自分自身の人間らしい生を追求することのできる条件の整備を求める権利であるといってよい。そして、そのような考えの根底には当然のこととして、『個人の人格的自律』を尊重する13条の趣旨が生かされなければならない…中略…社会保障の目的は、単に物質的なニーズの充足による社会保障をもってすれば足りるというわけではなく、自律した個人のいわば『自己統合の希求のための条件整備』が必要とされるからである」と述べる。この点に

ついては、他の社会保障法学者からも同様な指摘がなされている。たとえば菊池（2000：140）は「社会保障の目的を単に物理的ニーズの充足による生活保障という物理的事象でとらえきってしまうのではなく、自律した個人の主体的な生の追求による人格的利益の実現…のための条件整備と捉える」と主張した。ここからは、菊池は社会保障をわれわれの自立的な生活を支えるものと捉え、その理念として憲法25条のみならず、憲法13条の自己決定（自由）を併せて援用する見解を提示するに至ったと考えられる。

　福祉における自由・自律については、正義論からの根拠づけとしてインドの経済学者であるアマルティア・センの「潜在能力（Capabilities）」論に注目する学者も少なくない。センの「潜在能力」については、長谷川による以下の説明が分かりやすい。

　誰にでも共通する基本資源である社会的優先財を人々に等しく保障することは重要であるが、センによれば、社会的優先財が個人の善き生活を的確に実現できるためには、資源から達成への転換を媒介する能力が重要となる…人間の存在と行為の態様は、種々の潜在能力の発揮によって示され、福利もその結果として示される。また、潜在能力は、その人間の自由の状態を示している。自由とは、選択と決定ができる潜在能力が確保されて、その人間がそれによって一定の達成を目指すことができる状態である。それはまた、個人がなしうる活動のなかで現実にどれを選択でき、個人の善き生活をどの程度まで実現するかという意味での「何かができる自由」の問題である（長谷川2016：78）。

　現在の社会において、家族の介護を引き受けた者が善き生活を送るための潜在的可能性は十分に保障されていない。現実には、介護を引き受けたがために、それまでの仕事を続けることができなくなったり、今まで続けてきた社会活動をあきらめたりする事態に迫られている。人生の選択肢が狭められ、個人の善き生活の追求は二の次になってしまう。これは潜在能力において不平等と言わざるを得ない状況である。

第5章　介護殺人の防止②

　生存権に関する高野の「個人が主体的に自分自身の人間らしい生を追求することのできる条件の整備を求める権利」、そして菊池の「社会保障の目的を（中略）自律した個人の主体的な生の追求による人格的利益の実現…のための条件整備と捉える」という指摘をふまえるなら、介護殺人の場合、生存権の保障は「生活困窮に陥った介護者が実際に資源から達成への転換を媒介する能力があるか、選択と決定ができる潜在能力が確保されており、その人間がその能力を活用し、一定の達成を目指すことができるか」までも視野に入れることが求められるのではないだろうか。

本章の結論

　介護殺人のなかには、介護がさほど危機的な状況であったわけではないにも関わらず介護者と被介護者が将来を悲観し、心中を図るという事件がある。それには大きく分けて、閉じた関係性のなかで人生を完結させる場合と、経済的困窮から生活に行き詰まる場合がある。
　閉じた関係性のなかで人生を完結させる事例について、同様な事件の発生防止という点から言えば、支援者は介護者と被介護者の関係から危険を読み取る能力（共依存の視点）を養っていかねばならない。介護者と被介護者が共依存状態にあり、第三者の介入を望まない場合、危機があっても外部にSOSを発しない等、周囲が危険に気づきにくいという難しさがある。しかし支援者が「誰にも寄せ付けない二人きりの世界」を目にしたとき、ただ見守るのではなく、危険ではないかと発想することができれば、二人の関係を注意深く見守り、必要に応じて危機介入を行うことが可能になる。
　一方で、彼らが「誰にも寄せ付けない二人きりの世界」を作った背景には、社会がこれまで介護が必要な人たちやその家族に十分な支援を行ってこなかったという現実に思いを馳せる必要がある。大切な家族を介護するには今まで続けてきた仕事を辞めざるを得ない、施設の介護サービスの質が低く利用を躊躇するなどの状況が改善されなければ、「将

－163－

第5章　介護殺人の防止②

来への悲観」を原因・動機とする介護殺人はこれからも生じ続けるであろう。

　経済的困窮から生活苦が生じた事例について、分析の対象とした三つの事例は事件に至るプロセスで生活保護の相談がなされていたことが確認できた。なかには事件が生じる背景に水際作戦など、運用上の明らかな課題があったものも存在した。ただそれ以上に、生活保護の相談をしたことが被告らにとって事態の打開にはつながらず、また、将来への希望にもつながらなかった点を問題視したい。これは、生活保護制度を担うケースワーカーの資質に加え、生活保護制度のそもそもの目的からしても深刻な問題である。

　その他、介護殺人のなかには、生活保護制度の運用に明らかな問題は見られなかったとしても、介護者が制度の利用を通じ、将来に悲観する気持ちを強めた事例があることが確認できた。その事例では、長年介護を担っていた被告には自らの生き方や生活設計の選択肢そのものが存在しなかった。介護者の生存権の保障を考える際には、介護者の社会での立ち位置や生きづらさについても目を向けていく必要がある。

　日本国憲法第25条に定められる生存権の保障は、単に生活保護制度を通じた物理的なニーズの充足だけを指すのではない。自律した個人の、主体的な生の追求による人格的利益の実現という点も考慮すべきである。生活保護制度の目指す理念を介護殺人に則して考えると、経済的困窮に対する所得保障に加え、家族の介護を担った者が自律した個人として尊厳を保ち、主体的な生の追求ができる環境を保障すること、そして、選択と決定ができる社会環境を構築していくことではないだろうか。そのための条件整備がなされない限り、「将来への悲観」を原因・動機とする介護殺人は今後も生じ続けるだろう。

（注１）　公判ではBがなぜ「残された母が施設とかにもし入ったとして、いじめられたりしたらかわいそう」と思うのかについて確認がなされた。その時、Bは「ラジオや新聞を通してそう考えた。実際に施設を見学して確認したわけではない」と答えている。
（注２）　不正受給はそれほど多く起きているわけではない。総務省行政評価局

第 5 章　介護殺人の防止②

による「生活保護に関する実態調査　結果報告書　平成 26 年 8 月」によれば、
生活保護の被保護世帯について、2011 年では 1,492,396 世帯、そのうち不正受
給は 35,568 件のみ、1 件当たりの不正受給額は 486,800 円であったことが報告
されている。

（注 3）　秋元（2007：13）は、生き方の自己決定に関わる要求を社会に対して
提起し、その要求を経済的自立の展開と同じように権利として承認することを
社会に求めていくという動きがみられるようことを紹介し、問題とされている
のは生き方に対する選択肢の保障、実質はオートノミー（自律）としての自立
の条件整備であると説明する。そして井上（2014：32）は「憲法 25 条を素直
に読めば、『生存権』＝最低限度の生活の保障はもちろんのこと、他の人々と
対等の十分な生活を保障する生活権、そして『できる限り最高の健康』を享受
する権利としての健康権を重層的に保障している」と述べる。介護殺人の予防
を考えるうえで、これら「生き方に対する選択肢の保障」「他の人々と対等の
十分な生活」「できる限り最高の健康」という視点は重要である。

《引用文献》

秋元美世（2016）「第 7 章　人権として度と自立」後藤玲子編著『正義』福祉＋
　　α 9, ミネルヴァ書房 , 2016.

秋元美世（2007）「社会保障法と自立　－自立を論じることの意義」『社会保障
　　法』22, 7-14.

朝日新聞社（2005）「深層ルポ　福井・火葬場心中　老老介護の溺愛と孤立」『週
　　刊朝日』110 (57),142-144.

長谷川晃（2016）「第 5 章　自尊の理念」後藤玲子編著『正義』福祉＋α 9, ミ
　　ネルヴァ書房 , 2016.

池上正樹（2013）「何が餓死した 31 歳女性の生活保護を遠ざけたのか　生活困
　　窮者を見捨てる『追い返す』だけの対応」Diamond Online 2013.11.28
　　http://diamond.jp/articles/-/45141 2016.9.27 閲覧 .

井上英夫（2014）「人権としての生活保障確率の課題　－生存権裁判を中心に」
　　『医療・福祉研究』(23),31-38.

葛西まゆこ（2012）「憲法 25 条と生活保護制度」『月刊　司法書士』483, 2-7.

菊池馨実（2000）『社会保障の法理念』有斐閣 .

菊池馨実（2008）「自立支援と社会保障」菊池馨実編著『自律保障と社会保障
　　主体性を尊重する福祉、医療、所得補償を求めて』日本加除出版 , 353-364

公益財団法人家計経済研究所（2011）「在宅介護のお金とくらしについての調査」
　　http://www.kakeiken.or.jp/jp/research/kaigo2013/pdf/results.pdf 2016.9.27
　　閲覧 .

河野正輝（2003）「社会保障の法体系と権利構造」熊本学園大学『社会関係研究』
　　9 (2),1-22.

牧野史子（2011）『ケアラーを支えるために　家族（世帯）を中心とした多様
　　な介護者の実態と必要な支援に関する調査研究事業報告書，老人保健事業推
　　進費等補助金（老人保健健康増進等事業）』NPO 法人介護者サポートネット

－ 165 －

ワークセンター・アラジン .

松下年子（2014）「家族介護者と共依存」『日本認知症ケア学会誌』13(3),560-567

明治安田生活福祉研究所（2014）「介護をする不安とされる不安－介護の不安に関する調査」http://www.myilw.co.jp/research/report/pdf/myilw_report_2014_04.pdf　2016.9.27 閲覧 .

宮本節子（2013）『ソーシャルワーカーという仕事』ちくまプリマー新書 .

森口弘美（2015）『知的障害者の「親元からの自立」を実現する実践　エピソード記述で導き出す新しい枠組み』ミネルヴァ書房 .

村田隆史（2010）「生活保護法における「自立」規定に関する一考察　－小山進次郎氏の文献分析を通じて－」福祉図書文献研究 (9),59-71.

中根成寿（2006）「コミュニティソーシャルワークの視点から「障害者家族」を捉える：障害者家族特性に配慮した支援に向けて」『京都府立大学福祉社会学部紀要』7, 37-48.

夏堀摂（2007）「戦後における『親による障害者殺し』事件の検討」『社会福祉学』48(1), 42-54.

日本労働組合総連合会（連合）（2015）「要介護者を介護する人の意識と実態に関する調査」
https://www.jtuc-rengo.or.jp/kurashi/kaigohoshu/report2014/data/report201402-04.pdf　2016.9.27 閲覧 .

西村愛（2009）「親役割を降りる支援の必要性を考える－「親亡き後」問題から一歩踏み出すために－」『青森県立保健大学雑誌』10(2),155-164.

小山進次郎（1951）『改訂増補 生活保護法の解釈と運用』中央社会福祉協議会 .

総務省統計局（2012）平成 24 年就業構造基本調査『平成 24 年就業構造基本調査の概要，結果等』（表Ⅱ－2－14　男女，現在の就業状態，前職の離職時期別介護・看護により前職を離職した 15 歳以上人口－平成 14 年～24 年より）http://www.stat.go.jp/data/shugyou/2012/index2.htm#kekka　2016.9.27 閲覧 .

高野敏樹（2003）「『社会保障の権利』の憲法構造」田園調布大学『人間福祉研究』6,121-133.

植戸貴子（2012）「知的障害者と母親の「親離れ・子離れ」問題：知的障害者の地域生活継続支援における課題として」『神戸女子大学健康福祉学部紀要』4,1-12.

山田壮志郎（2016）「現代の貧困と生活保護の役割」『日本の科学者』51(2),6-11.

第6章　介護者を社会で支える

先章では介護殺人の背後にある介護者の生きづらさに目を向け、彼らの社会での位置づけについて考えていく必要があることを指摘した。そこで本章では、介護者を社会で支える仕組みの構築について考える。第1節では、社会はなぜ介護者を支援する必要があるのか、その理論的根拠について検討する。第2節では現在の日本における、高齢者を介護する家族に対する政策の変遷について確認する。第3節では海外の先進的な介護者支援について調べ、日本が学ぶべき点について考察する。

第1節　介護者支援の理論的根拠

家族のケア(注1)を行う介護者とは、社会においていかなる存在であるのか。それを考えるにあたり、「ケアの倫理」を基盤に不可避の依存者の存在を必然と捉え、そこからケアの受け手のみならず、ケア提供者に対しても社会的な支援を行う必要性について説く哲学者、キテイの主張を確認していく。

1.「依存」と「依存労働者」

キテイ（2011：53）は「公正でケアに満ちた社会を構築するためには、不可避の人間の依存を認識することが重要」と述べる。不可避の人間の依存とは何だろうか。乳幼児であることや老齢であることなどは、社会的に構築されたものではなく、避けることができるものでもない。私たちは皆、乳幼児期は誰かに依存し、生命をつないできた。そして高齢になれば、再び誰かに依存する日がくるかもしれない。キテイはこのような依存を必然と捉え、人が人として生きていくための基礎的な条件と位置づけている（キテイ 2011：126）。

もし依存が必然であるならば、不可避の依存者をケアする者（依存労働者）の存在も、また必然である。依存労働者のニーズには、誰かが応

第6章　介護者を社会で支える

えなければならない。ただしこの関係において、依存労働者は依存者から直接、ニーズの充足を受けることは望めない。乳幼児をケアする人は、その時点で乳幼児から喜びや励み、生きる気力などの精神的な充足を得ることはできるが、生きるために必要な金銭などのニーズの充足を受けることはない。重度障害者や高齢者をケアする人は、同じく精神的な充足を得ることはできるが、将来に渡り、依存者から直接、生きるために必要な金銭などのニーズの充足を受けることは望めない。つまり、依存労働者は依存者以外の第三者からニーズを充足してもらえなければ生きていけないのである。この構造は「二者の対関係で公平に負担し合うというものではなく、過去から続き、未来へと投影される、らせん状に無限に続く人々の間の公正な互酬の関係」（キテイ 2010：158）なのである。

　依存労働は、それを担った人々の生活にどのような影響を及ぼすのだろう。それは依存者を抱えながら、就労の機会や余暇活動を求めたときに直面する困難をみれば明らかである。依存労働者の社会活動は、依存者を軸に決めざるを得ない。依存者の生命の維持と安寧の確保は依存労働者のケアに委ねられているため、依存労働者は、時には自らのニーズを後回しにしても、依存者のニーズに応えなければならない。依存者はそもそも、依存労働者の予定に合わせて体調を管理できるとは限らない。また、頻回の見守りやケアが必要な場合などは、依存労働者は常に依存者のことを気に掛けねばならない。このような状況があるため、ケア役割を担うことになると、その人はフルタイムの仕事を続けることが難しくなり、経済的に自立できず誰かの保護を受けるなど、二次的な依存の状態に陥ってしまう恐れがある。そのような個人は実質的に、自由主義が前提とする「平等な能力を持つ自由な個人」として生きることはできない（江原 2011）。

　ロールズは自分自身に対する要求と社会的役割に由来する要求とを区別し、自由な人格とは自らを権利主体として、自分のための要求をなし得る者であると規定した。この規定からすれば、他者のための要求を行い、自らを権利主体として自らのための要求をなし得ない依存労働者とは、単に自由な人格になり得ない者にすぎないということになる（江原

－ 168 －

2011：133）。つまり、自らを権利主体として自らのための要求をなし得る自由な人格足り得ない依存労働者は、自由主義のもとでは議論の射程から漏れてしまう。そのため彼らが公的な関心となることはなく、結果として、どんな人間社会にとっても不可欠な依存とその関係が政治的な考慮から排除される。依存者へのケアに従事することで被る負担とコストへの関心は得られず、社会的協働とそれによる利益の分配がなされないことになってしまうのだ（キテイ 2010：292）。

依存者や依存労働者の存在を社会の必然と捉えるのであれば、依存者へのケアに従事することで被る負担とコストは依存労働者だけに負わせるものであってはならず、ケア関係を維持する責任が社会によって引き受けられるべきである（キテイ 2010：247）。社会制度については、能力において対等な自由で平等な能力を持つ者の集団の間で構想されればよいのではなく、他者のケアなしには生存できない者や依存者の生存の責任を負っている者をも含めて構想されなければならない（キテイ 2010：124）。私たちがケアを必要とすると同時に、私たちは、ケアする人も含めて、他の人々が必要なケア（ニーズの充足等）を受け取れるような条件が公的に、社会のなかに作り出されなければならない。そして、平等の実現のためには、この条件づくりこそが中核に位置づけられるべきである（キテイ 2011：135）。

このキテイの主張に従えば、社会制度は依存者（被介護者）をケアする依存労働者（介護者）をも含めて構想されるべきであり、介護者も含めて、人々が必要なニーズの充足を受けられるような条件が整備されなければならない、と解釈できる。

次に、キテイと同じく不可避の依存を必然と捉え、ケアの受け手が二次的依存に陥るメカニズムを示し、ケアの担い手と依存者から成る養育家族に対し、国家による保護を求める法学者、ファインマンの主張について確認する。

第 6 章　介護者を社会で支える

2．依存労働者を公的に支援する意義と必要性

　ファインマンはキテイと同じく、子ども、あるいは加齢、病気、障害などによって生じる依存、つまり誰かに頼り面倒をみてもらわねばならない状態を「人間にとって必然」と位置付ける。そして、「依存は常に私たちとともにあったし、今後もありつづけるだろう」、「ケアの担い手自身もまた、依存する存在であり、彼らの場合は、その役割とケアする行為がもたらす資源の必要から生じた、二次的な依存である」と説明する（A．ファインマン 2003：181）[注2]。

　ファインマンは人間にとって依存が必然である以上、家族のなかで私的に処されるにまかせているのは公正ではないと主張する。そして性的家族（性的な絆で結ばれた家族、基本単位は夫・妻）に対して形式的に行われている法的支援を廃止し、代わりにケアの絆、すなわちケアの担い手と依存者から成る養育家族に対して保護を講ずることを求める。つまり、ケアの担い手と依存者から成る養育家族を「国家が保護を講ずるべき対象としての家族」ととらえ、特別に優遇される社会的権利を付与し、二次的依存を解消していくことを求めるのである。それは社会の弱者たる成員、すなわち保護を必要とする依存的な存在に対する配慮であり、ケアを支援する方向へ政策論を導くことを意図した主張である（ファインマン 2003：249）。このようなケアの担い手と依存者から成る養育家族への保護を行うことによって、必然的な依存状態にある者とその者をケアする者が社会全体の関心事になり、国家から特別に優遇される権利、社会資源に対して正当な請求権を持てるようになることが期待できる（ファインマン 2003：254）。

　キテイとファインマンの主張からは、依存労働者が置かれた社会的位置づけとともに、彼らに公的に支援を行う意義と必要性について確認することができる。キテイが主張するように、私たちは皆、かつては「皆、誰かお母さんの子ども」（キテイ 2010：112）であり、自分を世話してくれる誰かに依存していた。乳幼児、高齢、障害などによる不可避な依存状態にあるとき、人は誰かにケアされなければ生き延びることはできな

－ 170 －

い。そう考えればケアの与え手である依存労働者は、人が人として生きるための基礎的条件であり、社会にとって不可欠な存在なのである。

　依存労働者は、依存者から直接、生きるために十分なニーズの充足を得ることは望めない。したがって、依存労働者が生きるためには、依存者以外の第三者による支援が不可欠である。もし依存が社会にとって必然であるなら、それは社会において対応がなされるべきであり、私的に処理されるべきではない。依存労働者の二次的依存に対し、公的に支援を行う制度を整備する必要性をここに見出すことができる。

3．関係性への注目

　社会学者の上野はメアリ・デイリーが編集したILO刊行のCare Work（Daily 2001）におけるケアの定義、即ち「依存的な存在である成人または子どもの身体的かつ情緒的な欲求を、それが担われ、遂行される規範的・経済的・社会的枠組みのもとにおいて、満たすことに関わる行為と関係」に基づき、社会権としてのケアの権利を主張する（上野 2011：39）。上野によれば、ケアの権利は特定の歴史的文脈のもとで登場し、また特定の社会的条件のもとではじめて権利として成り立つ性格のものであり、自然な関係でも母性的本能でもなく、社会的権利として立てられるべき構築物という位置づけである（上野 2011：60）。

　上野はケアの権利について、ケアの受け手と与え手の相互行為に注目し、四つの権利の集合を導き出している。それは「ケアする権利」「ケアされる権利」「ケアされることを強制されない権利」「ケアすることを強制されない権利」である。「ケアする権利」は自分と親密な関係にある他者を自分の手でケアする権利を指す。ただし、この「ケアする権利」はその消極的な形態である「ケアすることを強制されない権利」に裏付けられていなければ権利とは言えない。ケアをするかどうかを自己決定できるようにするには、ケアを選択することで社会的な損失を受けないことが担保される必要がある。つまりケアの与え手がケアをすることを選んでも選ばなくても，そのどちらの選択をしてもソンもトクもしない、「選択に中立的な」制度条件が必要とされる（上野 2011：62）。この点に

第6章　介護者を社会で支える

ついては森川（2008：51）も「ケア・介護にかかわることが市民としての著しい不利に結びつかないための諸施策、ケアとそれ以外の生活がとれるための諸施策が検討されるべきである」と指摘する。介護者支援を考えるうえで、このケアを選択することで社会的な損失を受けない、ケアとそれ以外の生活とのバランスをとるという視点は極めて重要である。

　現在の日本では、ケアすることを選んだ者は程度の差はあれ、社会的な損失を経験することになる。上野（2009：18）はたとえ愛情から自発的に介護を引き受けたとしても、介護責任を引き受けたとたん、その者はありとあらゆる社会的損失を被らざるを得ない状況にあると指摘する。確かに、介護殺人の事件をみると、介護者の生活には余暇の喪失や離職などの社会的損失を見出すことができる。また、被告以外に介護を担う人がいないなど、「ケアすることを強制されない権利」が確保されていないことに気付く。

　上野はケアの受け手の立場からも「ケアされることを強制されない権利」について説明しているが（上野2011：62）、これも忘れてはならない重要な視点である．上野が「ケアはそれ自体でつねに『よきもの』ではない。過度のケア、不適切なケア、ケアされる者がのぞまないケアは，抑圧や強制となる」と述べており、ケアされる側からみれば適切なケアを受けること、そして不適切なケアがなされた場合はそれを排除できることは生死にかかわる重要な課題であろう。

　望ましいのは，ケアの受け手と与え手の関係性に注目し、関係性からみて無理のない、最善のケアを提供するための選択肢が社会に豊かに存在することである。矢吹（2015：58）は「在宅における介護は、家族の関係性と家族にしか分からない時間のなかで行われるものである。だからこそ、家族支援は家族の生活に合わせて、家族自身が選択できる形で行われなければならない」と主張する。また齋藤（2010：164）も「ケアの選択を、女性の生得的な能力にも『自己責任』にも還元させることなく、ケアの関与への濃淡を、各自の状況に応じて選ぶことができる、有償化を含めたきめの細かいしかけを構想することが重要なのではないだろうか」と問いかける。私たちがめざすべき方向は、このケアの関与への濃

－ 172 －

第6章　介護者を社会で支える

淡を、各自が置かれた状況に合わせ、柔軟に選択できる社会の実現であ
ろう。

　各自の状況、つながりの関係のなかで個人の自由や権利を捉えなおす
ことを考えた場合、法学者ミノウが提唱する関係的権利論が参考になる。
ミノウは権利主体たる個人は人と人との関係性に巻き込まれているとい
う前提に立つ。そして家族領域における濃密な関係性を個人にとってき
わめて重要なものと位置付け、それらの関係性へのニーズを権利として
認識する「関係的権利論」を提起した（Minow：1997）。この関係的権利
論では関係者それぞれのニーズを権利として捉えようと試みる。また、
依存者が有する関係性へのニーズ、つまりよいケアを受ける、不当に扱
われない、よりよく生きるなどのニーズについても考慮に入れる必要性
を主張する。そして、依存者と依存労働者も含めた周囲の人々を一つの
関係性として捉え、その関係性をどのように扱うことができるのかを丁
寧に吟味していこうとする（大江2005：111）。
　「大切な人を、自分がケアしたい」というニーズは、関係的権利論に
基づけば、極めて重要な個人の権利である。それはケアの与え手のみな
らず、ケアの受け手の立場からも、その関係に関わる第三者の立場から
も把握されるべきものである。人にとって、自分を取り巻く関係性への
ニーズ、どのような関係性を維持し、保つかについては重要な関心事で
あるため、それを重視したうえで、最も適切な関係を模索することが必
要なのだ。
　この関係的権利論に基づけば、依存者を中心におき、依存労働者や関
係する人々を関係性の網の目のなかに組み込み、各自の関係性に応じて
ケアへの関与の在り方を模索していくことが可能となる（大江2005）。つ
まり、依存者を大切に想い、自らが主となりケアを担いたいと考えてい
る者はそれが尊重され、その関係性を維持するためのサポートについて
は依存者を取り巻く関係性のネットワークに求めることができる。また、
過去のいきさつ等からケアを担う気になれないにも関わらず、家族だか
らという理由でケア役割を期待される者に対しては、意に沿わぬケア役

－173－

第6章　介護者を社会で支える

割を押し付けることを前提にしない。代わりに依存者が不当に扱われず、よりよく生きられるようにするためにはどのような支援体制が構築されるべきかについて、依存者を取り巻く関係性のネットワークのなかで検討がなされる。

　今後は関係性に応じたケアの関与について、ケアをめぐる多様な関係性と実態に注目しつつ、いかなる仕組みのもと、どんな関係に、どのような社会的サポートが必要かについて考えていくことが必要になるだろう。

第2節　日本の介護者支援はどうなっているか

　今の日本では介護の多くを家族が担っており、家族によるサポートなくしては高齢者の介護は成り立たない。この現実をふまえたうえで、そもそも日本では介護を担う家族について、どのような認識のもと、いかなる政策が展開されてきたのかについて確認したい。

1. 日本における介護者支援の位置づけ

　国際的に見れば、日本の介護者支援の状況は「立ち遅れている」（菊池2010：55）。OECD の加盟国のなかには、介護者を担う家族を支援するにあたり、全国戦略が立案され、介護者アセスメント、レスパイトケア、年金受給権や逸失所得の補償などの支援がなされている国々もある。日本はなぜ、これらの介護者支援策を導入するに至らなかったのだろうか。介護者支援が立ち遅れている要因の一つに、学術研究の不十分さがあるのだろうか。いや、必ずしもそうではない。介護を行う家族の社会的位置づけについても研究の蓄積は確認できるし（笹谷2005）、菊池（2010：55）は国内外の介護者支援についての研究成果を調べた三富の研究（2010）を紹介し、日本において介護者支援の調査研究が歴史的にみても海外の福祉国家諸国と比較して遜色なく取り組まれていたこと、また、内容的にも現在よりはるかに包括的な支援のあり方が議論され、介護者アセスメントなど具体的な支援策も提起されてきたことを指摘する。しかし、

－ 174 －

第6章　介護者を社会で支える

それらの研究結果が現在、日本における介護者支援として結実している
とは言い難い状況にある。

2．介護保険制度における介護者の位置づけ

　日本の高齢者介護は、2000年4月に導入された介護保険制度により、
サービス提供システムなどの点で大きく変化した。その変化の過程で、
介護を担う家族はどのように位置づけられていたのだろうか。

　介護保険導入時、さかんに言われた言葉の一つに「介護の社会化」が
ある。その必要性を裏付けるものとして家族介護の限界が主張されてい
た。下夷（2007：222）は介護保険導入当時、家族神話が根強い日本において、
介護の社会化を目的に制度導入をめざすにあたり、合意形成と制度設計
という二段階の介護の社会化戦略がとられていたと説明する。第一段階
の合意形成について、介護を過酷でつらいものとして提起し、だからこ
そ介護を社会化する必要があるのだという国民合意を形成するという戦
略が実行された。そこでは介護はいつまで続くか分からない重労働であ
るといった介護の肉体的・精神的負担が強調され、あわせて被介護者の
社会的入院による医療費の財政負担についても問題視された。さらに、
介護に結び付いた「機能衰退」「死」というマイナスの価値観も重なり、
介護は人々の間にネガティブなものとして認識されていく。そこから家
族介護の限界という共通理解が世論として広がり、介護の社会化に対す
る社会的合意が図られたのである。

　次に、第二段階の制度設計において、家族を除外した制度とすること
で社会サービスへの回路を開くという戦略がとられた。導入された介護
保険制度は本人と政府の二者関係として設計され、要介護認定において
は基本的に家族の状況に大きく左右されない仕組みとなっている（注3）。

　とはいえ、介護保険の創設段階において、家族が全く無視されていた
わけではない。当時、家族介護に対し、現金給付（介護手当）を導入す
るかどうかが盛んに議論されていた。最終的には制度化されるに至らな
かったが、この論議について、当時介護保険制度創設に関わった増田は
次のように振り返っている。「日本の介護手当議論においては、介護者

— 175 —

第 6 章　介護者を社会で支える

支援という視点が欠けていて、現金給付の是非論にだけ終始してしまった。そのため、現金給付が持つマイナスイメージ（女性を介護に縛り付ける等）が強調され、制度化されなかったばかりでなく、家族やボランティアによる介護というインフォーマルケアの意義に対する考察や、介護者支援の政策もおざなりなものになってしまった（増田 2016：171）」。

　結局、介護保険では法制度上、家族を考慮しないことで社会サービスの利用にインセンティブを与え、社会化を促すという方策がとられたのである。この状況について、下夷（2007：224）は「こうした『あえて家族を評価・支援しない』という戦略は、『家』制度の残存という日本の家族の特殊性や、福祉サービスの利用に対する抵抗感が浸透している状況を考えれば、現状を打破するのに効果的であったといえよう。すべての家族にサービスの利用を促すという方向で、介護の社会化を進めた意義も大きい。…しかし介護がもたらす価値や家族介護の意義についての議論を伴うことなく、負担面のみが強調されたために、介護はきつくつらい苦役という理解が浸透し、介護の持つ価値が一面にしか捉えられなくなった、という点は問題といえよう…現実に行われている家族介護は、政策的に支援されないまま放置されている。『あえて家族介護を評価しない』という戦略によって、家族介護が不可視化されたことの問題は大きい」と問題提起している。

　介護保険創設時、激しく議論が交わされた現金給付については 2003年の見直しにおいてテーマにも挙げられず、ほとんど議論されることもなかった。そして介護保険部会が 2004 年 7 月にまとめた「介護保険制度の見直しに関する意見」では、現金給付の制度化は不可能であるという論調になり、家族支援のあり方としては、家族に対する相談・支援体制の強化、地域における「見守りサービス」、家族のレスパイトサービスの充実が必要であると指摘された。その後 2008 年改正、2011 年改正、2014 年改正と続くが、もはや現金給付（介護手当）の制度化が審議の俎上にあがることはなかった（増田 2016：167）。

　介護保険制度において、家族に対する直接的な支援は、地域支援事業の一つである家族介護支援事業として位置付けられてきた。ただしこれ

－ 176 －

は必須事業ではなく、任意事業という位置づけである。多様な事業形態による展開が可能である反面、実施しなくてもよいということであり、事実、実施率は低調であった（菊池 2010：65）。三菱総合研究所が 2012 年に実施した調査によれば、家族介護支援事業として実施した内容のうち、実施保険者の割合が最も高いのは介護用品支給（購入費の助成等を含む）」67%、次いで家族介護者教室 46%、家族介護者慰労金支給 42% であり、介護家族等相談（電話、訪問、相談等）を実施した保険者はわずか 4.7% であった。保険者は地域支援事業のほか、独自の保健福祉事業として介護者の支援のために必要な事業を行うことも可能であるが、財源が第 1 号保険料 100% であるため、介護者の支援のための事業は市町村にとって積極的に導入しづらい状況であった。

　その後、団塊の世代が 75 歳以上となる 2025 年を目途に、重度な要介護状態となっても住み慣れた地域で自分らしい暮らしを人生の最後まで続けることができるよう、医療・介護・予防・住まい・生活支援が包括的に確保される体制、いわゆる地域包括ケアシステムの構築が政策目標として掲げられるようになる。それを視野に入れた 2015 年度介護保険法改正では、家族介護支援事業が任意事業であることに変わりはないが、地域支援事業のなかの生活支援体制整備事業において、高齢者の在宅での生活を支える多様な生活支援・介護予防サービスの一例として介護者支援が明示された。生活支援・介護予防サービスは地域づくりの一環として、市町村が制度として、住民らによる多様な生活支援・介護予防サービスの構築を支援していくという内容である。介護者支援に取り組む市民団体は今も地域に数多く存在する。これら団体が他のサービス提供団体等とつながりを持ち、地域のなかで役割を明確にしながら、機能を発揮していけるようになることが期待される。

　3．認知症対策における家族の位置づけ

　2012 年に 65 歳以上の高齢者の約 7 人に 1 人が認知症であり、2025 年には約 5 人に 1 人になると予測されている。常に見守りが必要な症状が影響して介護者がフルタイムの仕事に就けなかったり、遠方に住む認知

第 6 章　介護者を社会で支える

症の親を介護するために、職場で重要な役割を担う 50 代が離職を余儀
なくされたりする事態も生じている (注4)。

　2013 年 3 月に発表された地域包括ケア研究会の報告書では「…今後は、
認知症の人の家族のみならず介護者の位置づけと支援の考え方を改めて
整理し、具体的な取組の推進について十分な議論を行うべきではないだ
ろうか」との指摘がなされている。

　認知症高齢者に対しては、2012 年 9 月に 2013 年度から 2017 年度まで
の政策指針として、認知症施策推進 5 か年計画（通称、オレンジプラン）
が定められ「標準的な認知症ケアパスの作成・普及」等、7 つの柱が設
けられた。認知症の早期診断、早期対応に向けて「認知症初期集中支援
チーム」が設けられ、介護者の介護負担についても評価の対象とされる
ことになった。家族の支援に関しては「地域での日常生活、家族の支援
の強化」とあり、家族に対しての支援の重要性が明確に位置づけられた
ことは注目に値する。しかし具体的な支援プランとして導入が進んだの
は「認知症カフェ」（認知症の人と家族、地域住民、専門職等の誰もが参加でき、
集う場）普及くらいであり、海外で実施されている介護者アセスメントや、
それに基づくレスパイトケア、現金給付（介護手当）、所得保障などの実
現はなされなかった。

　2014 年 11 月、東京で「認知症サミット日本後継イベント」が開催さ
れ、各国の専門家を前に首相が「新たな戦略の策定を厚労大臣に指示し
ます」と宣言した。オレンジプランは 5 か年計画で、まだ 3 年目であっ
たにもかかわらず、新たな「戦略」が策定されることになる。そして発
表されたのが「認知症施策推進総合戦略」（新オレンジプラン）であった。
新たに 2018 年度には全国すべての市町村で「認知症初期集中支援チーム」
を整備するとした点は注目に値するが、家族に対する支援については、
オレンジプランを超える提案はなされなかった。具体的な数値目標や新
たな家族支援に関するサービスの開発が明示されたわけではなく、介護
負担を軽減する施策についてもほとんど触れられていない点は課題と言
えよう（矢吹 2015：52）。

　新オレンジプランにおいては、介護者へ支援を行う理由について「高

－ 178 －

第6章　介護者を社会で支える

齢化の進展に伴って認知症の人が増えていくことが見込まれるなか、認知症の人の介護者への支援を行うことが認知症の人の生活の質の改善にも繋がるとの観点に立って、介護者の精神的身体的負担を軽減する観点からの支援や介護者の生活と介護の両立を支援する取組を推進する」という見解が示された。ここでは介護者支援の必要性について、認知症の人の介護者への支援を行うことが認知症の人の生活の質の改善にも繋がるとの観点から説明されていることに注目したい（山田 2016）。

4．地域包括ケアシステムにおける介護者支援

　団塊の世代が 75 歳以上となる 2025 年以降は、国民の医療や介護の需要がさらに増加することが見込まれている。そこで厚生労働省は 2025 年を目途に、高齢者の尊厳の保持と自立生活の支援の目的のもとで、可能な限り住み慣れた地域で自分らしい暮らしを人生の最期まで続けることができるよう、地域の包括的な支援・サービス提供体制を作り上げていくことを提起した。めざすは重度な要介護状態となっても住み慣れた地域で自分らしい暮らしを人生の最後まで続けることができるよう、住まい・医療・介護・予防・生活支援が一体的に提供される「地域包括ケアシステム」の構築である。2011 年になされた介護保険法等改正では、国及び地方公共団体が地域包括ケアシステムの構築に努めるべきという内容が介護保険法上に明記された（介護保険法第 5 条第 3 項 2）。

　この地域包括ケアシステム構築に向けた議論のなかで、介護者についてはどのような議論がなされたのだろうか。2013 年 3 月の地域包括ケア研究会の報告書には、介護者に関し次のような記載が確認できる。「…今後、介護の社会化がさらに進展したとしても、介護者の身体的・精神的負担を完全に取り除くことはできない。そうした観点からも、介護者支援は不可欠なものであり、介護者自身に対する直接的なサポートの強化も必要と考えられる」。加えて「家族等が介護を理由に仕事や学業等の社会生活を断念せざるを得なくなること、心身に不調をきたすことは、社会全体の損失となる。介護者への効果的な支援は、最終的に要介護者の QOL（生活の質）を向上させるだけでなく、社会的な損失を縮小させ

－179－

第6章　介護者を社会で支える

るという視点をもって、介護者への支援を検討すべきではないだろうか」。

　ここでは介護者に対する直接的なサポートの必要性が提起されたことと、支援の必要性が被介護者の QOL の向上のみならず、社会的な損失の縮小という視点から導き出された点に注目したい。認知症施策として示された新オレンジプランでは、介護者支援の必要性は「認知症の人の介護者への支援を行うことが認知症の人の生活の質の改善にも繋がる」、つまり被介護者の QOL（生活の質）の向上から説明されていた。しかし地域包括ケアシステムの構築においては、介護者という存在そのものに着目するこれまでにない問題提起がなされている。さらに 2014 年 3 月の地域包括ケア研究会の報告書では、「本人の『尊厳の保持』や『自立生活の支援』だけではなく、家族もその人らしい生活を送れるよう、相談支援や介護指導に加え、就労と介護の両立支援も求められる」という家族自身の生活に注目する考え方が示された。

　これまでの歴史を振り返れば、介護の社会化がさらに進展しても介護者支援は不可欠であると確認されたこと、介護者支援の必要性を被介護者の QOL（生活の質）の向上のみならず、介護者の社会的な損失の縮小という視点から導き出したこと、家族もその人らしい生活を送れるようにという視点が提起されたことは大きな進展であろう。私たちはこの認識を基盤として、具体的な介護者支援策の立案に向け、議論を展開していかねばならない。例えば一般社団法人日本ケアラー連盟は、地域包括ケアシステム（特に生活支援体制整備）の構築に向け、介護者支援を「重要な鍵を握る」と位置づけ、埼玉県、東京都杉並区、北海道栗山町を例に、多様な介護者支援のあり方を提示している（日本ケアラー連盟 2016）。これらの取り組みなどを参考に、今後は自治体の事情に合わせ、さまざまな介護者支援の取り組みを立案、展開していくことが求められる。

　地域包括ケアシステムの構築に向けた議論のなかで介護者支援に対する認識の深まりは確認できたが、介護殺人の予防という点から言えば問題がないわけではない。

第6章　介護者を社会で支える

　「地域包括ケアシステムの構築における今後の検討のための論点」
（2013：13）には「『共助』『公助』を求める声は小さくないが、少子高齢
化や財政状況を考慮すれば、大幅な拡充を期待することは難しいだろう。
その意味でも、今後は、『自助』『互助』の果たす役割が大きくなってい
くことを意識して、それぞれの主体が取組を進めていくことが必要であ
る」と書かれている。ここから分かるように、地域包括ケアシステムは
自助と互助を重視しており、介護者についても基本的に、自ら生活を整
え、周囲の協力を求めることができる者が想定されているように思う。
しかし堀越（2013：11）によれば、介護者は「客観的にみると支援が必
要なのに本人がそれに気づいていない」、あるいは「自分の中で問題が
整理されておらず、生活のしづらさや生きにくさの状況を相手にわかる
形で話すことができない」という特徴がある。介護殺人に関して言えば、
第4章、第5章で述べたように、そもそも自助を期待できない者、あえ
て互助を求めない者が事件の被告として裁判の場に数多く現れているの
だ。
　介護殺人が生じる世帯の多くは被介護者、介護者の健康のみならず、
経済的困窮など様々な問題を抱え、自ら困難に対処する力を失っている。
これらに対応するためには適切な判断と支援を行える第三者の介入が不
可欠である。もし危機介入が必要な場合でも、実際に介入を可能とする
システムが地域に整備されていなければ、本人の尊厳の保持や自立生活
の支援だけではなく、家族もその人らしい生活を送れるように、という
理念は絵に描いた餅になってしまう。保健医療福祉領域の専門職が適切
に介入していくためには、公的責任による介護者支援のシステム整備が
不可欠である（注5）。それなくして自助と互助を支援の拠りどころにする
のであれば、介護殺人の発生を防ぐことは難しい。

第3節　海外の介護者支援施策に学ぶ

　介護者は心身の健康、就労、生活設計など多岐に渡る課題を抱えてい
る。彼らに対し専門的な支援を行うためには、その基盤となる法制度を

第6章　介護者を社会で支える

整備し、支援システムを構築していくことが不可欠と考える。これまで日本では、社会状況や価値観の変化を受け、福祉の対象と法制度を拡充したり、細分化したりする動きがみられた。ただ介護者について言えば、2016 年現在、日本では支援の基盤となる法制度が十分に整備されているとは言えない状況にある。

　一方、海外には、ここ 20 年ほどで介護者支援の基盤となる法制度の整備がなされ施策が大きく進んでいる国々がある。そこで本節では、介護者支援の先進国としてイギリスとオーストラリアを例に挙げ、介護者法の内容と重点施策について調べ、日本が両国から学ぶべき事項は何かについて考察する。

　1．日本における介護者支援の根拠となる法律

　我が国において支援が必要な高齢者に向けた法律としては、1997 年に制定された介護保険法がある。この法を根拠に 65 歳以上の要支援または要介護状態にある者、あるいは 40 歳以上 65 歳未満で要支援、要介護が認定され、法に指定された特定疾病に該当している者が心身の状況に応じてサービス給付を受けることが可能になった。ところが介護者に関しては、そもそも支援の基盤となる法制度が整備されていない。先述したように、介護保険法における地域支援事業には家族支援事業、家族介護継続支援事業が挙げられており、要介護被保険者を現に介護する者に対し情報提供等を行うことが定められているが、これらは任意事業であるため、自治体には必ず行わなければならない義務はない。そのほか高齢者虐待の防止、高齢者の養護者に対する支援等に関する法律（高齢者虐待防止法）の 6 条では、高齢者を現に養護する者であって養介護施設従事者等以外の者に対し、市町村が相談、助言及び指導を行うこと、14 条に緊急の必要がある場合に高齢者が短期間養護を受けるために必要となる居室を確保するための措置を講ずることが定められているが、これらは高齢者の権利利益の擁護を目的としており、介護者支援はそのための達成手段にすぎない（水野 2007）。

　一方、イギリスでは介護者支援は単に在宅での介護の継続を目的にし

－ 182 －

た支援のみを行っているわけではなく、介護者法のもと、介護者を被介護者とは違う個人として認め、その社会的役割を確認し、介護者への支援は彼らが介護を原因に社会から孤立しないことを目指すものとしている（三富 2000：18）。 オーストラリアでも、連邦としての介護者支援の基本法が定められ、州の事情に合わせた法整備がなされるなど、介護者支援の充実をめざす動きが広がっている。これらの国々では介護者に対し、どのような方針のもと、いかなる施策が展開されているのだろうか。

2．イギリスにおける介護者支援

2016 年現在、イギリスでは介護者支援の根拠となる法として Care Act 2014 と Children and Families Act 2014 の 2 つが施行されている。2011 年の国勢踏査によれば、イングランドには報酬を得ないで介護を行う者が 540 万人も存在し、その 3 分の 1 以上が 1 週間に 20 時間以上介護に従事していることが示されている。これら介護者の支援を進めるにあたっては、そのための行動プラン（Carers Strategy：Second National Action Plan 2014-2016）が保健省により作成されており、それに基づいた施策の充実が図られている。

行動プランでは、 4 つの重点領域が設置されている。領域 1 は Identification and recognition、 領域 2 は Realising and releasing potential、 領域 3 は A life alongside caring、 領域 4 は Supporting carers to stay healthy である。

領域 1 では、介護責任を負う者が自分自身を介護者であると自覚し、適切な情報や助言、サポートを得られるようにすること、介護者の知識や経験が保健や福祉のケア専門職に尊重されていると感じられるようにすることが目標とされている。領域 2 では、介護責任を負う者が自らの教育や就労の可能性に気づき、達成できるよう支えることが定められている。領域 3 では、介護者と被介護者の両方に対し、家族として、あるいは地域に生きる一人の市民としての生活を送ることができるよう個別化した支援を行うというものである。ここでは情報やアドバイス、サポートの質が問われている。領域 4 では、介護者が精神的にも身体的にも健

やかでいられるよう支援を行うことが定められており、そのための地方
自治体の役割の重要性が強調されている。ここでは介護責任を負う者が
自らの健康や幸せに配慮できるよう支援することとされている。

　3．オーストラリアにおける介護者支援
　2016 年現在、オーストラリアでは介護者に関しては社会的包摂の理念
のもと、National Carer Recognition Framework が設けられている。支
援の根拠となる法律としては、連邦法 Carer Recognition Act 2010 が施
行されている。この法は、国民が介護者の存在に気づき、彼らがいかに
社会において貢献しているかについて認識を深めることを目的としてい
る。そして、介護者のための全国戦略が立案され、それに基づき支援の
具体化が図られている。
　オーストラリアでは連邦法が施行される前からも、各州政府と特別
地方政府は独自に介護者に対する法を定め、支援の充実をめざしてい
た。また、連邦法の施行後も、施策立案や実行に関しては、州や特別
地域が大きな役割を果たしている。例えばビクトリア州では Carers
Recognition Act 2012 が施行されており、連邦法では言及のない介護関
係（care relationship）に注目して支援を行うことが定められている。
　連邦政府のホームページによれば、2015 年の予算を立てた段階で、お
よそ 270 万人のオーストラリア人が障害や精神の疾患のある人や虚弱高
齢者の人を介護している。連邦政府は介護者が介護をしつつも地域から
孤立せず、労働に従事し、健康でいられるよう支援を行っている。新し
く策定された Integrated Plan for Carer Support では、第一段階として、
国立の Carer Gateway というものが設けられた。これは介護者が情報や
サポートを得るのを支援するために連邦政府が設けた全国向けのネット
及び電話のサービスである。2015 年 12 月以降は、この組織があらゆる
介護者へのサービス窓口になり、適切な情報提供やサービスのコーディ
ネート、支援機関への紹介などを行っている。

第6章　介護者を社会で支える

４．介護者支援の４つのモデル

　イギリスとオーストラリアの政策からは、介護者に対しては単に情報
提供や介護者の健康への配慮に留まらず、介護者の社会参加や介護者自
身の人生の充実をも視野に入れた支援を展開していることが分かる。ま
たこれらの国々には、社会において介護者をどのような存在として認識
していくのかについて明確な見解がある。その基盤となっているもの
は介護者支援の「４つのモデル」であり、Social Inclusion（社会的包摂）
の思想である。

　イギリスの Twigg と Atkin は 1994 年、介護者支援の４つのモデルを
発表した。このモデルでは、（インフォーマルな）介護者に対する社会の
認識を確認することができる。2016 年現在、このモデルに基づき全国戦
略の立案や施策の充実がなされており、介護者支援の指針となるものと
して注目される。

　ここでは木下の訳（木下 2007：140）に基づき、それぞれのモデルにつ
いて説明する。

　第１のモデルは介護者を無料の社会資源と位置づける。このモデルで
は、介護者がほとんどのケアをしていても、それは当然とみなされる。
関心は被介護者に置かれ、介護者と被介護者に利害関係が起こりうるこ
とは無視される。介護者は無料の資源とされ、インフォーマルなケアを
公的ケアで対応しようとすること、介護者の負担を軽減することへの社
会的、政策的関心は低い。

　第２のモデルは介護者を専門職の協働者と捉える。介護者は専門職と
協働してケアに従事する人として認識される。被介護者の状態を改善す
ることが介護者と専門職双方に共有された目的で、そのために介護者の
意欲、モラルが重要とされる。介護者の負担は考慮されるが、この目的
の範囲においてである。

　第３のモデルは被介護者だけでなく、介護者自身にも注目し、介護者
も援助の対象者と捉える。介護者のストレスを軽減することにより、介
護者が高いモラルで介護役割を継続的に果たすことが期待され、様々な
形のレスパイトが大きな効果を発揮するのもこのモデルである。

－185－

第6章　介護者を社会で支える

　第4のモデルは、被介護者と介護者を切り離し、介護者を「介護者」という視点ではなく、社会に生きる一人の市民として捉える。このモデルでは、被介護者と介護者それぞれを個人として位置づけ、個別に支援する。介護者を「介護者」ではなく家族として理解し、介護者という見方に付随する責任や義務感などの負担を課さないようにしようとする。また、介護による社会的排除、つまり介護の役割を担うことにより、社会で活躍したり生活を楽しんだりする機会が失われることを社会で解決すべき問題と考える。

　介護者支援が進んでいるイギリスでは、Carers equal opportunities act 2004（England と Wales に適用）以降、現在に至るまで、第3、第4のモデルの考え方を強く意識した支援が行われている。すなわち、被介護者のみならず介護者も支援の対象と捉え、社会的包摂の視点から、介護者が介護によって退職に追い込まれたり、社会での活躍の場を失ったりするなど市民として当然得られるべき機会を失うことがないよう、様々な支援策が講じられているのだ。

　現在の日本において、主流な介護者支援の考え方は、被介護者の QOL の向上のために介護者を支援する、というものであり、レベルとしては第2のモデルに止まっている。その他、一部の自治体で行われている家族介護者への支援事業（注6）も、介護者自身を支援の対象にしている点で画期的ではあるが、被介護者への介護を成り立たせるという目的が前提となっている点は否めない。ここからさらに発展し、第3、第4のモデルに基づく支援を行うためには、介護を担う者に対する社会の認識を問い、彼らが社会で果たしている役割を社会に不可欠なものとして確認していくことが必要となる。

5．考察－日本が両国から学ぶべき点
　イギリスとオーストラリアにおける介護者支援の内容を概観し、根拠となる法と重点施策について確認した。ここから私たちは何を学ぶことができるだろうか。
　第一に、介護者に対する認識である。日本においても「介護者は地域

－ 186 －

の重要な構成員であり、被介護者とは異なる、独立したニーズを持つ個人である」と認識するところから支援を立案するべきである。

　第二に介護者支援の目的を確認し、介護者法を制定することである。冒頭で述べたように、例えば高齢者について言えば、日本の介護者支援は被介護者の権利擁護を主目的にしており、そこから支援の必要性が導き出されている。これでは介護者は被介護者への支援に付随する間接的な利益を受けるにすぎず、介護者の社会的排除に関する配慮はみられない。ここからの発想の転換が必要であろう。介護者支援の目的は、介護者の基本的人権の尊重から導かれなければならず、めざすところはイギリス、オーストラリアに習い、「社会的包摂」とすべきである。介護役割を担ったがために社会から孤立したり、就労や教育、余暇を楽しむ機会を失ったりすることを防がねばならない。介護者の社会的包摂を目的に据え、それを実現するための法的根拠として、介護者法を制定することが必要である。

　第三に、被介護者とは別に介護者自身を対象にしたアセスメントを行い、適切なサービスの提供につなげていくことである。介護者アセスメントを行う上で、オーストラリアのビクトリア州が取り組んでいるように、介護者と被介護者との関係性を重視し、そこから必要な支援を検討していくという配慮は重要である。その他、アセスメントで言えば、介護者と被介護者のみならず個々の家族メンバーのアセスメントも行い、世帯全体の生活の維持向上に向け、包括的な支援を行っていくことも視野に入れなければならない。

　そして忘れてはならないのは財政基盤の確保である。どれだけ理念がすばらしくても、それを実現させる財源が確保されなければ、それは絵に描いた餅である。実際に、イギリスでは介護者法の制定後、財源不足から介護者へのサービス給付が十分に行われない事態が数多く発生した（Garboden & Simeon 2007：16）。日本はイギリスと同じ失敗を犯してはならない。そのためにも支援の基盤となる法を制定し、それを根拠に十分な予算を確保することが重要である。

第 6 章　介護者を社会で支える

本章の結論

　人間は誰しも他者に完全に依存する時を経て、生命をつないでいる。依存者へのケアは与え手と受け手のみで完結するものではない。その関係を支える第三者も含め、過去から未来へと受け継がれる関係のなかで営まれ、育まれてきた行為である。私たちが生きる社会はその価値を認め、依存者へのケアは社会にとってなくてはならないものと認識し、公的な支援システムを構築することが必要である。

　日本の介護者に対する施策の流れを振り返ると、家族介護に関する研究は古くから行われており、支援に関する具体的な方策についても多様な提案がなされていた。しかし、介護保険の導入にあたり、介護を担う家族への支援については現金給付の是非に議論が集中し、支援策全般の見取り図や全国戦略の立案には至らなかった。また、人々の介護へのイメージは「きつく、つらいもの」として浸透していき、その後も介護がもたらす価値や家族介護の意義については、政策立案の段階で十分に議論されることがなかった。介護を担う家族については包括的な戦略も、支援プランも示されることもないまま時が経過している。ただし、厚生労働省が今後の高齢者ケアの要として示した地域包括ケアシステムの構築においては、介護者支援に関し注目すべき考え方が示された。介護者自身への直接的なサポートに加え、支援の必要性については新オレンジプランで示された被介護者の QOL の向上のみならず、介護者が被る社会的な損失の縮小に注目する視点が導き出されたのである。今後の介護者支援は、この視点に基づくものでなければならない。その一方で、地域包括ケアシステムが強調する自助、互助頼みでは、様々な困難を抱え、すでに自力で問題を解決する力を失っている介護者を救えないことを忘れてはならない。支援システムの構築は公的責任において行うことが不可欠である。

　介護者支援のシステム構築については、海外で行われている先進的な取り組みを参考にしたい。介護者支援の先進国であるイギリス、オーストラリアでは、介護者を独自のニーズを有する個人と認識し、社会的包

摂を理念に掲げて介護者法を制定、理念の実現に向けた財源を確保している。自治体は介護者とサービス提供者に法の内容を告知し、介護者アセスメントを実施し、その結果に基づき適切なサービスの給付を模索している。最近では、世帯全体に目を向け、包括的な支援の推進にも努めている。

　これら介護者支援の先進国において試行錯誤を経て編み出された施策、そして実践の成果について、私たちは謙虚に学んでいきたい。それらは今後、日本で介護者支援を進める上で重要な指針となり得るはずである。

（注1）　「ケア」という言葉について、広井（2000）が指摘するように、多くの学問領域で用いられる学際的な言葉であり、学術的に統一された定義があるわけではない。本書では「ケア」という言葉を玉井（2008）が一つの認識として示した「相手のことを気にかけ、気遣い、心を配り、心を砕き、そして手足を動かして相手にとっての困窮状況を改善したり、苦痛を緩和したりするなどして、より快適な状態を作り出そうとしたりする営み」という意味で用いている。

（注2）　このケアの担い手に二次的な依存が発生する事態は、実際にケアをしている期間に留まらない。牟田（2009：72）は「ケアの担い手はケアする必要のためにしばしば公的領域から切り離されているため、ケアする期間が終わっても自分を支える経済力を持つことは難しく、今度はその人自身が、健康であっても依存の状態から抜け出せないと言うことが起こりがちだ」と述べており、依存労働者にとっては、ケアする期間が終わってもなお依存の状態から抜け出せないという問題があることを指摘している。

（注3）　要介護度が認定された後、ケアプランを作成する段階では、ケアマネジャーは家族も視野に入れ、支援が必要な高齢者の自立支援計画を立案している。

（注4）　佐渡（2015）によれば、認知症にかかる介護費は年6.4兆円で、家族による介護を金銭に換算すると総額は年6.2兆円、認知症の人一人あたり年382万円にものぼる可能性がある。

（注5）　地域包括ケアシステムを論ずる際には「自助・互助・共助・公助」という言葉が使われているが、公助には、国の役割は「支援」に過ぎないという意味合いがあることを示し、社会保障にとって必要なのは公助ではなく、国の義務（公的責任）であるとする議論がある（村田2016：13）。そのため本研究では公助ではなく、公的責任という表現を用いた。

（注6）　例えば東京都杉並区では2011年度より、高齢者を同居で介護している家族の休息やリフレッシュを目的に、家事などを行うホームヘルパーを派遣する支援サービスが行われている。

第 6 章　介護者を社会で支える

《引用文献》

アーサ・A・ファインマン著，上野千鶴子監訳（2003）『家族、積みすぎた箱舟　ポスト平等主義のフェミニズム法理論』学陽書房.

Australian Government, Department of Social Services（2005）"Support for Carers" https://www.dss.gov.au/sites/default/files/documents/05_2015/2015_budget_fact_sheet_-_support_for_carers_1.pdf　2016.9.27 閲覧.

Australian Government "National Carer Recognition Framework" http://www.seslhd.health.nsw.gov.au/Carer_Support_Program/Documents/2011%20national_carer_strategy.pdf　2016.9.27 閲覧.

エヴァ・フェダー・キテイ著，岡野八代，牟田和恵監訳（2010）『愛の労働あるいは依存とケアの正義論』白澤社.

エヴァ・フェダー・キテイ、岡野八代、牟田和恵（2011）『ケアの倫理からはじめる正義論　支え合う平等』白澤社.

江原由美子（2011）「『依存批判』の射程」エヴァ・フェダー・キテイ、岡野八代、牟田和恵編『ケアの倫理からはじめる正義論　支え合う平等』白澤社.

Government UK, Department of Health "Carers Strategy: Second National Action Plan 2014-2016" http://www.mpsv.cz/files/clanky/22729/Strategie_pecovatele_britanie_2014.pdf　2016.9.27 閲覧.

広井良典（2000）『ケア学　越境するケアへ』医学書院.

堀越栄子（2013）「生活資源コントロールに関する考察：ケアラー支援を例として」『経済学論究』66（2）：1-24.

Julia Twigg, Karl Atkin（1994）Carers perceived: Policy and practice in informal care. Open University Press.

菊池いづみ（2012）「家族介護支援の政策動向：高齢者保健福祉事業の再編と地域包括ケアの流れのなかで」『地域研究：長岡大学地域研究センター年報』Vol.12, 55-75.

木下康仁（2007）『改革進むオーストラリアの高齢者ケア（第1版）』東信堂.

厚生労働省老健局「認知症施策推進総合戦略～認知症高齢者等にやさしい地域づくりに向けて～（新オレンジプラン）」http://www.mhlw.go.jp/file/04-Houdouhappyou-12304500-Roukenkyoku-Ninchishougyakutaiboushitaisakusuishinshitsu/02_1.pdf　2016.9.27 閲覧.

厚生労働省「地域包括ケアシステム」http://www.mhlw.go.jp/stf/seisakunitsuite/bunya/hukushi_kaigo/kaigo_koureisha/chiiki-houkatsu/　2016.10.18 閲覧.

増田雅暢（2016）『介護保険の検証　軌跡の考察と今後の課題』法律文化社.

Minow, M & Shanley M.L（1997）Revisioning the Family: Relational Rights and Responsibilities, Minow,M & Shanley M.L, Narayan.U. eds. Reconstructing Political Theory: Feminist Perspectives. Polity Press, 4-29.

三富紀敬（2010）『欧米の介護保障と介護者支援－家族政策と社会的包摂、福

— 190 —

祉国家類型論』ミネルヴァ書房.

三富紀敬（2000）『イギリスの在宅介護者』ミネルヴァ書房.

三菱総合研究所（2014）『平成25年度 老人保健事業推進費等補助金老人保健健康増進等事業　地域支援事業の実態及びその効果に関する調査研究事業報告書』
http://www.mri.co.jp/project_related/roujinhoken/uploadfiles/h25/h25_05.pdf　2016.9.27閲覧.

三菱UFJリサーチ＆コンサルティング（2013）『平成24年度 厚生労働省老人保健事業推進費等補助金（老人保健健康増進等事業分）持続可能な介護保険制度及び地域包括ケアシステムのあり方に関する調査研究事業　報告書　＜地域包括ケア研究会＞地域包括ケアシステムの構築における今後の検討のための論点』
http://www.murc.jp/uploads/2013/04/koukai130423_01.pdf　2016.9.27閲覧.

三菱UFJリサーチ＆コンサルティング（2014）『平成25年度 厚生労働省老人保健事業推進費等補助金　老人保健健康増進等事業　＜地域包括ケア研究会＞　地域包括ケアシステムを構築するための制度論等に関する調査研究事業報告書』
http://www.murc.jp/uploads/2014/05/koukai_140513_c8.pdf　2016.9.27閲覧.

水野洋子, 荒井由美子（2007）「介護者支援施策の方向性に関する検討英国のCarers Act に注目して」『老年社会科学』29(2), 164.

村田隆史（2016）「社会保障の基本原理と憲法25条：社会保障改革における『自助・共助・公助』論の批判的検討(特集 憲法と社会保障：安倍社会保障改革の違憲性)」『医療・福祉研究』(25), 9-15.

牟田和恵（2009）「第3章　ジェンダー家族のポリティクス－家族と性愛の「男女平等」主義を問う」牟田和恵編『家族を超える社会学　新たな生の基盤を求めて』新曜社.

森川美絵（2008）「ケアする権利／ケアしない権利」『ケア　その思想と実践4　家族のケア　家族へのケア』岩波書店, 37-54.

日本ケアラー連盟（2016）「平成27年度厚労省老人保健健康増進等補助金事業　地域包括ケアシステムの構築に向けた地域の支え合いに基づく介護者支援の実践と普及に関するモデル事業報告書　ケアラーを支援する地域をつくる」
http://carersjapan.com/carereresearch2015.html　2016.9.27閲覧.

大江洋（2005）『関係的権利論　子どもの権利から権利の再構成へ』勁草書房.

佐渡充洋（2016）「日本における認知症の社会的コスト（特集 医療経済的側面からみた認知症）」『老年精神医学雑誌』27(2), 160-166.

齋藤真緒（2010）「介護者支援の論理とダイナミズム－ケアとジェンダーの新たな射程－」『立命館産業社会論集』46(1),155-171.

笹谷晴美（2005）「高齢者介護をめぐる家族の位置－家族介護者視点からの介護の『社会化』分析」『家族社会学研究』16(2), 36-46.

下夷美幸（2007）「9. 家族の社会的意義とその評価－育児・介護の担い手と

して－」本澤巳代子編『家族のための総合政策　－日独国際比較の視点から』信山社.

社会保障審議会介護保険部会（第58回）『地域支援事業の推進（参考資料）』http://www.mhlw.go.jp/file/05-Shingikai-12601000-Seisakutoukatsukan-Sanjikanshitsu_Shakaihoshoutantou/0000125468.pdf　2016.9.27 閲覧.

T.A. Garboden, M. B. Simeon（2007）Carers forced to fill gaps but receive little in return from councils, Community Care No.1656, 16-17.

玉井真理子（2008）「障害児の母親が職業を捨てないということ」上野千鶴子、大熊由紀子、大沢真理ほか編『ケア　その思想と実践4　家族のケア　家族へのケア』岩波書店, 155-178.

上野千鶴子（2011）『ケアの社会学　当事者主権の福祉社会へ』太田出版.

Victoria State Government, Human Services "Carers Recognition Act 2012" http://www.dhs.vic.gov.au/about-the-department/documents-and-resources/policies,-guidelines-and-legislation/carers-recognition-act-2012　2016.9.27 閲覧.

矢吹知之（2015）「第1章　多様化する家族介護者と在宅介護の現状」矢吹知之編『認知症の人の家族支援　介護者支援に携わる人へ』株式会社ワールドプランニング.

山田義人（2016）「認知症施策推進総合戦略（新オレンジプラン）が目指すもの」『日本認知症ケア学会誌』15（2）, 401-407.

終　　章

本章では、はじめに本研究の結論を示し、研究の意義と限界について
確認する。そして今後の研究課題について考察する。

第1節　本研究の結論

本研究では介護殺人を社会で解決すべき問題と位置づけ、その実態を
明らかにするとともに、似たような事件が繰り返し発生することを回避
するための方策を探った。その作業を通じて介護殺人の予防に向け、社
会として取り組むべき課題について検討した。本研究において、特に強
調したい知見は以下の通りである。

１．介護殺人の実態
１）事件数
介護殺人の実態について、潜在事例が相当数あることをふまえると事
件数の正確な把握は難しいが、厚生労働省の調査、警察庁による犯罪統
計、新聞記事などからその一部を確認することはできる。

厚生労働省の調査では、2006 年から 2014 年度までの 9 年間における
「（高齢者）虐待等による死亡例」は 227 件、被害者数は 230 人であった。
警察庁による犯罪統計では、2007 年から 2014 年までの 8 年間に「介護・
看病疲れ」を原因・動機として検挙された殺人は 356 件、自殺関与は 15
件、傷害致死は 21 件であった。筆者が行った新聞記事による調査では、
1996 年から 2015 年までの 20 年間に「介護に関わる困難を背景に、介護
をしていた親族が被介護者（60 歳以上）を殺害、あるいは心中した」事
件は少なくとも 754 件発生しており、762 人が死亡していた。

２）事件が生じる背景
著者が行った新聞記事による調査では、加害者（介護者）が障害を有

－ 193 －

している、あるいは介護疲れや病気など体調不良状態にある事例は約3割を占めていた。介護保険制度の導入により、事件数が減少したという傾向は確認できなかった。

判例分析からは、被告（介護者）が殺人や心中を決意したとき「生きていても仕方がない」「被介護者が不憫」「被介護者を楽にしてあげたい」「被介護者も死を望んでいるだろう」「被介護者への怒りと悲しみ」「介護から解放されたい」「現実から逃げ出したい」「介護者を楽にしてあげたい」「（被介護者に）自分の言うことを聞いてほしい」「（介護を）他の人に任せられない」などと考えていたことが分かった。被告（介護者）が心中、または被介護者の殺害を思い止まれなかった主な要因として、うつの影響が疑われるものが複数見られた。うつ以外では、被介護者の認知症による行動・心理症状が介護者を追い詰める要因となっていた。被告が事件に至る前に周囲に助けを求めなかった理由については、頼るべき親族はいたとしてもその者が多忙あるいは別居のため現実に頼ることは難しい、あるいは迷惑をかけたくないと考え、あえて頼ろうとしないという状況が確認できた。

介護体験談分析からは、介護者がギリギリのところで我に返ることができるかどうかが事件に発展するかどうかの大きな分かれ目であり、我に返るきっかけで最も多かったものは「被介護者の生きる意思への気づき」であった。また、関わりのある支援者に話を聞いてもらえたことで介護者が自分を取り戻し、事件を回避できた事例があることが確認できた。

2．事件回避の可能性
1）客観的な危機予測が可能な事例

介護殺人のなかには、傍から見て介護者の心身状態や社会性、被介護者との関係などに問題があり、介護困難が推測できるにも関わらず、誰からも適切な介入がなされることなく事件に至ったものが存在する。

過去に生じた介護殺人の事例を分析した結果、たとえ介護困難が推測できる事例であっても、客観的に見て介護状況に問題がなく、かつ介護者からの相談もない場合、現行の制度のもとでは介護サービス事業者等

終　章

が介護者の状況にまで目を向け、積極的な介入を行うことは期待できないという限界が明らかになった。また、ケアマネジャーや介護サービス事業者等、支援者の関わりがあったとしても、被介護者の支援拒否に対応できない、支援者間の連携が不十分、虐待に適切に対応できていないなど、支援スキルに課題があることが確認できた。また事件の背景要因として見過ごせない「うつ」に対しては、周囲の者の危機意識が甘く、適切な支援がなされないまま追い詰められた介護者が事件を引き起こしているという状況が確認できた。

　2）介護者が将来に悲観することにより事件に至った事例
　介護殺人のなかには介護がさほど危機的な状況であったわけではないにも関わらず、介護者が将来を悲観し、心中を図るというものがある。それらには a.被介護者との閉じた関係性のなかで人生を完結させる　b.経済的困窮から生活に行き詰まる　の2つのタイプがある。a.に関しては、支援者の関わりがあった事例であっても、その者が共依存の視点を持ち、介護者と被介護者の関係を危険と捉えることができていないことが確認できた。b.に関しては、介護者が経済的困窮に陥り、福祉事務所を訪れて生活保護の相談をしていたとしても、それが生活の改善にはつながっておらず、ソーシャルワークの視点からは極めて不十分な関わりがなされていたことが判明した。また、生活に行き詰まった事例からは、介護者が経済的な問題に加え、社会において生きづらさを抱えているという課題も浮き彫りになった。

　これらの調査結果を踏まえたうえで、本研究では介護殺人の予防に向け、社会が取り組むべき課題として以下の4つを提示した。

1）事例検証を行い、得られた知見を実践の質向上に活かしていく仕組みを構築する

　どうしたら事件を回避できるのか、同じような事件を繰り返さないた

終　章

めにはどうしたらよいかを考える場合、過去に生じた事例から学び、得られた知見を実際の支援の質向上に活かしていくことが重要である。そのための方策として、個々の事例をデータベース化し、学際的な分析を行えるようにする仕組みの構築が欠かせない。加えて裁判の段階において情状鑑定を行い、社会福祉職が事件の背景となった「本人と環境の不調和」について明らかにすること、裁判後には国及び自治体が主導し、支援のあり方を問うための事例検証を行い、得られた教訓を実践の充実に活かしていくことが必要である。

2）介護者の介護を担う力量を把握し、支援者が積極的に介入できる仕組みを構築する

事件予防の観点に立てば、保健医療福祉の知識を持つ専門職が被介護者のみならず、介護者（介護の担い手として期待されている者も含む）についてもアセスメントを行い、その者の介護を担う力量を客観的に把握することが重要である。そして必要に応じ、介護者に対しても積極的な危機介入を行えるよう、世帯全体を視野に入れた支援システムを構築していくことが求められる。

3）介護殺人につながる危機に適切に対応できるよう、支援者の力量を高める

介護殺人に関しては、特に被介護者の支援拒否、虐待、介護者や被介護者のうつや共依存を速やかに見極め、適切な介入ができるようにすること、支援者間の連携を密に行うことが事件予防の鍵となる。それから福祉事務所のケースワーカーは、自らが生存権保障という重要な業務を担っていることを自覚し、介護者から相談を受けた場合、生活の立て直しに向けたソーシャルワークを展開していくことが必要である。

4）介護者を社会的に支える仕組みを構築する

終　章

　現在の日本において、介護を担うことによって経済的に自立できなくなり、誰かの保護を受けざるを得なくなるなど、二次的な依存の状態に陥ってしまう恐れがある。依存は社会に不可欠な現象であるため、そこから発生する二次的な依存を防ぐための支援は公的な責任においてなされなければならない。介護者を社会的に支える仕組みを構築していくことが必要である。そして、めざすは介護者が自らの状況に合わせ、ケアの関与への濃淡を柔軟に選択でき、尊厳を保ちつつ自分なりの生き方の可能性を追求できる社会である。その実現に向け、私たちは介護者支援の先進国に学び、介護者支援の目標を「社会的包摂」に据え、支援の基盤となる法制度を整備し、必要な財源を確保していかねばならない。介護者支援の先進諸国が行っているように、全国的な介護者支援の戦略を立て、期限を設定のうえ、具体的な支援システムを整備していくことが求められる。

　現在の日本における介護者施策を振り返ってみると、介護者については包括的な支援策が示されることもないまま今に至り、介護保険制度が社会にかなり浸透した現在でさえ、人々は要介護状態になることへの漠然とした恐れを抱き続けている。介護殺人を完全に無くすことは難しい。しかし、ここに挙げた取り組みを進めていくことにより、介護殺人の件数を確実に減らしていくことができると筆者は考える。

第2節　本研究の意義と限界
1．本研究の意義
　本研究では調査や分析を行い、介護殺人の予防について多角的に考察を重ねてきた。そこから導き出される本研究の意義は以下の3つと考える。

1）介護殺人について、背景も含め現状を可能な限り明らかにした

　介護殺人に関する調査はこれまでにも複数の研究者により行われてい

終　章

るが、本研究は公式統計に加え、独自統計も用いて公式統計では把握できなかった事項についても明らかにしており、そのような形で介護殺人の現状を捉えた研究は過去に例がない。先行研究と比較しても本研究から得られる情報量は多く、今後、国としての実態調査実施や全国を網羅したデータベースの作成、事例検証システムの構築を行う際に踏まえておくべき基礎的な情報を示すことができたと考える。

2）介護殺人のなかでも客観的な危機把握が可能な事例について、なぜ、事件回避に向け、第三者による介入が適わなかったのかを明らかにした

　介護殺人については同じような事件が時を変え、場所を変え、繰り返し生じ続けている現状がある。事前に危機を察知することが難しい事例も多いが、なかには第三者による客観的な危機把握が可能な事例も存在する。
　本研究では、客観的な危機把握が可能な場合として①介護者の心身状態に問題がある、②介護者の社会性に問題がある、③被告と被介護者との関係に問題がある　の３つのパターンを示し、なぜ事件が生じたのか、事件回避に向け第三者による介入は適わなかったのかについて分析した。介護保険サービスを利用していたなど、支援者との関わりがあった事例については、なぜ彼らの介入により事件回避が適わなかったのかという疑問が示されることが多いため、本研究では特に、支援者は事件発生のプロセスにおいて何を見落としてしまったのか、どのような視点を持ち、いかなる介入を行うべきであったのかについて詳しく検討した。本研究の事例分析からは、今後の支援の充実に役立つ情報を数多く導き出すことができたと考える。

3）介護殺人のなかでも「将来に悲観」を原因とする事例について、事件発生のプロセスを調べ、どのような対策が必要なのかを具体的に示した

　介護殺人事件の動機は大きく分けて「介護に疲れた」か「将来に悲観」、

－ 198 －

終　章

もしくはその両方である。今まで介護疲れを理由とする事件については先行研究において繰り返し分析がなされてきたが、将来に悲観を原因とする事件に関しては、先行研究において十分な分析がなされているとは言い難い状況であった。本研究ではこの点に注目し、被告が将来に悲観して事件を起こした事例の分析に取り組んだ。結果、事件が生じる背景には介護に対する人々の漠然とした不安があり、この現状を変えるためには単なる介護サービスの充実に留まらない、社会的包摂を視野に入れた介護者支援施策の立案が必要であることを確認した。これは今後、日本で介護者支援のシステムを構想するうえでの指針となり得る指摘であると考える。

2．本研究の限界

　前著「介護殺人－司法福祉の視点から」でも述べたことであるが、本研究には分析に用いた資料に関する限界がある。

　本研究では、過去に生じた介護殺人について、事件を管轄した地方検察庁に問い合わせ、警察や検察での供述、公判での冒頭陳述や証人とのやりとり、被告が語った内容、最終弁論、判決文などを閲覧し、分析を行うという方法をとった。閲覧を許可していただいた資料のおかげで被告の率直な心情などを確認することができ、事件の全体像を把握するうえでも大変参考になった。ただし、それらはそもそも事件の予防を目的として収集された資料ではないため、介護殺人の予防という点においては、必要な情報を十分に入手できたとは限らないという限界があった。たとえば事件に至る背景のなかで、どのような人物が被告と関わりを持っていたのか、もし介護保険サービス等、何らかの支援を利用していたのならどのような内容で、それに対し被告はどのような感情を持っていたのかなどは事件回避の可能性を考える上で重要な情報であるが、裁判においてはあまり重視されておらず、公判において確認されないことが多々あった (注1)。

　また、研究の主旨に沿う分析が行えるよう、全国の地方検察庁宛に手紙を出し、記録の閲覧請求を行ったが、検察庁によっては担当検察官の

－ 199 －

終　章

判断で閲覧を断られる、得たい情報の部分がマスキングされ全く読めないなどの事態も少なからず生じた。それから裁判員裁判導入後は閲覧できる資料が限られ、必要な資料名を明記して請求しても、公判の記録しか閲覧できないこともあった。

　これらの困難を抱えつつも、本研究では可能な限り、具体的な事例を軸に据え、事件に至るプロセスと被告の心情を明らかにし、テーマに沿った分析を行うよう心掛けたつもりではある。それでも、事例の選択と情報収集の点で大きな制約があった点は否めない。この先もこのような状況が続くようであれば、介護殺人に対し、有益な事例分析を行うことが難しくなる。その点からも、今後は介護殺人の予防に向け、国をあげて事例の情報収集を行い、事例をデータベース化し、学際的な分析を行える仕組みを構築する必要性を強く主張したい。

第3節　今後の研究課題

　本研究では、介護殺人の予防に向けた方策として、主に介護者支援の充実と介護者が将来に悲観しなくてもよい社会づくりが必要であることを示している。今後はこの提言を国の政策や自治体の施策に活かしていけるよう、歩みを進めていかねばならない。

　日本においては、介護者支援の基盤となる法整備が喫緊の課題である。既に介護者法の草案も作成されており、国会議員を対象とした市民団体によるロビー活動も行われているが、まだ具体化の方向性は見えてこない。この動きを全国に広め、法制化を急ぐとともに、現行の高齢者施策の枠内において可能な介護者支援についても幅広く提案していくことが必要だろう。

　筆者が関わった取り組みとしては、認知症の人と家族の会愛知県支部のメンバーとともに介護者支援の理念となる「介護者憲章」を作成し、介護者自らが行うセルフアセスメントシートを開発し、効果検証を行った（認知症の人と家族の会愛知県支部 2012、湯原、尾之内、伊藤ほか 2013、湯原 2014）。認知症の場合、家族の大半は被介護者の症状や行動に戸惑

　　　　　　　　　　　終　章

い、不安を感じる。なぜそんな事態が生じるのかよく分からないことに
加え、将来どうなるか、先が見えないことが不安を倍増させるのであろ
う。ただし彼らの多くは介護が必要になる前までは様々な課題を抱えつ
つも地域で生活を続けていた人たちであり、もともと自分自身で問題解
決できる力を有している人たちである。したがって介護者やその家族の
支援にあたっては、彼らが適切な情報と支援を得、介護を抱えた生活を
自ら構築していけるよう環境を整えることが最優先課題となる。そのた
めのプロセスとして、介護者が自らの状態や生活の不安点をケアマネ
ジャーに伝え、話し合う機会を持つことが重要で、その点の強化は介護
者のエンパワメントの視点からも大きな意味がある（湯原、尾之内、伊藤
ほか 2013：501）。

　その他、支援にあたっての具体的ツールは、同じく認知症の人と家族
の会愛知県支部のメンバーである恒川らケアラーマネジメント勉強会が
開発を進めている。この勉強会は認知症の介護家族の心理ステップをも
とに介護者アセスメントを作成、家族をどのように見立てていくのか、
家族への支援をどうケアプランに組み込んでいくのかについて提案、支
援者を対象とした研修を実施しており、今後の活動が注目される（認知
症の人と家族の会愛知県支部　ケアラーマネジメント勉強会：2017）。

　介護者支援については、今、多くの実践者がその重要性に気付き始め
ている。2016 年 6 月に神戸で開催された第 17 回認知症ケア学会大会で
は、朝一番の報告だったにも関わらず、介護者支援に関する分科会「家
族支援－アセスメントに焦点を当てて」に 200 名を超える聴衆の参加が
あり、高齢者介護における介護者支援の気運の高まりを肌で感じること
ができた。介護の現場ではさまざまな取り組みがなされており、注目す
べき実践も多い。今後は各地で試みられている介護者支援の取り組みを
調べ、成果を全国で共有し、支援方法の開発につなげていくことが課題
である。

　介護を担ったとしてもその人が社会から孤立することなく、自分の人

終　章

生を生きられる社会を構築できれば、それは介護殺人の予防にとどまらず、介護者の QOL の向上、生活の充実につながっていく。そのための研究はまだ始まったばかりである。

(注1)　これらは被告が自らなぜ犯行に至ったのかを理解し、真摯な反省をするために必要な情報であり、本来であれば公判のプロセスにおいて、事情をよく知る社会福祉職などにより確認を行っていくのが適切と考える。この点については湯原（2015）「介護殺人事件の裁判における社会福祉専門職の関与に関する研究」『社会福祉学』56(1), 116-127 で詳しく論じたので、ぜひご参照いただきたい。

《引用文献》
日本ケアラー連盟「『介護者（ケアラー）支援の推進に関する法律案（仮称）』の提案の経緯と検討理由」http://carersjapan.com/images/activities/carerslow20150621.pdf　2016.10.18 閲覧 .
認知症の人と家族の会愛知県支部編（2012）『介護家族をささえる　－認知症家族会の取り組みに学ぶ』中央法規 .
認知症の人と家族の会愛知県支部　ケアラーマネジメント勉強会（2017）『ケアマネ応援！！自信がつくつく家族支援　－介護者のアセスメントと支援－』クリエイツかもがわ .
湯原悦子、尾之内直美、伊藤美智予ほか（2013）「介護者セルフアセスメントシートの開発」日本認知症ケア学会誌 12(2), 490-503.
湯原悦子（2014）「介護者セルフアセスメントシートの効果検証」『日本認知症ケア学会誌』13(3), 627-644.

謝　辞

　本書の出版に向けては、前著と同じく、多くの方々のお世話になりました。第一に、日本学術振興会にお礼を申し上げたいと思います。本書は平成 25 年度科学研究費補助金「地域における介護者支援システムの構築に関する研究－介護殺人の裁判事例の分析から－」（基盤研究（C）、研究代表者　湯原悦子、課題番号 24616019　による研究成果をまとめたものです。助成をいただいたおかげで、刑事確定訴訟記録の閲覧申請をする際に、本研究は社会的に成果が期待されているものであると主張することができました。また、全国の地方裁判所をめぐっての裁判記録の閲覧も可能になりました。遠い地方検察庁ともなると、日帰り出張では済みません。時間もお金もかかります。研究助成がなければ、全国の地方検察庁を訪ね、納得いくまで情報収集を行うことは不可能であったと思います。

　そして刑事確定訴訟記録の閲覧のため、ご尽力くださった地方検察庁、担当検察官の皆様にも深く感謝を申し上げます。学術研究のためという目的と意義を理解してのことと思いますが、記録の閲覧を希望した検察庁には一か所を除き、快くご協力いただくことができました。実際に閲覧が可能かどうかを判断し、新たに閲覧可能な記録をまとめ直す作業はとても大変な作業であると推測します。私の研究にご協力くださった検察官の皆様、本当にありがとうございました。

　それから本書を出版するにあたり、2016 年度「日本福祉大学出版助成金」の対象に採択くださった日本福祉大学の皆様、介護殺人についてともに考え、議論をした日本福祉大学社会福祉学部の湯原ゼミ生、指導院生の皆さんにも心からお礼を申し上げます。
　学生の皆さんはその年代ならではの率直な目を持ち、介護殺人の背後にある社会問題について、時には鋭い指摘を投げかけてくれました。貴

謝　　辞

重な気づきの機会をありがとう。卒業後は福祉の現場で働く皆さんに教えてもらいながら、この先も私なりに、社会の様々な課題の解決について考えていきたいと思います。

　最後に、執筆内容についてご助言をいただいた長沼建一郎教授、大曽根寛教授、司法福祉の師である山口幸男先生、加藤幸雄先生、私にいろいろな気づきを与えてくださった介護者の皆様、朝昼問わず執筆作業を続ける私を温かく見守ってくれた夫の温さんに心から感謝を申し上げます。ありがとうございました。

あとがき

　しんと静まり返った法廷。時間になり、奥の扉が開く。刑務官に連れられ、手錠に腰縄を付けた初老の男性が入ってくる。介護殺人事件の被告である。実直そうな横顔、その表情からは何を考えているのか、今はまだ何も読み取れない。

　今日から4日間、ここで裁判員裁判が行われる。傍聴席には彼を見つめる人たち、弁護士とアイコンタクトをしているのは被告の家族だろうか。

　裁判の冒頭では、検察官により事件の概要が明らかにされる。それは客観的事実に基づく概要であるが、刑事裁判という場のために整理された一つのストーリーにすぎない。その裏に、言葉ではうまく説明のつかない悲しみや絶望、愛情など、被告だけが知る事件のストーリーが存在する。私はそれらをきちんと受け止めたいと願う。彼の語る言葉に耳を傾け、彼の身に何が起き、それが彼にどのようなインパクトをもたらしたのかについて思いをめぐらす。そして被告の立場からみたもう一つのストーリーを頭のなかに再構築していく。

　法廷は、被告自らが当時の状況について語る貴重な場である。たとえ他人からみて理解しがたい内容でも、そこで語られる内容は彼にとっては真実なのだろうと、私は思う。

　私が事件の情報を得るのは法廷だけではない。時には事件発生地の地方検察庁に問い合わせ、刑事確定記録の閲覧を申し込むこともある。申し込むとおよそ半年から1年くらい後に地方検察庁から返答が来て、検察官が閲覧可能と判断した書類を読むことができる。書類はだいたい、3～4センチくらいの厚さになる。

　ひもで束ねられた書類のなかに、被告が警察官や検察官を相手に語った言葉、被告のきょうだい、支援者たちの供述が綴じられている。事件

あとがき

　関係者の率直な戸惑い、迷い、混乱がそこにある。私は彼らの供述をもとに、事件に至るまでの被告の人生をたどり、何があったのかを一つひとつ紐解いていく。

　被告が疲れ、悩み、将来を悲観するに至った過程に思いを馳せるうちに、私はいつしか、自分自身の過去を思い出す。もともと私の家には、介護が必要な家族が二人いた。私は目の前で繰り広げられる現実を受け止めきれず、途方に暮れていた。自分がどうしたらよいか分からず、真っ暗闇のなかをただ、立ちすくんでいた。

　悲しみが、怒りが私のなかによみがえる。…この時、心折れ、力尽きたのは私ではなかったか。なぜ、被告として法廷にいたのが彼で、私ではないのだろう。

　裁判所にはいろいろな事件の被告が登場するが、こと介護殺人の被告に関しては、そのほとんどが介護さえなければ一生、この場に現れることがなかったと思われる人たちである。不器用ではあるけれど、この社会に根を張り、誠実に、一生懸命に生きてきた人たち。それなのにこの先は、かけがえのない家族を殺害したという事実を背負って生きていかねばならない。それがどれだけ過酷であるか、私には想像がつかない。せめて彼らが必要以上の苦しみを抱えることがないようにと心のなかで祈る。そして思う。こんな形で介護を終えることなど、絶対に、あってはならない。

　前著を出版してからおよそ10年間、私は各地で生じる介護殺人事件に向き合いながら、時間が経過していくのに大きな焦りを感じていた。ようやく本書の執筆を終え、今は正直、ほっとした気持ちである。まだまだ実態を描き切れていないのかもしれないが、被告たちの声に耳を傾

け、切実なメッセージを受け続けてきた者として、少しは肩の荷が下り
たような気がしている。
　…この先、私はどこに向かっていくのだろう。

　前著のあとがきには次のような文章が書いてあった。

　今後は本書で論じた事柄が少しでも現場の役に立つように、多くの介
護で苦しむ方々と考えを分かち合い、現状を改善する道を模索していき
たい。介護に関わる人の苦しみ、悲しみから目をそらすことなく、それ
でも強くたくましく生きていく人々の温かさを自分なりに表現していき
たい。やるべきことは山積している。しかしこれらを追求していくのは、
やりがいを感じることのできる楽しい仕事でもある。

　若かりし頃（今もそれほど年ではないつもりだが）の決意を読むのは
面はゆい気がするが、振り返れば概ね、この道をたどることができたよ
うに思う。
　私は介護が必要な家族について悩んでいたとき、地元である愛知県で
介護仲間、認知症の人と家族の会（以下、家族の会）の方たちと出会った。
彼女らと交流するなかで、悩んでいるのは自分一人ではないことに気が
付いた。彼女らにただ話を聞いてもらうだけで気持ちが軽くなるのを感
じた。その時に感じた温かい気持ちは、十数年が経過した今でも忘れる
ことはない。
　社会福祉の研究者になってからは、家族の会の方たちと話し合いを重
ね、介護する家族への支援はどうあるべきか、支援にあたっての理念は
何か、具体的な支援ツールとして何が必要かなどを夜遅くまで語り合っ
た。それは子ども時代から介護に向き合ってきた自分自身を振り返り、
過ぎてきた時間の意味づけをする場でもあった。今、私の周りには介護
者支援に関心のある研究者、福祉に関心のある学生、市民の皆様がいる。
ともに活動し、発信する仲間がいる。これは介護がつないだ縁であり、
私の人生を豊かにしてくれた人たちに今、感謝の気持ちでいっぱいであ

あとがき

る。

　介護者支援の施策は遅々として進まない一方、介護者たちは着々と前に進んでいる。彼らは実にたくましい。ひとたび家族の会で学び、力を付けたメンバーは、次に同じ道を行く介護者たちを支える存在になっていく。同じ経験をした者たちが語る言葉は実に説得力がある。修羅場を乗り越えてきた芯の強さがある。
　仲間を得て、情報を得て、人は明日を生きる力を獲得する。現在の日本の高齢者介護を取り巻く状況を思うと将来に悲観したくなる気持ちは痛いほど分かるが、日本の至るところでこのような介護者たちの活動があり、それによって救われる介護者がいることも忘れてはならない事実である。将来に見切りをつけるのはまだ早い。

　嵐に遭い、大雨に見舞われ、前に進めない日もある。辛い思いを抱えて、ただじっとうずくまっている日もある。それでいい、でも一つだけ忘れてはならないこと、私たちは死んではならない。今の苦しみは永遠ではない、時の経過とともに状況は確実に変わっていくのだから。
　雲間から光が差す日はきっと訪れる。苦しみのさなかにある介護者の方々、どうかあなたの力が尽きないように、そして心にポッと灯がともる出会いがあるようにと、私は心から願う。本書がそんな出会いを得るきっかけとなることができたら、それ以上の喜びはない。

　最後に。本書の出版の機会を与えてくれたクレス出版の泉谷雅明様、泉谷様から引き継ぎ、私を担当くださった渡邊亜希子様、本当にお世話になりました。
　前著に加え、今回も泉谷様のお力を得て出版できたことをとてもうれしく思います。退職されてもお元気で。いつかお会いできる日を楽しみにしています。

初出一覧

　本書を執筆するにあたり、各章において既に発表した以下の論文の文章を再構成して用いたり、図表の情報を最新のものに修正して提示したりしています。

第1章
湯原悦子（2015）「介護殺人事件の裁判における社会福祉専門職の関与に関する研究」『社会福祉学』56（1），116-127.
湯原悦子（2016）「日本における介護殺人の現場と今後の課題」nippon.com 知られざる日本の姿を世界へ　http://www.nippon.com/ja/currents/d00251/ 2016.10.5 閲覧.

第2章
湯原悦子（2015）「日本における介護に関わる要因が背景に見られる高齢者の心中や殺人に関する研究の動向」『日本福祉大学社会福祉論集』132, 31-46.

第3章
湯原悦子（2011）「介護殺人の現状から見出せる介護者支援の課題」『日本福祉大学社会福祉論集』125, 41-65.

第4章
湯原悦子（2016）「介護殺人事件から見出せる介護者支援の必要性」『日本福祉大学社会福祉論集』134, 9-30.
湯原悦子（2012）「介護殺人事件の事例研究」『司法福祉学研究』（12），120-133.

第6章
湯原悦子（2014）「家族介護者支援の理論的根拠」『日本福祉大学社会福祉論集』130, 1-14.
湯原悦子（2010）「イギリスとオーストラリアの介護者法の検討：日本における介護者支援のために」『日本福祉大学社会福祉論集』122, 41-52.
湯原悦子（2016）「日本における介護殺人の現場と今後の課題」nippon.com 知られざる日本の姿を世界へ　http://www.nippon.com/ja/currents/d00251/ 2016.10.5 閲覧.

資　　料

資料　1996 年から 2015 年までに生じた介護殺人事件一覧
※日にちが 00 の事例は記事では年月までしか分からなかった事例である。

	発生年	新聞名	事件年月日	記事掲載日	発生地	記事見出し
1	1996	大阪読売	19960102	19960103	鳥取	93歳母を凍死させる　「失禁した」と69歳娘　一晩庭に放置　鳥取県警が逮捕
2	1996	産経	19960228	19969625	東京	【問いかける死】都会の片隅で（1）介護殺人　疲労 "極限" われを失う
3	1996	毎日	19960407	19969498	香川	介護疲れ？68歳の義妹を絞殺　同居の73歳女性を逮捕／香川
4	1996	朝日	19960422	19969428	兵庫	家族だけで介護8年　寝たきり男性殺人事件　神戸／兵庫
5	1996	毎日	19960430	19960430	愛知	愛知・小牧で62歳、殺害される－妻から事情聴取
6	1996	中部読売	19960507	19960508	愛知	寝たきりの夫を刺殺　無理心中図り重体　「疲れた」と妻／愛知・阿久比町
7	1996	東京読売	19960720	19969720	東京	介護疲れで無理心中　53歳女性、85歳の母と／東京・渋谷
8	1996	西部読売	19960812	19969812	山口	84歳、妻を殺害容疑で逮捕　山口・下関の老人保健施設
9	1996	信濃毎日	19960814	19960814	長野	三郷で78歳の妻を殺害　寝たきり…介護疲れか
10	1996	朝日	19960816	19960816	沖縄	寝たきりの父の首絞め殺害　宮古署、容疑の息子逮捕　【西部】
11	1996	朝日	19960820	19960821	宮城	介護に疲れ無理心中　「これしかない」と妻　仙台の老夫婦／宮城
12	1996	南日本新聞	19961008	19970201	鹿児島	国分の実母殺害の女性、初公判で起訴事実認める　鹿地裁
13	1996	朝日	19961116	19961118	埼玉	老夫婦、電車に飛び込み心中　川越、病気苦？／埼玉
14	1997	毎日	19970107	19970411	東京	願い受け76歳・病弱の妻殺害、84歳に猶予判決－東京地裁支部
15	1997	朝日	19970222	19970223	群馬	寝たきりの妻を絞殺した疑い　看病疲れの77歳夫を逮捕／群馬・前橋署
16	1997	信濃毎日	19970304	19970307	長野	長野市が「ナイトケア」導入へ　老夫婦の無理心中教訓に
17	1997	東京読売	19970326	19970815	東京	痴呆症の父殺害の娘に実刑　介護に苦悩…7000人が減刑嘆願したが／東京地裁
18	1997	産経	19970329	19970330	大阪	「看病に疲れた」と妹が姉を殺害／大阪・豊中市
19	1997	毎日	19970506	19970509	千葉	寝たきりの義母を殺害　ぼけ症状進み介護疲れ？容疑の36歳女性逮捕／千葉
20	1997	河北新報	19970507	19970508	山形	悲劇生んだ孤独な介護／痴ほう症妻を85歳夫が殺害／寒河江　「相談ほしかった」福祉関係者ら大きな衝撃
21	1997	日本経済	19970511	19970511	静岡	静岡、病弱の長女絞殺した疑い－87歳母親を逮捕。
22	1997	朝日	19970512	19970514	大阪	介護疲れか、妻が夫を絞殺　大阪・東成区／大阪
23	1997	朝日	19970518	19970715	山形	63歳弟に猶予つき判決　河北町の73歳姉傷害致死　山形地裁／山形
24	1997	朝日	19970628	19971108	山形	妻に猶予付き判決　痴ほう症の夫殺害事件　山形地裁鶴岡支部／山形
25	1997	朝日	19970821	19970821	神奈川	寝たきりの夫殺害の容疑で主婦を逮捕　藤沢
26	1997	東京読売	19970922	19970922	新潟	76歳夫が妻を絞殺か　看護疲れ、心中図る？／新潟・柏崎
27	1997	朝日	19970927	19970928	埼玉	介護疲れ？母を殺す　容疑の50歳の娘逮捕　越谷署／埼玉
28	1997	朝日	19971102	19971103	愛知	介護苦に母殺害、長女逮捕　二人暮らし、仕事も稲沢市【名古屋】
29	1997	河北新報	19971108	19971110	秋田	介護疲れ、入院中の87歳母殺害／容疑の60歳二女逮捕／秋田・角館
30	1997	中日	19971203	19980218	愛知	なくそう家族の悲劇　無理心中の病理（中）　暗いイメージ追い過ぎ

資　料

加害者	年齢	被害者	年齢	判　決
娘	69	母	93	
娘	54	母	75	懲役3年執行猶予5年
姉	73	妹	68	懲役3年執行猶予4年
息子	33	父	61	懲役7年
妻	52	夫	62	
妻	55	夫	61	
娘	53	母	85	
夫	84	妻	77	
夫	78	妻	78	
息子	36	父	84	
妻	68	夫	68	
娘	58	母	85	
夫	71	妻	65	
夫	84	妻	76	
夫	77	妻	72	
夫	87	妻	78	
娘	38	父	73	懲役5年6月
妹	65	姉	75	懲役3年執行猶予5年
義理の娘	36	義理の母	88	懲役4年
夫	85	妻	79	懲役3年執行猶予4年
母	87	娘	66	懲役3年執行猶予5年
妻	75	夫	80	
弟	63	姉	73	懲役3年執行猶予3年
妻	75	夫	76	
妻	66	夫	72	
夫	76	妻	77	
娘	50	母	80	
娘	50	母	78	
娘	60	母	87	懲役3年
夫	83	妻	75	

資　料

	発生年	新聞名	事件年月日	記事掲載日	発生地	記事見出し
31	1997	中　日	19971213	19971214	愛　知	病の身、看病疲れ心中　85歳夫、83歳妻絞殺し／名古屋・南区
32	1998	朝　日	19980102	19981022	愛　知	息子殺害の96歳　猶予判決から半月後に死亡／愛知・豊橋
33	1998	朝　日	19980114	19980204	岩　手	母親殺害の女性を起訴「介護疲れた」と供述　盛岡地検／岩手
34	1998	日　経	19980121	19980122	滋　賀	夫の看病苦に無理心中？　滋賀、社内に男女の遺体
35	1998	朝　日	19980121	19980121	大　阪	介護疲れ？　父絞殺容疑で50歳の男を逮捕　尼崎の仮設住宅／大阪
36	1998	毎　日	19980208	19980209	栃　木	寝たきりの妻の首を絞める　－今市／栃木
37	1998	毎　日	19980218	19980219	茨　城	寝たきり両親の介護に疲れ、二男が無理心中図る？－真壁町の3人焼死／茨城
38	1998	日　経	19980318	19980715	大　阪	痴呆症の寝たきり妻、殺害79歳に温情判決
39	1998	朝　日	19980416	19980417	兵　庫	寝たきりの父、殴り死なす　介護の35歳息子を逮捕　神戸／兵庫
40	1998	毎　日	19980425	19980425	愛　知	看病疲れ？　夫を絞殺　容疑の79歳妻、逮捕／愛知・八開村
41	1998	毎　日	19980521	19980523	神奈川	「なぜもの静かな人が…閑静な住宅地に衝撃－川崎・病気の妻殺し／神奈川
42	1998	西部読売	19980609	19980616	福　岡	介護疲れで心中図る／福岡・小倉北署
43	1998	静　岡	19980619	19980619	愛　知	「介護疲れ」と母親殺害　自首した56歳男を逮捕－豊橋署
44	1998	毎　日	19980628	19980629	長　野	看病疲れで母親絞殺、無理心中の男性重体　－長野市／長野
45	1998	信濃毎日	19980702	19990103	長　野	介護のあした（1）＝2つの結末（1）　命絶った「家長の責任」
46	1998	毎　日	19980815	19980817	秋　田	看護疲れ？　母親殴り殺害　40歳の長男を逮捕－大館／秋田
47	1998	朝　日	19980821	19980319	佐　賀	痴呆症の父親殴り死なせた被告に実刑　佐賀地裁判決／佐賀
48	1998	朝　日	19980924	19980929	新　潟	母の介護に疲れ、殺害した疑い　無理心中図る／新潟
49	1998	大阪読売	19981030	19990225	大阪	介護疲れ、病気の妻絞殺　76歳夫に猶予判決／大阪地裁
50	1998	大阪読売	19981104	19990701	和歌山	85歳の母親殴り死なす？有田の58歳男を殺人容疑で逮捕／和歌山
51	1998	毎　日	19981116	19981117	宮　城	心中？　車が海に転落、親子3人が死亡　－仙台／宮城
52	1998	朝　日	19981117	19981128	茨　城	「介護疲れ」供述　岩瀬町の殺人で容疑の妻逮捕／茨城
53	1998	静　岡	19981214	19990429	静　岡	湖西の自殺幇助事件　心中持ちかけた被告に実刑判決－地裁浜松支部
54	1998	大阪読売	19981220	19981221	兵　庫	姫路港岸壁から車転落、親子3人死亡　介護に疲れ無理心中？／兵庫・播磨署
55	1998	東京読売	19981229	19990313	群　馬	新町の実母殺害　被告が起訴事実認める／群馬
56	1999	朝　日	19990111	19990112	神奈川	寝たきりの母親を絞殺　容疑の男性逮捕　横浜・鶴見区／神奈川
57	1999	東京読売	19990125	19990318	東　京	昭島の承諾殺人初公判　息子に懲役5年求刑　検察側「同情に値するが…」
58	1999	毎　日	19990208	19990208	北海道	介護を苦に！？　自宅で父親を殺害、容疑の長女を逮捕／北見
59	1999	東京読売	19990220	19990617	神奈川	厚木の承諾殺人「高齢化社会の悲劇」と猶予判決／神奈川
60	1999	大阪読売	19990330	19990331	兵　庫	看病疲れ母絞殺　42歳男、手首切り軽傷／兵庫・姫路署
61	1999	朝　日	19990403	19990404	静　岡	母親殺し容疑、公務員を逮捕　熱海／静岡

－ 212 －

資　料

加害者	年齢	被害者	年齢	判　決
夫	85	妻	83	
母	96	息子	63	地裁懲役3年、高裁懲役3年執行猶予4年
娘	63	母	89	懲役3年
妻	71	夫	71	
息子	50	父	87	懲役2年
夫	65	妻	65	懲役3年執行猶予5年
息子	48	父、母	84,79	
夫	79	妻	80	懲役3年執行猶予5年
息子	35	父	76	
妻	79	夫	86	
夫	70	妻	63	懲役3年執行猶予5年
息子	53	母	85	懲役3年執行猶予5年
息子	56	母	83	
息子	67	母	88	懲役4年
夫	78	妻	82	
息子	40	母	69	懲役4年6月
息子	37	父	62	懲役2年
息子	41	母	66	懲役5年
夫	76	妻	70	懲役3年執行猶予4年
息子	59	母	85	
妻	81	夫	84	
妻	67	夫	71	
息子	54	母	83	
息子	49	父、母	83,86	
息子	53	母	93	懲役5年
息子	48	母	88	懲役3年執行猶予5年
息子	54	母	85	懲役3年6月
娘	51	父	80	
夫	80	妻	84	懲役2年6月執行猶予3年
息子	42	母	73	
息子	51	母	75	

資　料

	発生年	新聞名	事件年月日	記事掲載日	発生地	記事見出し
62	1999	東京読売	19990416	19990416	千　葉	74歳妻を絞殺、心中図る？　介護疲れか75歳夫も重態／千葉・稲毛
63	1999	朝　日	19990426	19990427	栃　木	夫の首絞め殺害容疑　「介護疲れた」妻を逮捕　都賀町／栃木
64	1999	大阪読売	19990512	19990520	大　阪	阿倍野の絞殺体　殺人容疑で夫逮捕／大阪府警
65	1999	朝　日	19990526	19990527	大　阪	「母親殺した」110番の男逮捕　無理心中図る？　大東市／大阪
66	1999	東京読売	19990604	19990617	東　京	"老老介護"の果て殺人「死なせて」87歳妻　警視庁、88歳夫の逮捕見送り
67	1999	朝　日	19990627	19990628	神奈川	74歳の妻、84歳の夫絞殺　容疑で逮捕　横浜・港南区
68	1999	東京読売	19990715	19990715	東　京	老人性痴ほう症の看病に疲れ母親を絞殺／東京・港区
69	1999	東京読売	19990724	19991217	東京	要介護の母親を殺害　元証券ディーラーに懲役4年／東京地裁
70	1999	西部読売	19990724	19990726	福岡	福岡・瀬高町で68歳男性が車いすの妻絞殺　介護に疲れ
71	1999	朝　日	19990829	19990830	神奈川	介護に疲れ無理心中か　神奈川で夫婦死亡
72	1999	朝　日	19990917	20000407	千　葉	介護疲れで母殺害「献身、考慮できる」懲役6年の判決／千葉
73	1999	朝　日	19990918	19990925	静　岡	母殴り死なす　息子を傷害致死で逮捕　静岡中央署
74	1999	朝　日	19991025	20000307	三　重	介護に疲れ無理心中　夫殺した容疑で女性を逮捕　桑名署／三重
75	1999	朝　日	19991101	19991211	富　山	夫を承諾殺人容疑で書類送検　氷見の絞殺事件／富山
76	1999	日　経	19991102	19991103	千　葉	千葉・富津、介護に疲れイライラ、58歳息子が殴り82歳の母親死亡
77	1999	朝　日	19991108	19991109	東　京	「介護疲れた」母を殺害容疑で66歳の息子逮捕／東京・品川区
78	1999	大阪読売	19991120	19991121	兵　庫	無理心中図り87歳夫を絞殺　容疑の妻逮捕／神戸
79	1999	朝　日	19991124	19991125	福　岡	母親を絞殺、介護疲れで？　北九州市で容疑の娘を逮捕【西部】
80	1999	朝　日	19991126	20000207	京　都	息子追い詰めた介護　一人で両親世話、父殴り死なす
81	1999	西部読売	19991202	20000210	山　口	妻殺害の被告起訴事実認める　長門市／山口
82	1999	中　日	19991207	19991208	三　重	85・82歳夫婦、無理心中　妻絞殺後、夫が自殺「介護に疲れた」
83	1999	朝　日	19991214	20010720	埼　玉	母の餓死は殺人罪、さいたま地検が起訴　被告は殺意を否認／埼玉
84	1999	中部読売	19991224	19991225	岐　阜	86・79歳夫婦無理心中　寝たきり介護苦に？　／岐阜・恵那
85	2000	中　日	20000115	20000116	長　野	祖父、孫3人殺される　祖母は自殺、無理心中か　木曽福島
86	2000	朝　日	20000203	20000204	長　野	老老介護で無理心中か　86歳夫が77歳妻殺害容疑　長野市／長野
87	2000	朝　日	20000205	20000207	兵　庫	無理心中か、マンションで女性2人死傷　神戸・兵庫区／兵庫
88	2000	毎　日	20000207	20000208	北海道	親子無理心中？　母死に長女重体－砂川
89	2000	中部読売	20000207	20000208	愛　知	「疲れた、あと頼む」武豊町で介護の73歳夫、妻と心中／愛知
90	2000	毎　日	20000216	20000216	神奈川	58歳娘、92歳の母を殺す？　－川崎
91	2000	朝　日	20000306	20010331	山　梨	妻放置、死亡させる　保護責任者遺棄致死罪で74歳夫を起訴／山梨
92	2000	中　日	20000312	20000313	愛　知	看病疲れ無理心中　渥美で内縁の老夫婦が死亡

－ 214 －

資　料

加害者	年齢	被害者	年齢	判　決
夫	75	妻	74	
妻	63	夫	66	
夫	68	妻	70	
息子	58	母	82	
夫	88	妻	87	
妻	74	夫	84	懲役3年執行猶予4年
娘	57	母	85	
息子	50	母	83	懲役4年
内縁夫	68	妻	88	
夫	70	妻	63	
息子	59	母	84	懲役6年
息子	39	母	73	懲役3年執行猶予5年
妻	58	夫	68	地裁懲役2年6月、高裁懲役3年執行猶予4年（保護観察付）
夫	88	妻	76	
息子	58	母	82	懲役4年
息子	66	母	88	懲役5年
妻	78	夫	87	
娘	53	母	82	懲役3年執行猶予4年保護観察付き
義理の息子	41	義父	62	懲役2年10月
夫	63	妻	60	懲役4年
夫	85	妻	82	
息子	57	母	79	懲役6年
妻	79	夫	86	
妻	71	夫	70	
夫	86	妻	77	
娘	35	母	62	
娘	37	母	71	
夫	73	妻	72	
娘	58	母	92	
夫	74	妻	74	
内縁夫	76	内縁妻	60	

資　料

	発生年	新聞名	事件年月日	記事掲載日	発生地	記事見出し
93	2000	朝　日	20000314	20000315	長　野	「介護疲れ」また悲劇　箕輪町の会社員が母親と心中図り逮捕／長野
94	2000	日　経	20000324	20000326	千　葉	千葉県警、病気の妻を絞殺、容疑の70歳逮捕
95	2000	毎　日	20000401	20000406	新　潟	妻が寝たきり、夫は看病に疲れ…78歳、72歳夫婦が心中－亀田町／新潟
96	2000	東京読売	20000416	20000531	千　葉	寝たきりの妻殺害で初公判　長男「寛大な措置を」千葉地裁／千葉
97	2000	朝　日	20000422	20000424	広　島	妻の介護疲れ？　67歳夫が絞殺　広島・呉、容疑で逮捕
98	2000	朝　日	20000429	20000501	福　島	重体の母、死亡で殺人の容疑に　喜多方の殺人未遂事件
99	2000	朝　日	20000514	20000515	千　葉	87歳母を殺害容疑「介護に疲れた」長男逮捕　成東署／千葉
100	2000	朝　日	20000518	20000519	埼　玉	看病疲れで無理心中か　川里村で老夫婦が死亡／埼玉
101	2000	毎　日	20000525	20000526	神奈川	ホテルで姉弟、がん苦に心中　－川崎
102	2000	朝　日	20000606	20000608	広　島	81歳夫、77歳妻を刺殺容疑　介護疲れ？広島で逮捕
103	2000	朝　日	20000620	20000623	三　重	介護に疲れ？伯母を刺殺容疑　三重・自首の男逮捕
104	2000	東京読売	20000623	20000624	千　葉	松戸で70代夫婦が無理心中？妻死亡、夫けが　病気で前途悲観か／千葉
105	2000	毎　日	20000703	20000704	東　京	介護行き詰まり、82歳夫と心中か　妻は重傷／東京・武蔵野
106	2000	朝　日	20000712	20000715	福　島	母親死なせた男性を逮捕　相馬署、傷害致死容疑／福島
107	2000	毎　日	20000723	20010111	東　京	末期がんの夫殺した妻に、執行猶予付き温情判決－東京地裁
108	2000	朝　日	20000724	20001118	大　阪	義母を介護中、殴り死なす　保険使えぬと誤解　容疑の主婦書類送検
109	2000	毎　日	20000805	20000807	兵　庫	母親死なせる　傷害致死容疑で長男を逮捕－川西署／阪神
110	2000	西部読売	20000808	20000809	福　岡	痴呆症状の父殴り死なす　男を逮捕／福岡・八幡西署
111	2000	朝　日	20000815	20000818	宮　城	痴呆の父を暴行死の疑い　古川で男逮捕／宮城
112	2000	毎　日	20000815	20000816	大　阪	自宅寝室で74歳女性死亡　無理心中？　メモ残し夫行方不明　－大阪市西成区
113	2000	朝　日	20000819	20000820	兵　庫	65歳長女を82歳母絞殺　介護疲れ、容疑で逮捕
114	2000	朝　日	20000823	20000825	奈　良	寝たきり母を傷害致死容疑　奈良、65歳を逮捕
115	2000	朝　日	20000829	20000830	静　岡	60代の夫婦が無理心中か　静岡市／静岡
116	2000	毎　日	20000831	20000901	茨　城	妻の病気を苦に、車内で無理心中はかる？　－八千代町、妻が死亡／茨城
117	2000	朝　日	20001004	20001007	愛　知	「介護疲れ」妻殺害、容疑の夫逮捕　名古屋・南区
118	2000	中部読売	20001025	20001026	三　重	看護に疲れ64歳母殺害　三重・松阪で容疑の息子逮捕
119	2000	静　岡	20001101	20001101	静　岡	修善寺で88歳夫が83歳妻を介護に疲れ殺す　殺人容疑で逮捕－大仁署
120	2000	朝　日	20001101	20010322	福　岡	病気の妻殺害で懲役5年判決　福岡地裁
121	2000	朝　日	20001123	20001124	北海道	義母の首絞め、殺人未遂容疑　函館の主婦を逮捕
122	2000	中部読売	20001209	20001214	三　重	三重・久居の主婦殺害事件　介護の70歳の夫を逮捕／久居署
123	2000	東京読売	20001211	20001212	長　野	掘金村で91歳父親が二男殺害か　重度障害で寝たきり／長野

－ 216 －

資　料

加害者	年齢	被害者	年齢	判　決
息子	56	母	81	懲役4年
夫	70	妻	69	
夫	78	妻	72	
夫	76	妻	74	禁固3年執行猶予3年
夫	67	妻	64	懲役4年
息子	37	母	69	
息子	65	母	87	懲役4年
夫	72	妻	68	
弟	47	姉	62	
夫	81	妻	77	懲役3年執行猶予5年
甥	57	おば	82	懲役4年6月
夫	76	妻	72	
妻	62	夫	82	
息子	50	母	80	
妻	63	夫	65	
嫁	45	義母	85	
息子	46	母	84	懲役5年
息子	36	父	61	
息子	51	父	82	懲役5年
夫	67	妻	74	
母	83	娘	65	
息子	65	母	88	懲役3年執行猶予3年
夫	69	妻	62	
夫	75	妻	77	
夫	59	妻	64	懲役3年執行猶予5年
息子	32	母	64	
夫	88	妻	83	懲役3年執行猶予4年
夫	72	妻	71	懲役5年
嫁	49	義母	77	懲役6年
夫	70	妻	70	
父	91	息子	60	

資　　料

	発生年	新聞名	事件年月日	記事掲載日	発生地	記事見出し
124	2001	朝　日	20010106	20010106	埼　玉	痴呆症の夫を「介護に疲れ」殺害　容疑の妻を逮捕／埼玉
125	2001	東京読売	20010125	20010126	神奈川	横浜・都筑区で長男に首絞められ重態の母死ぬ　殺人容疑に切り替え／神奈川
126	2001	毎　日	20010226	20010307	埼　玉	「面倒見るのに疲れた」車に父？の遺体乗せ出頭　52歳の女性逮捕／埼玉・本庄
127	2001	朝　日	20010227	20010227	千　葉	介護疲れ、母殺害か　娘を聴取／千葉・松戸
128	2001	東京読売	20010228	20010302	群　馬	太田の妻絞殺　症状悲観し心中？　65歳妻のみ意識不明／群馬
129	2001	朝　日	20010306	20010331	山　梨	妻放置、死亡させる　保護責任者遺棄致死罪で74歳夫を起訴
130	2001	朝　日	20010312	20010314	埼　玉	死因は窒息死、妻を殺人容疑で逮捕　志木／埼玉
131	2001	朝　日	20010322	20010323	岩　手	痴呆の義父を殺害し自殺か　岩手の男性「介護大変」の遺書
132	2001	大阪読売	20010411	20010412	大　阪	「介護疲れ」71歳妻殺害　自首の夫を逮捕／大阪・東淀川署
133	2001	東京読売	20010419	20010421	山　形	寝たきりの81歳妻絞殺　余目署、容疑の86歳夫を逮捕／山形
134	2001	日　経	20010429	20010502	三　重	三重の親子死体遺棄事件、不明長男の遺体発見、母殺害後に自殺
135	2001	朝　日	20010508	20010510	滋　賀	要介護5の夫を71歳妻が絞殺　今津署が容疑で逮捕　新旭町／滋賀
136	2001	産　経	20010616	20010618	埼　玉	痴呆の父　殴り死なす　容疑の50歳二男を逮捕／埼玉・入間
137	2001	毎　日	20010630	20011119	東　京	介護疲れで妻刺殺、被告に4年6月の実刑判決
138	2001	東京読売	20010707	20010708	青　森	寝たきり85歳夫を殺害「楽にしてあげたかった」容疑の79歳逮捕
139	2001	中　日	20010718	20010719	愛　知	寝たきりの両親を殺害　38歳長男「頼まれた」介護疲れ？　手首切り自殺図る
140	2001	朝　日	20010802	20010803	神奈川	「介護疲れた」妻殺害容疑の93歳を逮捕　川崎
141	2001	東京読売	20010804	20010805	茨　城	介護疲れで心中？　石岡で老夫婦死亡／茨城
142	2001	毎　日	20010815	20010818	宮　城	父親に暴行加え死なす　公的介護借りず？　－古川／宮城
143	2001	朝　日	20010818	20011116	福　島	母殺しの被告に懲役8年求刑　地裁郡山支部／福島
144	2001	朝　日	20010819	20010820	長　野	老夫婦が自宅で死亡　下諏訪町／長野
145	2001	大阪読売	20010821	20010822	大　阪	介護に疲れ父を絞殺　容疑の45歳長男逮捕／大阪・港署
146	2001	朝　日	20010904	20010905	神奈川	妻殺害の疑いで78歳の夫逮捕　介護1年半　平塚／神奈川
147	2001	毎　日	20010906	20010906	愛　知	難病と痴呆症の介護に疲れ、81歳が77歳妻を殺害容疑／愛知・江南の民家
148	2001	東京読売	20011102	20011104	長　野	寝たきり母殴り死なす　須坂署、容疑の新聞配達員を逮捕／長野
149	2001	日　経	20011117	20020126	東　京	「介護に疲れた」弟が69歳兄殺す、江戸川区、容疑で逮捕
150	2001	朝　日	20011121	20011126	東　京	元町田所長を絞殺した疑い、妻を逮捕　警視庁
151	2001	朝　日	20011130	20020418	山　口	介護疲れで母殺害、被告に懲役4年6月　地裁下関支部判決／山口
152	2001	毎　日	20011206	20011207	山　形	無理心中を図り4人殺傷、容疑の65歳娘婿逮捕／山形・藤島町
153	2002	朝　日	20020101	20020103	福　岡	介護中に義母を撲殺した疑いで主婦逮捕／福岡・三輪町
154	2002	日　経	20020111	20020114	大　阪	「介護に疲れ、妻殺害」逮捕－大阪、住吉の66歳容疑者

－ 218 －

資　　料

加害者	年齢	被害者	年齢	判　　決
妻	68	夫	68	
息子	75	母	95	
娘	52	父	84	
娘	59	母	82	懲役3年
夫	65	妻	61	懲役2年8月
夫	74	妻	74	
妻	78	夫	83	懲役5年
義理の息子	58	義父	77	
夫	71	妻	71	懲役3年執行猶予5年
夫	86	妻	81	懲役3年執行猶予5年
息子	53	母	92	
妻	71	夫	71	懲役3年執行猶予5年
息子	50	父	81	
夫	67	妻	64	懲役4年6月
妻	79	夫	85	
息子	38	父	76	懲役3年執行猶予5年
夫	93	妻	87	懲役3年執行猶予3年
妻	69	夫	77	
息子	51	父	82	地裁懲役5年、高裁控訴棄却
息子	41	母	83	懲役7年
夫	76	妻	84	
息子	45	父	72	
夫	78	妻	75	
夫	81	妻	77	懲役3年執行猶予5年
息子	39	母	69	懲役3年6月
弟	67	兄	69	
妻	59	夫	68	懲役3年執行猶予4年
息子	54	母	80	懲役4年6月
義理の息子	65	義父、義母	87,82	
嫁	52	義母	85	懲役7年
夫	66	妻	81	

資　料

	発生年	新聞名	事件年月日	記事掲載日	発生地	記事見出し
155	2002	毎　日	20020223	20020226	宮崎	[110番・119番]父親殺人容疑で息子を逮捕　－宮崎北署／宮崎
156	2002	東京読売	20020227	20020717	静　岡	小山の嘱託殺人事件　妻に猶予判決／静岡
157	2002	中部読売	20020302	20020309	愛　知	82歳の母絞殺　55歳の息子自首、動機語らず／名古屋・天白
158	2002	産　経	20020304	20020305	静　岡	介護の義母殴る　容疑の嫁逮捕
159	2002	東京読売	20020307	20030517	静　岡	母親遺体、自宅地下に埋める　自首の52歳逮捕「介護疲れ…首絞める」／静岡
160	2002	朝　日	20020317	20030118	岐　阜	介護疲れで殺害、猶予つきの判決　岐阜地裁
161	2002	中　日	20020326	20030416	長　野	入院の妻殺害　夫に懲役4年　松本地裁で判決
162	2002	琉球新報	20020417	20020419	沖　縄	一緒に死のうと思った／元警官の妻殺害容疑／車内から遺書？メモ
163	2002	朝　日	20020419	20020420	山　口	介護疲れ？　夫婦無理心中　妻寝たきり、夫残し書きか　宇部／山口
164	2002	朝　日	20020422	20020514	神奈川	寝たきりの妻を包丁で刺殺　平塚署、81歳容疑者を逮捕／神奈川
165	2002	愛　媛	20020515	20020920	愛　媛	介護していた兄死なせた男実刑　松山地裁判決
166	2002	朝　日	20020527	20020528	佐　賀	寝たきり妻と83歳夫が身投げ　佐賀、殺人容疑逮捕
167	2002	朝　日	20020612	20020612	栃　木	寝たきり76歳、刺されて死亡　長男、心中図る？宇都宮
168	2002	朝　日	20020612	20030306	広　島	介護疲れ放火・父母殺傷、判決は懲役7年　地裁福島支部
169	2002	日　経	20020712	20020713	千　葉	寝たきりの父親を殺害、千葉、容疑の男逮捕
170	2002	朝　日	20020717	20030223	愛　知	妻殺害の疑い、退院の83歳逮捕「介護に疲れ」春日井
171	2002	東京読売	20020723	20020726	山　梨	韮崎の女性死亡　娘を殺人容疑逮捕　痴ほう症はいかいの世話に疲れ、縛る／山梨
172	2002	朝　日	20020806	20021016	福　岡	81歳の妻を絞殺、起訴事実認める　82歳夫、初公判／福岡
173	2002	東京読売	20020817	20020821	東　京	痴呆の父を殴って死なす　容疑の息子逮捕／東京・府中
174	2002	日　経	20020907	20020907	茨　城	つくば、介護の妻殺害、容疑の85歳逮捕
175	2002	朝　日	20020910	20020922	茨　城	妻絞殺容疑で退院の夫逮捕　総和町の無理心中事件／茨城
176	2002	朝　日	20020911	20020913	秋　田	介護疲れで無理心中か　角館町の焼死体は長男／秋田
177	2002	大阪読売	20020914	20031106	愛　媛	寝たきり81歳母死なす　10日放置　殺人容疑61歳逮捕／松山
178	2002	東京読売	20020927	20020928	茨　城	寝たきり88歳妻絞殺、84歳夫逮捕「看病疲れ　一緒に死のう」／茨城・岩井
179	2002	朝　日	20021007	20021009	熊　本	介護の妻殺害、67歳夫を逮捕　容疑で荒尾署／熊本
180	2002	西部読売	20021023	20030207	佐　賀	母の介護を放棄　殺人容疑で長女と孫を逮捕　退院させ食事与えず／佐賀・唐津署
181	2002	中部読売	20021029	20021030	愛　知	看病疲れ、夫を殺害　病弱の67歳妻を逮捕／名古屋・東区
182	2002	朝　日	20021100	20030719	大　阪	介護疲れで88歳母絞殺　心神耗弱認め猶予付き判決
183	2002	毎　日	20021103	20021108	新　潟	「介護疲れ」寝たきり81歳を絞殺　容疑の79歳妻逮捕－新潟・小出署
184	2002	東京読売	20021103	20021105	長　野	駒ヶ根で85歳母、首絞められ死亡　59歳長男が自殺　介護疲れで心中か／長野
185	2002	東京読売	20021115	20021116	東　京	「父殺した」と110番通報　包丁で自殺図る＝多摩

－ 220 －

資　　料

加害者	年齢	被害者	年齢	判　　決
息子	37	父	72	懲役9年
妻	78	夫	82	懲役3年執行猶予4年
息子	55	母	82	懲役6年
嫁	50	義母	83	懲役5年
息子	52	母	79	
内縁夫	70	内縁妻	68	懲役3年執行猶予5年保護観察付き
夫	71	妻	67	懲役4年
夫	69	妻	68	懲役3年執行猶予3年
夫	68	妻	65	
夫	81	妻	79	
弟	66	兄	68	懲役1年8月
夫	83	妻	80	懲役3年執行猶予5年
息子	47	父	76	懲役3年執行猶予5年
息子	48	母	86	懲役7年
息子	34	父	63	
夫	83	妻	82	懲役3年執行猶予4年
娘	46	母	69	
夫	82	妻	81	懲役3年執行猶予5年
息子	49	父	80	
夫	85	妻	80	
夫	68	妻	69	懲役3年執行猶予5年
息子	56	父	88	
息子	61	母	81	
夫	84	妻	88	
夫	67	妻	67	懲役3年
娘・孫（男）	54,28	母（祖母）	78	娘懲役6年、孫懲役4年
妻	67	夫	71	懲役3年執行猶予5年
娘	64	母	88	懲役3年執行猶予5年
妻	79	夫	81	
息子	59	母	85	
息子	54	父	78	懲役8年

－ 221 －

資　　料

	発生年	新聞名	事件年月日	記事掲載日	発生地	記事見出し
186	2002	東京読売	20021126	20021128	山　形	米沢で寝たきりの母、息子が殴る　傷害容疑で逮捕／山形
187	2002	朝　　日	20021202	20021203	岡　山	介護に疲れ？　75歳夫を絞殺　岡山、容疑の妻逮捕
188	2002	朝　　日	20021208	20021210	新　潟	「介護に疲れ」妻を殺害　80歳容疑者を逮捕　長岡市／新潟
189	2002	東京読売	20021214	20021217	秋　田	二ッ井の92歳凍死　三男、介護に疲れ？　傷害致死容疑で逮捕／秋田
190	2003	東京読売	20030105	20030107	千　葉	船橋で無理心中図り、74歳妻を絞殺か／千葉
191	2003	毎　　日	20030109	20030110	千　葉	痴呆症の母、絞殺容疑の長男逮捕／千葉・小見川町
192	2003	朝　　日	20030112	20030113	山　口	89歳夫、82歳の妻殺害容疑で逮捕　病苦が理由　下関署
193	2003	朝　　日	20030127	20030128	神奈川	「介護に疲れて」79歳母を殺害　横浜、容疑の息子逮捕
194	2003	毎　　日	20030127	20030127	大　阪	二男が父を殴り死なす「母の介護押し付けられ不満」容疑で逮捕－大阪府警堺北署
195	2003	朝　　日	20030130	20030301	徳　島	実母殴り死なせた容疑の男を逮捕　徳島県警
196	2003	朝　　日	20030203	20030611	愛　知	嘱託殺人夫に懲役2年6月　名古屋地裁判決【名古屋】
197	2003	朝　　日	20030223	20030227	神奈川	介護していた母を殺害、容疑の次男逮捕
198	2003	朝　　日	20030303	20030917	富　山	母殺害の被告に懲役7年の判決　地裁／富山
199	2003	朝　　日	20030304	20030304	愛　知	「介護に疲れた」兄殺害容疑で65歳妹逮捕　名古屋
200	2003	朝　　日	20030308	20030528	千　葉	介護疲れから犯行に　起訴事実認める　山田町の母殺害初公判／千葉
201	2003	東京読売	20030324	20030325	岩　手	介護疲れ？　夫殺害　宮古署、容疑の85歳妻を逮捕／岩手
202	2003	朝　　日	20030503	20030925	岡　山	母親殺害被告に懲役8年の判決　岡山地裁／岡山
203	2003	大阪読売	20030506	20030506	大　阪	看病疲れ、76歳男性が95歳母と心中？／大阪・天王寺区
204	2003	東京読売	20030508	20030509	千　葉	八千代の妻と長男刺殺　介護を申請せず　周郷容疑者、一人で問題抱え込む／千葉
205	2003	東京読売	20030523	20030525	埼　玉	92歳が78歳妻刺殺　老人ホーム入所めぐり口論　殺人容疑で逮捕／埼玉県警
206	2003	毎　　日	20030604	20031016	北海道	北海道・根室の女性焼死　看病の夫を放火殺人容疑で逮捕
207	2003	静　　岡	20030613	20040203	静　岡	痴ほうの父親を暴行死　長男に実刑判決－地裁浜松支部
208	2003	東京読売	20030618	20030619	富　山	父親に暴行死なせた疑い、立山の男逮捕／富山
209	2003	中部読売	20030623	20030624	三　重	夫を絞殺？　焼身自殺図る「介護疲れ」61歳重体／三重・四日市
210	2003	大阪読売	20030630	20030701	愛　媛	母と無理心中か　殺人容疑で娘逮捕　大洲署／愛媛
211	2003	朝　　日	20030803	20030805	石　川	「看病疲れた」容疑者が供述　山中町の夫絞殺事件／石川
212	2003	朝　　日	20030803	20030804	福　岡	77歳、妻と無理心中　「介護疲れ」遺書残す／福岡・南区
213	2003	琉球新報	20030804	20031105	沖　縄	美容師に有罪判決／懲役2年6月／介護の父死なす／那覇地裁
214	2003	中部読売	20030805	20030806	愛　知	名古屋・緑区で一家3人無理心中「疲れた」将来を悲観？
215	2003	朝　　日	20030806	20040428	茨　城	死体遺棄の長女、殺人罪で追起訴　涸沼の切断遺体事件／茨城
216	2003	毎　　日	20030809	20031218	千　葉	習志野の父殺害事件　61歳被告に懲役4年6月　千葉地裁／千葉

資　料

加害者	年齢	被害者	年齢	判　決
息子	56	母	90	懲役3年執行猶予4年
妻	71	夫	75	地裁懲役6年、高裁懲役4年
夫	80	妻	80	懲役3年執行猶予5年保護観察付き
息子	66	母	92	懲役3年執行猶予5年
夫	76	妻	74	懲役4年
息子	51	母	79	懲役4年6月
夫	89	妻	82	懲役3年執行猶予4年
息子	57	母	79	
息子	36	父	70	
息子	61	母	79	懲役3年6月
夫	64	妻	61	懲役2年6月
息子	51	母	81	
息子	67	母	86	懲役7年
妹	65	兄	69	被疑者死亡
息子	65	母	86	懲役5年
妻	85	夫	89	懲役3年
息子	68	母	90	懲役8年
息子	76	母	95	
夫	78	妻	77	懲役7年
夫	92	妻	78	
夫	66	妻	61	懲役4年
息子	40	父	67	懲役4年
息子	48	父	79	懲役2年8月
妻	61	夫	62	
娘	61	母	87	懲役3年
内縁妻	64	内縁夫	67	地裁懲役7年、高裁懲役6年
夫	77	妻	74	
息子	38	父	68	懲役2年6月
夫	63	妻	62	
娘	63	母	84	
息子	61	父	85	懲役4年6月

資　　料

	発生年	新聞名	事件年月日	記事掲載日	発生地	記事見出し
217	2003	朝　日	20030811	20030812	山　形	妻を刺殺容疑で70歳夫を逮捕　長井で無理心中か／山形
218	2003	愛　媛	20030906	20030907	愛　媛	介護疲れ父親を殺害　母親も重傷　容疑の息子逮捕　松山
219	2003	東京読売	20030907	20030919	群　馬	鬼石の79歳絞殺容疑　入院していた夫逮捕／群馬
220	2003	毎　日	20030910	20030910	福　岡	「看病疲れ」父殺す、母も首絞める　容疑の56歳息子逮捕／福岡・岡垣町
221	2003	毎　日	20030920	20031016	鳥　取	痴呆症状の老母刺し　殺人罪で男を起訴－鳥取地検米子支部／鳥取
222	2003	朝　日	20030930	20030930	兵　庫	介護を苦に無理心中か　神戸市の72歳と69歳の夫婦
223	2003	朝　日	20031029	20031121	岡　山	承諾殺人罪で内縁の夫起訴
224	2003	東京読売	20031105	20031106	新　潟	無理心中？　新発田で老夫婦の遺体／新潟
225	2003	朝　日	20031124	20031125	大　阪	介護疲れ？　75歳母を絞殺　容疑の長男逮捕／大阪・天神橋
226	2003	朝　日	20031125	20031127	大　阪	大阪・此花区で無理心中／大阪
227	2003	朝　日	20031201	20031212	静　岡	痴呆症状妻絞殺、容疑の82歳逮捕　三島・犯行後自殺はかる／静岡
228	2003	毎　日	20031213	20051117	山　梨	要介護の男放置：妻と長男に有罪判決－地裁／山梨
229	2003	東京読売	20031223	20031224	新　潟	中郷で無理心中？　母子死亡　寝たきり94歳の介護疲れか／新潟
230	2003	朝　日	20031224	20031225	大　阪	寝たきりの父を殺害した疑い、長男を逮捕　大阪市
231	2003	東京読売	20031231	20040101	東　京	59歳男が94歳母を殺害「病気ふびんで」／東京・大田
232	2004	朝　日	20040113	20040113	愛　知	「介護に疲れ」夫殺害容疑で妻を逮捕／愛知・知多
233	2004	静　岡	20040115	20040625	静　岡	痴ほうの妻殺しに懲役10年を求刑－地裁沼津支部公判
234	2004	朝　日	20040119	20040119	秋　田	介護に疲れ心中か　親子3人の遺体発見、居間にメモ　鷹巣町／秋田
235	2004	毎　日	20040126	20040127	茨　城	介護疲れの老夫婦が心中　遺書見つかる　－北茨城／茨城
236	2004	東京読売	20040130	20040206	石　川	母親放置事件　外出理由を供述「どうしてもパチンコしたかった」／石川
237	2004	西部読売	20040215	20040221	大　分	佐伯で寝たきり夫絞殺　介護疲れか　容疑の妻を逮捕／大分県警
238	2004	愛　媛	20040221	20040305	愛　媛	母絞殺同居の娘逮捕　容疑で大洲署「倒れた」と通報　長浜
239	2004	毎　日	20040308	20040327	埼　玉	岩槻・寝たきり妻の殺害　承諾殺人などで夫を起訴　さいたま地検／埼玉
240	2004	朝　日	20040309	20040311	広　島	主婦を殺人容疑で逮捕　広島中央署／広島
241	2004	大阪読売	20040325	20040326	広　島	妻の介護疲れ？　庄原で夫婦心中／広島
242	2004	毎　日	20040402	20040831	千　葉	船橋の妻同意殺人　高齢で反省と起訴猶予処分　－千葉地検／千葉
243	2004	東　京	20040406	20040407	東　京	介護の疲れか、長男無理心中　豊島、父殺害後自殺
244	2004	東　京	20040511	20040512	群　馬	寝たきりの77歳妻殺害　伊勢崎　虐待か　容疑の73歳夫を逮捕
245	2004	東京読売	20040513	20040707	新　潟	介護疲れ？　無理心中図る　津川署、夫殺害容疑で72歳逮捕／新潟
246	2004	東京読売	20040605	20040605	愛　知	寝たきり84歳妻を87歳の夫が刺殺　無理心中図る？／愛知・犬山
247	2004	毎　日	20040613	20040615	埼　玉	介護疲れの妻、夫を絞殺し自殺　－幸手／埼玉

資　料

加害者	年齢	被害者	年齢	判　決
夫	70	妻	65	懲役3年執行猶予5年
息子	52	父	85	
夫	78	妻	79	懲役3年
息子	56	父	88	懲役4年6月
息子	59	母	90	懲役4年
夫	72	妻	69	
内縁夫	69	内縁妻	82	懲役3年執行猶予5年
妻	77	夫	78	
息子	53	母	75	
妻	68	夫	75	
夫	82	妻	81	被疑者死亡
妻、息子	64,35	夫（父）	66	妻懲役3年執行猶予4年、息子懲役2年6月執行猶予4年
息子	65	母	94	
息子	48	父	69	
息子	59	母	94	懲役13年
妻	59	夫	61	懲役3年執行猶予5年
夫	72	妻	74	
妻	75	夫	76	
妻	65	夫	70	
息子	57	母	87	懲役4年
妻	64	夫	68	懲役3年10月
娘	44	母	75	
夫	76	妻	73	懲役3年執行猶予5年
娘	56	母	74	
夫	76	妻	71	
夫	95	妻	89	起訴猶予
息子	55	父	81	
夫	73	妻	77	地裁懲役9年
妻	72	夫	76	懲役3年執行猶予5年
夫	87	妻	84	
妻	57	夫	62	

資　料

	発生年	新聞名	事件年月日	記事掲載日	発生地	記事見出し
248	2004	毎　日	20040618	20040619	長　野	介護に疲れ？　老夫婦、心中図る　妻死亡、夫も重症　－千曲／長野
249	2004	毎　日	20040701	20040702	滋　賀	妻絞殺事件「懸命の看病・・・残念」－安土町住民、同情と悲しみ
250	2004	朝　日	20040824	20040825	埼　玉	寝たきりの妻を絞殺　76歳の夫を殺人容疑逮捕　桶川／埼玉
251	2004	朝　日	20040916	20040918	島　根	介護疲れ心中か、妻を殺害の容疑　平田の男性逮捕／島根
252	2004	西部読売	20040916	20040918	鹿児島	自宅から"遺書"鹿児島の心中？　事件／鹿児島
253	2004	東京読売	20040920	20040921	埼　玉	「敬老の日」悲し　埼玉・新座市で71歳妻、73歳夫を窒息死させる
254	2004	毎　日	20041012	20041013	神奈川	ねたきり妻、絞殺　86歳男性が自殺　－伊勢原／神奈川
255	2004	朝　日	20041018	20050317	大　阪	病床の母「死にたい」両親殺害、引きこもり被告に／大阪
256	2004	朝　日	20041028	20050112	栃　木	要介護の妻殺害、69歳被告認める　懲役8年を求刑／栃木
257	2004	中　日	20041103	20041104	愛　知	病気の80歳母を殺害　53歳男『無職で面倒みられぬ』豊橋署、容疑で逮捕
258	2004	毎　日	20041109	20041109	栃　木	介護疲れ？　老夫婦が心中　宇都宮／栃木
259	2004	毎　日	20041122	20041125	北海道	介護疲れ苦に？　老夫婦心中／北海道・森町
260	2004	朝　日	20041207	20041208	愛　媛	92歳女性が変死　同居の長男、メモ残し不明　西予
261	2004	朝　日	20041209	20051211	東　京	妻に暴行、死なせた疑い　目黒区／東京
262	2004	毎　日	20041209	20041209	愛　知	介護疲れで夫殺害、容疑の63歳妻逮捕／愛知・岡崎
263	2004	毎　日	20041229	20050105	大　阪	長男70歳、後悔の涙　ぼけ症状の出た90歳母殴り、死なす／大阪
264	2005	中　日	20050206	20050207	愛　知	妻の介護に疲れ　夫が無理心中か　南区
265	2005	朝　日	20050207	20050208	福　岡	85歳母殺害、次男に容疑　福岡県警が逮捕
266	2005	毎　日	20050227	20050228	岐　阜	殺人：無理心中？　孫ら5人殺害　57歳「おれがやった」－岐阜・中津川
267	2005	毎　日	20050228	20050228	熊　本	殺人：介護疲れの63歳、夫殺し自殺図る／熊本
268	2005	東京読売	20050314	20050524	東　京	西東京の承諾殺人初公判　被告の夫、罪状認める／東京地裁八王子支部
269	2005	東京読売	20050314	20050315	茨　城	「要介護5」の母親殺害　容疑で33歳の息子逮捕／茨城県警
270	2005	毎　日	20050330	20050401	埼　玉	殺人：寝たきり妻殺害か　73歳が無理心中を図る－狭山／埼玉
271	2005	東京読売	20050410	20050411	群　馬	介護疲れ？　妻を絞殺　群馬・伊勢崎市の65歳夫を逮捕
272	2005	東京読売	20050429	20060302	茨　城	義母死なせた被告に実刑　地裁下妻支部＝茨城
273	2005	朝　日	20050430	20050507	宮　城	母親殺害容疑の男逮捕　介護疲れ？　「心中」と遺書仙台／宮城県
274	2005	東京読売	20050520	20050521	埼　玉	「看病に疲れた」就寝中の妻絞殺　容疑の73歳逮捕／埼玉県警
275	2005	朝　日	20050530	20050531	茨　城	介護の母殴り死なす　容疑の51歳長男逮捕　那珂／茨城
276	2005	毎　日	20050606	20050607	大　阪	大阪・藤井寺の介護殺人：寝たきりの被害女性、介護保険未申請－市は把握せず
277	2005	朝　日	20050625	20050819	北海道	姉を殺害した罪で起訴　札幌の介護殺人／北海道
278	2005	中部読売	20050702	20050703	愛　知	「看病疲れ」74歳妻殺害　67歳夫、容疑で逮捕／名古屋・千種

－ 226 －

資　料

加害者	年齢	被害者	年齢	判　　決
夫	88	妻	86	懲役3年執行猶予4年
夫	65	妻	60	
夫	76	妻	71	懲役3年執行猶予5年
夫	68	妻	68	懲役3年執行猶予4年
義理の息子	65	義母	89	
妻	71	夫	73	懲役3年執行猶予5年
夫	86	妻	79	
息子	37	父、母	66,61	懲役16年
夫	69	妻	72	懲役5年
息子	53	母	80	懲役3年6月
妻	68	夫	71	
夫	83	妻	75	
息子	66	母	92	
夫	64	妻	61	
妻	63	夫	63	
息子	70	母	90	
夫	75	妻	65	
息子	52	母	85	
息子	57	母	85	無期懲役
妻	63	夫	62	懲役3年執行猶予5年
夫	77	妻	74	懲役2年6月執行猶予3年
息子	33	母	73	懲役8年
夫	73	妻	67	懲役2年6月執行猶予4年
夫	65	妻	65	懲役8年
嫁	49	義母	65	懲役4年6月
息子	55	母	83	懲役3年執行猶予3年
夫	73	妻	62	懲役6年
息子	51	母	83	
妹、兄	70,82	姉（妹）	79	妹懲役3年執行猶予4年、兄懲役2年執行猶予3年
妹	63	姉	73	懲役6年
夫	67	妻	74	懲役3年執行猶予5年

資　料

	発生年	新聞名	事件年月日	記事掲載日	発生地	記事見出し
279	2005	毎　日	20050731	20050801	東　京	殺人：「介護疲れ」で79歳夫殺害、無理心中か　容疑の74歳妻逮捕／東京・北区
280	2005	朝　日	20050802	20051005	北海道	傷害致死：認知症の姉、暴行死　介護の57歳妹、容疑で逮捕／北海道江別
281	2005	静　岡	20050908	20050909	静　岡	妻殺害で80歳を逮捕＝富士宮署　富士宮の雑木林に遺棄
282	2005	朝　日	20051019	20051020	長　野	老夫婦、病院で死亡　病気苦に無理心中か　丸子の病院／長野県
283	2005	中　日	20051028	20051029	愛　知	75歳、74歳妻を絞殺　殺人容疑　豊田署逮捕『介護に疲れた』供述
284	2005	朝　日	20051104	20051126	岡　山	承諾殺人罪で息子を起訴　心中図り母焼死／岡山県
285	2005	中　日	20051107	20051110	福　井	孤独80代夫婦　消えるように　老老介護の果て…火葬場で心中　福井・大野
286	2005	毎　日	20051108	20051109	岐　阜	24時：排ガス心中図る？　車内で85歳死亡　同乗2人無事／揖斐川町／岐阜
287	2005	朝　日	20051201	20051202	大　阪	祖母刺殺容疑で43歳の孫逮捕　堺、「介護に疲れ」
288	2005	朝　日	20051206	20051207	三　重	介護苦、心中か　志摩の老夫婦、一酸化炭素中毒死／三重県
289	2005	北海道	20051207	20051221	北海道	札幌の無理心中　娘を殺人容疑で逮捕
290	2005	朝　日	20051229	20051230	大　阪	寝たきりの父親、介護せず死なす　神戸、容疑の姉弟逮捕
291	2006	朝　日	20060107	20060107	大　阪	91歳の父親介護、長男が殺害容疑　京都・下京区「疲れた」
292	2006	朝　日	20060117	20060118	愛　知	介護に嫌気、義母を殴る　死なせた疑い、66歳逮捕／愛知・知多
293	2006	東京読売	20060119	20060121	東　京	殺人：認知症の母を殺害、容疑で長男逮捕
294	2006	朝　日	20060122	20060125	大　阪	寝たきりの母、餓死させる　大阪の49歳を容疑で逮捕2006
295	2006	東京読売	20060130	20060131	東　京	長男「介護に疲れた」77歳母を殺害容疑／東京・多摩
296	2006	毎　日	20060201	20060203	京　都	伏見区の母子無理心中：殺人容疑で長男を逮捕／京都
297	2006	朝　日	20060206	20060208	山　形	妻、病床の夫絞殺　介護疲れで悲観？　殺人容疑で山形署逮捕／山形県
298	2006	朝　日	20060209	20061101	岩　手	母親殺害の男に懲役4年6ヶ月
299	2006	毎　日	20060221	20060220	埼　玉	無理心中？　「介護に疲れた」寝たきり母殺害、息子も自殺／埼玉・和光
300	2006	毎　日	20060315	20060316	愛　知	殺人：66歳夫、妻絞殺　2人暮らし、介護疲れ？－名古屋・南区
301	2006	朝　日	20060317	20060318	山　梨	放火、91歳母焼死　容疑の娘「介護疲れた」／山梨・韮崎
302	2006	東京読売	20060321	20060525	千　葉	千葉の父死なせた作業員、起訴事実認める　地裁初公判／千葉
303	2006	朝　日	20060401	20060502	千　葉	95歳母殺害の罪、勝浦の69歳起訴／千葉県
304	2006	東　京	20060402	20060403	埼　玉	父刺し死亡　長男を逮捕　川口、「介護疲れた」
305	2006	東京読売	20060422	20060424	神奈川	「介護に疲れ妻を殺した」自首の70歳容疑者逮捕　相模原南署／神奈川
306	2006	大阪読売	20060513	20060516	京　都	85歳母殴り死なす　容疑の陸自技官逮捕　介護へ愚痴、腹立て／京都・福知山署
307	2006	大阪読売	20060515	20060516	京　都	92歳母を殺害　介護の長男自殺／京都・上京
308	2006	朝　日	20060516	20060517	愛　知	84歳夫婦、介護疲れ無理心中？　安城
309	2006	朝　日	20060522	20060524	宮　城	夫連れ出し灯油　柴田の焼死事件で殺人容疑の妻／宮城県

－ 228 －

資　料

加害者	年齢	被害者	年齢	判　決
妻	74	夫	79	懲役3年執行猶予5年
妹	57	姉	71	地裁懲役3年6月、高裁控訴棄却
夫	80	妻	73	懲役4年
夫	87	妻	81	
夫	75	妻	74	懲役5年
息子	62	母	86	懲役3年執行猶予5年
夫	80	妻	82	
娘	59	母	85	
孫（男）	43	祖母	97	
夫	65	妻	73	
娘、義理の息子	63,70	母（義母）	91	
娘、息子	40,38	父	76	
息子	58	父	91	懲役7年
義理の息子	66	義母	88	懲役5年
息子	44	母	71	
息子	50	母	80	懲役3年
息子	54	母	77	懲役3年執行猶予5年
息子	54	母	86	懲役2年6月執行猶予3年
妻	62	夫	68	懲役3年
息子	50	母	72	懲役4年6月
息子	55	母	86	
夫	66	妻	62	
娘	58	母	91	懲役10年
息子	35	父	64	
息子	69	母	95	懲役3年執行猶予5年保護観察付き
息子	49	父	80	懲役8年
夫	70	妻	70	懲役5年
息子	58	母	85	懲役5年
息子	62	母	92	
夫	84	妻	84	
妻	57	夫	63	懲役4年

資　料

	発生年	新聞名	事件年月日	記事掲載日	発生地	記事見出し
310	2006	熊本日日	20060522	20060819	熊本	父親絞殺し自殺、長男を書類送検　殺人容疑で熊本東署
311	2006	毎日	20060526	20060526	兵庫	殺人：介護疲れ？　夫が妻の首絞め殺害　容疑で逮捕－神戸
312	2006	中部読売	20060527	20060529	東京	認知症の母に暴行、死なす　容疑の会社員逮捕／警視庁
313	2006	毎日	20060611	20060612	大阪	殺人：81歳夫が77歳妻絞殺、容疑で捜査「看病で疲れた」と供述－大阪・東大阪
314	2006	朝日	20060615	20060801	福岡	放火容疑で長男逮捕　母親死亡「介護に疲れ」北九州
315	2006	大阪読売	20060617	20060618	大阪	病弱の81歳殺害　妻が無理心中図る／大阪・城東
316	2006	朝日	20060710	20060712	群馬	寝たきりの夫、妻が絞殺容疑　前橋、看病で疲れ？／群馬県
317	2006	朝日	20060719	20060720	大阪	病気を悲観？　妻殺した疑い　奈良県警、男を逮捕
318	2006	朝日	20060731	20060731	大阪	寝たきりの父を包丁で刺し殺す　容疑の無職長男を逮捕／大阪・住吉区
319	2006	朝日	20060804	20060805	神奈川	認知症の父殺した疑い　横浜の35歳三男逮捕
320	2006	朝日	20060815	20060815	神奈川	「介護疲れ」と妻を殺害容疑　藤沢、73歳夫逮捕
321	2006	熊本日日	20060821	20060822	大阪	妻の介護疲れ、夫が無理心中　大阪市
322	2006	毎日	20060822	20061209	青森	青森・無理心中：病気苦に兄と無理心中の妹、承諾殺人容疑で書類送検
323	2006	大阪読売	20060829	20060830	鳥取	岩美の介護老人施設で女性死亡　面会の夫が入所の妻刺殺？／鳥取
324	2006	毎日	20060902	20060903	神奈川	殺人：「耳が遠くて口論絶えず」90歳夫殺害、86歳妻逮捕／神奈川・座間の自宅
325	2006	朝日	20060907	20061005	東京	息子はなぜ77歳母を殴り死なせた
326	2006	朝日	20060914	20070123	大阪	介護放棄、妻が衰弱死　夫と子、遺棄致死容疑で書類送検／大阪・城東
327	2006	朝日	20060918	20060919	愛知	88歳・87歳、無理心中か　「介護疲れ」夫がメモ
328	2006	東京	20060922	20060923	東京	妻の介護疲れで無理心中か　住宅全焼、夫婦死亡八王子
329	2006	朝日	20061022	20061023	兵庫	認知症の72歳妻を74歳夫が殺害容疑　兵庫、「介護に疲れ」
330	2006	東京読売	20061023	20061023	京都	認知症の妻殺害　73歳自首、逮捕／京都・南署
331	2006	東京	20061031	20061126	埼玉	殺人容疑で長男逮捕　吉見の事件『父との関係に恨み』
332	2006	毎日	20061102	20061103	栃木	殺人：母の遺体、車に乗せ自首　「殺した」容疑の二男逮捕／栃木・足利
333	2006	朝日	20061115	20070627	京都	寝たきりの夫が凍死　介護放棄の疑い、妻逮捕／京都
334	2006	中部読売	20061128	20061129	愛知	自宅療養中の妻を絞殺容疑　清洲の59歳逮捕／愛知県警
335	2006	東京読売	20061130	20061204	新潟	新潟・83歳母虐待死　市が暴力把握　一時保護後、帰宅させる／新潟
336	2006	東京読売	20061216	20061217	千葉	老人ホームに入居女性の遺体　夫は自殺図る　無理心中か／千葉
337	2006	日本経済	20061226	20070129	広島	広島、介護せず男性死亡－殺人容疑、妻と子2人逮捕
338	2006	毎日	20061226	20061215	大分	殺人：介護疲れで将来を悲観？　妻と義母絞殺、容疑の68歳逮捕
339	2006	大阪読売	20061227	20061229	滋賀	東近江の母殺害容疑、長男に逮捕状　書置き残し不明　7年前から同居／滋賀
340	2007	朝日	20070100	20131114	神奈川	「病の妻介護、資金も尽きて・・・」磯子の妻殺害、懲役12年求刑／神奈川県

資　料

加害者	年齢	被害者	年齢	判　決
息子	49	父	83	
夫	89	妻	85	懲役 3 年執行猶予 5 年
息子	51	母	78	
夫	81	妻	77	
息子	55	母	75	懲役 15 年
妻	73	夫	81	
妻	58	夫	77	懲役 3 年執行猶予 5 年
夫	68	妻	67	懲役 3 年執行猶予 5 年
息子	39	父	62	
息子	35	父	72	懲役 10 年
夫	73	妻	74	懲役 3 年
夫	68	妻	65	
妹	62	兄	65	
夫	62	妻	66	懲役 4 年 8 月
妻	86	夫	90	
息子	45	母	77	
夫、息子、娘	64,38,40	妻 (母)	61	
夫	88	母	87	
夫	79	妻	79	
夫	74	妻	72	懲役 3 年 6 月
夫	73	妻	70	懲役 3 年 6 月
息子	49	父	78	懲役 10 年
息子	41	母	72	懲役 3 年執行猶予 3 年
妻	57	夫	65	懲役 3 年執行猶予 5 年
夫	59	妻	60	懲役 3 年執行猶予 5 年
娘	48	母	83	懲役 4 年 6 月
夫	72	妻	67	懲役 3 年 6 月
妻、息子	63,36	夫（父）	60	
夫 (義理の息子)	68	妻、義母	64,86	懲役 7 年
息子	53	母	81	懲役 7 年
夫	65	妻	72	懲役 10 年

資　　料

	発生年	新聞名	事件年月日	記事掲載日	発生地	記事見出し
341	2007	日本経済	20070202	20070203	埼　玉	さいたま、母殺害、容疑の三男逮捕
342	2007	毎　日	20070203	20070204	神奈川	殺人：54歳が母親を殺害「介護を巡って口論」－横浜
343	2007	朝　日	20070205	20070208	大　阪	介護せず夫死亡、妻逮捕　遺棄致死容疑「保険切れ、生活苦」
344	2007	東京読売	20070207	20070301	新　潟	義母殺害で女を起訴、介護抱え悩んだ末に　認知症、7.13豪雨、倒産／新潟
345	2007	毎　日	20070210	20070211	大　阪	放火未遂：自宅マンションに火、容疑の47歳「介護に疲れた」
346	2007	朝　日	20070313	20070405	京　都	承諾殺人罪で78歳夫を起訴　京田辺の事件で地検／京都府
347	2007	西部読売	20070320	20070616	宮　崎	母親殴り死なせた男　懲役4年求刑　地裁初公判／宮崎
348	2007	毎　日	20070401	20070402	千　葉	無理心中？：一家4人、母の介護苦に　長男、首絞める？／千葉・松戸
349	2007	毎　日	20070402	20070403	栃　木	殺人：無理心中図り？　79歳母刺殺容疑で逮捕　長女も重傷／栃木・足利
350	2007	毎　日	20070403	20080628	千　葉	旭の認知症父親傷害致死：「事情を考慮」被告に執行猶予　－地裁判決／千葉
351	2007	朝　日	20070413	20070415	岩　手	認知症の妻への傷害容疑で夫逮捕　大船渡／岩手県
352	2007	毎　日	20070414	20070414	沖　縄	殺人未遂：「首絞めた」　認知症で将来悲観？　84歳母死亡、容疑で息子逮捕／沖縄
353	2007	毎　日	20070415	20070416	大　阪	無理心中？：83歳夫婦、介護に疲れ「妻連れて帰る」遺書／大阪
354	2007	朝　日	20070430	20070502	東　京	母親に暴行し死なせた疑い　介護の長男を逮捕　江東区／東京都
355	2007	毎　日	20070508	20070510	山　口	67歳妻、夫殺害容疑　山口・周南　【西部】
356	2007	朝　日	20070512	20070514	富　山	夫殺害、自殺図るか？　63歳妻「母と相談」　容疑で逮捕へ　高松／富山県
357	2007	大阪読売	20070514	20070523	愛　媛	八幡浜の89歳死亡　無理心中、長女を逮捕　殺人容疑「介護に疲れた」／愛媛
358	2007	朝　日	20070530	20070531	栃　木	末期がんの母絞殺「看病疲れた」　容疑の長女逮捕／栃木
359	2007	朝　日	20070617	20070625	大　阪	殺人容疑で長男逮捕　「介護疲れ、生活苦」　80歳女性遺体、大阪・平野／大阪
360	2007	朝　日	20070619	20070619	山　口	「介護に疲れ」夫を絞殺　63歳妻に容疑、逮捕　宇部　【西部】
361	2007	毎　日	20070624	20071208	香　川	丸亀の死体遺棄：寝たきりの父殺害、容疑者を起訴　－高松地検／香川
362	2007	朝　日	20070625	20070912	神奈川	嘱託殺人の夫に懲役4年を求刑　起訴事実認める　横浜地裁川崎支部／神奈川
363	2007	朝　日	20070630	20070704	熊　本	「介護疲れた」　息子逮捕　寝たきり母親放置、死なせた容疑　玉名署／熊本県
364	2007	毎　日	20070702	20070703	愛　知	無理心中：74歳夫、妻と　走り書き残し－名古屋・熱田区
365	2007	大阪読売	20070708	20070709	京　都	介護疲れか、親子死亡／京都
366	2007	毎　日	20070712	20070712	滋　賀	無理心中？：「介護疲れ」　77歳妻がメモ書き残す／滋賀・豊郷
367	2007	朝　日	20070716	20070717	長　野	無理心中か、母娘の遺体　自宅に遺書　野沢菜温泉／長野県
368	2007	毎　日	20070716	20070717	大　阪	絞殺：介護10年「将来悲観」…47歳が80歳母を　容疑で逮捕／大阪・東淀川
369	2007	朝　日	20070821	20101103	広　島	母親死なせた罪問われた被告側、公訴棄却求める　取り調べメモ廃棄巡り
370	2007	毎　日	20070826	20080617	宮　城	女川の認知症母殺害：「心神耗弱」と刑の減軽求める－初公判で弁護側
371	2007	朝　日	20070827	20070829	大　分	83歳母絞殺、58歳娘逮捕　別府、容疑認める　【西部】

－ 232 －

資　料

加害者	年齢	被害者	年齢	判　決
息子	45	母	74	懲役5年
息子	54	母	77	懲役3年6月
妻	50	夫	63	
義理の娘	55	義母	83	懲役3年執行猶予5年
息子	47	母	74	
夫	78	妻	75	懲役3年執行猶予5年
息子	61	母	92	懲役3年執行猶予4年
夫	70	妻	64	
娘	54	母	79	懲役3年
娘	52	父	84	懲役3年執行猶予4年
夫	67	妻	63	懲役4年
息子	52	母	84	懲役4年6月
夫	83	妻	83	
息子	42	母	76	
妻	67	夫	67	懲役4年
妻、義母	63,84	夫(義理の息子)	64	懲役7年、懲役3年執行猶予5年
娘	67	母	89	懲役3年執行猶予5年
娘	42	母	68	懲役3年執行猶予3年
息子	49	母	80	懲役3年執行猶予5年
妻	63	夫	69	懲役3年
息子	56	父	88	懲役7年
夫	83	妻	82	懲役2年6月執行猶予3年
息子	51	母	75	
夫	74	妻	72	
息子	61	母	86	
妻	77	夫	76	
娘	55	母	84	
息子	47	母	80	
娘	49	母	77	懲役3年執行猶予5年
娘	54	母	82	懲役3年執行猶予5年
娘	58	母	83	懲役4年6月

資　料

	発生年	新聞名	事件年月日	記事掲載日	発生地	記事見出し
372	2007	朝　日	20070829	20070830	福　島	首絞められて重体の母死亡　福島、「介護疲れ」
373	2007	東京読売	20070911	20070929	神奈川	「姉を絞殺」供述、63歳男を逮捕　死体遺棄容疑／神奈川・中原署
374	2007	毎　日	20070914	20070915	神奈川	殺人：寝室で87歳窒息死--川崎　／神奈川
375	2007	毎　日	20070915	20070916	大　阪	殺人：「介護に疲れて」　61歳妻が夫絞殺　容疑で逮捕へ／大阪・摂津
376	2007	朝　日	20070928	20070930	群　馬	要介護の母親を置き去りの疑い　息子を逮捕、母死亡　前橋／群馬県
377	2007	毎　日	20071011	20071016	千　葉	松戸の義父殺人：殺害容疑で無職の男を逮捕--松戸署／千葉
378	2007	朝　日	20071029	20071031	北海道	高齢夫婦、無理心中か　妻殺害容疑の夫逮捕　旭川のホーム／北海道
379	2007	朝　日	20071101	20071102	鹿児島	鹿児島市で老夫婦が死亡
380	2007	毎　日	20071106	20071107	埼　玉	保護責任者遺棄致死：がんの母虐待、死亡　容疑の47歳長男逮捕／埼玉・春日部
381	2007	朝　日	20071107	20071206	千　葉	「介護に疲れた」　68歳の姉殺害　一宮、容疑の男逮捕／千葉
382	2007	朝　日	20071111	20071112	兵　庫	85歳夫、80歳妻を絞殺　殺人容疑、「がんと認知症」悲観　尼崎／大阪
383	2007	毎　日	20071122	20071124	香　川	傷害致死：妻に暴行、死なす　67歳夫を容疑で逮捕－高松南署／香川
384	2007	毎　日	20071124	20080723	福　岡	殺人：同居の母親の介護に疲れ…無理心中図った男逮捕－黒木／福岡
385	2007	毎　日	20071128	20071205	京　都	殺人：70歳女性殺害　夫が行方わからず／京都
386	2007	朝　日	20071217	20080328	奈　良	がん悪化、介護悲観し妻殺害　67歳被告に猶予判決　奈良地裁
387	2007	毎　日	20071224	20071225	宮　崎	殺人：100歳父親刺され死亡　70歳娘、心中図った疑い／宮崎
388	2008	毎　日	20080106	20080107	青　森	殺人：82歳母殺害容疑、同居の次女逮捕　介護疲れか
389	2008	朝　日	20080107	20080109	宮　城	無理心中？86歳父と娘死亡　「介護疲れ」遺書残して
390	2008	東京読売	20080108	20080109	埼　玉	70代夫婦、無理心中か　鳩ヶ谷／埼玉
391	2008	東京読売	20080109	20080115	千　葉	木更津の母親殺害事件「認知症、将来悲観」逮捕の二男供述
392	2008	朝　日	20080213	20080213	大　阪	90歳夫、寝たきり妻絞殺「命令され、かっと」大阪・平野、容疑で逮捕
393	2008	朝　日	20080224	20080301	茨　城	無理心中、殺人の疑いで妻を逮捕
394	2008	朝　日	20080304	20080509	愛　媛	母親を暴行し、懲役8年求刑　初公判で検察側／愛媛県
395	2008	東京読売	20080304	20080306	千　葉	寝たきり妻を殺害　容疑で87歳を逮捕「介護辛い」
396	2008	日本経済	20080307	20080309	東　京	祖母放置死なせた疑い　杉並、23歳孫逮捕－92歳、浴槽に3時間半
397	2008	朝　日	20080313	20080314	奈　良	87歳、84歳妻を絞殺容疑　「認知症、介護に疲れ」奈良県警逮捕
398	2008	東京読売	20080316	20080317	北海道	介護疲れで無理心中か　札幌の58歳娘、84歳母親と／北海道
399	2008	毎　日	20080317	20080320	東　京	江戸川の妻殺害：「妻の介護疲れ」容疑の夫逮捕
400	2008	東京読売	20080326	20080327	静　岡	心中か　高齢夫婦死亡　「みんなに迷惑」とメモ／静岡
401	2008	朝　日	20080331	20080331	京　都	79歳妻殺し、82歳自殺か　今日と、認知症を介護
402	2008	中部読売	20080411	20080413	岐　阜	「介護に疲れた」　母殴り死なす　容疑の28歳逮捕

－ 234 －

資　料

加害者	年齢	被害者	年齢	判　決
娘	63	母	92	懲役 5 年
弟	63	姉	65	
夫	93	妻	87	懲役 3 年執行猶予 3 年
妻	61	夫	65	
息子	53	母	77	懲役 2 年 6 月執行猶予 4 年
義理の息子	54	義父	69	
夫	88	妻	81	懲役 3 年執行猶予 3 年
夫	86	妻	85	
息子	47	母	74	
弟	61	姉	69	
夫	85	妻	80	懲役 3 年執行猶予 5 年
夫	67	妻	66	
息子	50	母	80	懲役 4 年 6 月
夫	76	妻	70	
夫	67	妻	61	懲役 3 年、執行猶予 5 年
娘	70	父	100	懲役 3 年執行猶予 5 年
娘	58	母	82	懲役 9 年
娘	59	父	86	
夫	72	妻	71	
息子	57	母	87	懲役 9 年
夫	90	妻	87	
妻	77	夫	77	懲役 3 年執行猶予 5 年
息子	43	母	74	懲役 6 年
夫	87	妻	82	懲役 3 年執行猶予 5 年
孫（男）	23	祖母	92	
夫	87	妻	84	懲役 3 年執行猶予 5 年
娘	58	母	84	
夫	64	妻	71	
妻	77	夫	84	
夫	82	妻	79	
息子	28	母	63	懲役 3 年

資　　料

	発生年	新聞名	事件年月日	記事掲載日	発生地	記事見出し
403	2008	東京読売	20080412	20080415	群　馬	妻の介護疲れ無理心中か　甘楽／群馬
404	2008	毎　日	20080415	20080717	千　葉	認知症妻殺害　74歳夫に12年求刑
405	2008	朝　日	20080417	20080417	静　岡	義母殺害の疑いで逮捕　同居66歳男、介護疲れか
406	2008	朝　日	20080420	20080421	山　形	母親介護疲れ？　息子、無理心中か　山形で2人死亡
407	2008	毎　日	20080428	20080630	長　野	殺人・事故で心中図り、91歳母殺害容疑　59歳男逮捕
408	2008	中	20080430	20080430	愛　知	夫の首絞め殺害　妻を現行犯逮捕　蟹江
409	2008	朝　日	20080507	20080621	香　川	中等少年院送致、少年に保護処分　祖父に暴行、死なせる　丸亀／香川県
410	2008	毎　日	20080517	20080518	千　葉	無理心中？　柏で老夫婦死亡　妻を10年介護
411	2008	朝　日	20080521	20080612	奈　良	母親を放置の長男を保護責任者遺棄罪で起訴
412	2008	毎　日	20080525	20081120	福　岡	福岡・中央区の夫放置死：妻に懲役6年を求刑－福岡地裁公判
413	2008	四　国	20080525	20080526	富　山	介護の夫たたき死なせ、72歳妻逮捕
414	2008	東京読売	20080527	20080528	広　島	入院中の母を病室から落とし殺害　娘も飛び降り軽傷　容疑で逮捕
415	2008	朝　日	20080529	20080529	大　阪	57歳自殺　家に母？　遺体　岸和田
416	2008	日本経済	20080608	20080609	東　京	東京・三鷹、殺人未遂、55歳長女逮捕、介護の母死亡
417	2008	朝　日	20080616	20080617	千　葉	「介護に疲れた」　妻を殺した疑い　船橋、77歳夫を逮捕
418	2008	東京読売	20080628	20080629	秋　田	八峰・一家3人殺害　気力なく食事作れず　「まじめな」長男、無理心中か
419	2008	毎　日	20080708	20080710	岡　山	傷害致死：「言うこと聞かない」認知症の妻死なす容疑で車椅子の夫逮捕－岡山県警
420	2008	毎　日	20080709	20080709	山　梨	殺人：「がんの夫殺害」　住職の妻逮捕へ
421	2008	中	20080709	20080709	愛　知	30歳男が祖母絞殺　殺人容疑で逮捕　「寝たきりふびん」
422	2008	朝　日	20080715	20080715	愛　知	寝たきりのおば殺害容疑で逮捕　名古屋・熱田区の56歳男
423	2008	中	20080718	20080718	三　重	認知症、80歳母殺害　松阪　容疑で54歳長男逮捕へ
424	2008	朝　日	20080718	20080718	神奈川	妻への殺人未遂容疑で男を逮捕　横浜・港南区／神奈川県
425	2008	西武読売	20080723	20080814	福　岡	介護する母親殴り死なせた罪で起訴　地検小倉－北九州
426	2008	東京読売	20080724	20080805	神奈川	92歳父殴り放置し　容疑の二女再逮捕／神奈川・藤沢署
427	2008	毎　日	20080730	20090108	福　岡	福岡の民家遺体：承諾殺人容疑で90歳母を書類送検
428	2008	毎　日	20080805	20090211	神奈川	川崎・女性殺害：夫に懲役5年の実刑－地裁判決／神奈川
429	2008	朝　日	20080806	20080820	神奈川	父親をなぐって死亡させた疑いで52歳男を逮捕　藤沢／神奈川県
430	2008	朝　日	20080827	20081115	大　分	別府の認知症母絞殺　被告に懲役7年を求刑
431	2008	朝　日	20080830	20080902	山　形	認知症の妻を殺害容疑　旧櫛引元町議を逮捕／山形県
432	2008	朝　日	20080900	20081115	三　重	頭をたたきつけ、母死なせた疑い　四日市、59歳逮捕
433	2008	朝　日	20081001	20081002	福　岡	父を殺害容疑　「介護に疲れた」　福岡、娘を逮捕

資　　料

加害者	年齢	被害者	年齢	判　　決
夫	68	妻	66	
夫	74	妻	70	懲役7年
義理の息子	66	義母	96	懲役7年
息子	58	母	87	
息子	59	母	91	
妻	65	夫	69	懲役3年6月
孫（男）	17	祖父	76	
夫	82	妻	79	
息子	28	母	66	懲役1年6月、執行猶予3年
妻	55	夫	65	
妻	72	夫	77	懲役3年執行猶予5年
娘	58	母	85	懲役4年6月
息子	57	母	81	
娘	55	母	80	
夫	77	妻	77	懲役4年6月
息子	65	父、妻	93,65	懲役30年
夫	72	妻	74	
妻	72	夫	73	
孫（男）	79	祖母	79	
甥	56	おば	86	
息子	54	母	80	
夫	77	妻	72	
息子	34	母	70	懲役4年6月
娘	48	父	92	懲役5年
母	90	娘	61	懲役3年執行猶予5年
夫	69	妻	72	懲役5年
息子	52	父	76	
娘	59	母	83	懲役4年6月
夫	76	妻	72	
娘	59	母	82	
娘	55	父	82	

資　　料

	発生年	新聞名	事件年月日	記事掲載日	発生地	記事見出し
434	2008	中日	20081005	20081011	福井	父親けり死なせた疑い　28歳長男を逮捕　あわら署
435	2008	東京読売	20081031	20081101	静岡	83歳母殴り死なす　容疑で息子を逮捕／静岡
436	2008	東京読売	20081100	20081206	岩手	奥州の母親遺体遺棄　容疑の長男、殺害供述／岩手
437	2008	朝日	20081108	20160339	鹿児島	鹿児島県警、7年間捜査放置　警視ら「多忙で失念」【西部】
438	2008	中日	20081211	20081211	愛知	「病気の母を殺した」　西尾署　45歳長男を事情聴取
439	2008	朝日	20081211	20081212	埼玉	母を殺害、自首の容疑者逮捕　「病気で寝込んでいた」　川口／埼玉県
440	2008	朝日	20081214	20081215	東京	「介護に疲れて」81歳母殺害容疑　東京・荒川、51歳娘を逮捕
441	2008	朝日	20081226	20081227	埼玉	「介護に疲れ」、夫殺害の疑い　埼玉、71歳の妻逮捕
442	2008	東京読売	20081228	20090109	青森	八戸の男性殺害　「両親の面倒大変だった」　容疑の長女供述＝青森
443	2009	朝日	20090106	20090108	大阪	73歳男性死亡、介護の妻逮捕　東大阪、殺人容疑
444	2009	大阪読売	20090108	20090108	岡山	「看病に疲れた」94歳母親殺害容疑で逮捕／岡山
445	2009	中日	20090125	20090409	滋賀	同意の下で妻殺害　夫に執行猶予判決
446	2009	日本経済	20090129	20090131	北海道	介護苦に無理心中か、札幌のマンション遺体
447	2009	朝日	20090131	20090305	宮崎	心中図って妻死亡、殺人容疑で夫逮捕　県警と都城署／宮崎県
448	2009	朝日	20090200	20101007	三重	母親遺棄の次男、起訴内容認める　津地裁で初公判
449	2009	朝日	20090206	20090207	山形	74歳母を殺害？　無理心中か、長男重傷　尾花沢／山形県
450	2009	中日	20090226	20090227	三重	車転落、2遺体　同行の家族重傷、熊野、無理心中か
451	2009	日本経済	20090307	20090309	東京	浴槽に92歳放置、死なせた疑い、東京、23歳孫を逮捕
452	2009	東京読売	20090318	20090322	千葉	「介護疲れ」妻殺害容疑、夫を逮捕
453	2009	毎日	20090327	20090328	愛知	殺人：妻殺害容疑で76歳夫を逮捕／愛知・豊田
454	2009	朝日	20090328	20090418	岩手	傷害致死罪で起訴　地検「殺意の認定困難」花巻の62歳父を殴打死
455	2009	朝日	20090402	20090403	山形	介護に疲れた？　82歳妻殺害容疑で84歳逮捕
456	2009	長崎	20090424	20090427	東京	「両親　包丁で刺した」と通報　殺人容疑で女逮捕
457	2009	東京	20090506	20090511	埼玉	長男に殴られ意識不明だった母死亡
458	2009	大阪読売	20090508	20091202	兵庫	義姉殺害事件　懲役8年求刑　裁判員2人が質問
459	2009	産経	20090510	20090603	大阪	殺人容疑で長男　再逮捕へ　住之江の死体遺棄
460	2009	北海道	20090530	20090531	埼玉	介護「手がかかる」90歳義母の首絞め　容疑の65歳逮捕
461	2009	毎日	20090530	20090818	千葉	八千代の承諾殺人：被告、起訴内容を認める　懲役4年を求刑
462	2009	東京	20090602	20091215	神奈川	父暴行死に懲役5年　裁判員裁判　地裁判決「危険で悪質」
463	2009	毎日	20090618	20090620	千葉	障害：祖母に暴行、死亡　容疑で介護の孫30歳逮捕
464	2009	毎日	20090624	20090624	東京	殺人：「介護に疲れた」73歳妻絞殺　容疑で59歳逮捕

資　料

加害者	年齢	被害者	年齢	判　決
息子	28	父	60	
息子	58	母	83	懲役3年執行猶予4年
息子	57	母	79	
息子	57	母	81	懲役3年執行猶予4年
息子	45	母	85	
息子	45	母	67	懲役1年6月
娘	51	母	81	
妻	71	夫	78	懲役5年
娘	58	父	84	懲役6年
妻	71	夫	73	
息子	68	母	94	地裁懲役6年、高裁懲役5年
夫	67	妻	73	懲役3年執行猶予4年保護観察付き
夫	73	妻	72	
夫	75	妻	72	
息子	56	母	80	懲役2年
息子	53	母	74	懲役3年執行猶予5年
息子	49,47	母	76	
孫（男）	23	祖母	92	
夫	75	妻	74	懲役5年
夫	76	妻	75	懲役3年執行猶予5年
息子	62	父	93	懲役4年
夫	84	妻	82	懲役3年執行猶予5年
娘	51	父、母	92,80	
息子	47	母	74	
義理の妹	68	義理の姉	80	懲役3年執行猶予5年
息子	40	母	73	
義理の息子	65	義母	90	
息子	60	母	90	懲役3年執行猶予5年
息子	34	父	89	懲役5年
孫（男）	30	祖母	79	
夫	59	妻	73	

資　料

	発生年	新聞名	事件年月日	記事掲載日	発生地	記事見出し
465	2009	朝　日	20090630	20090705	埼　玉	「介護に疲れ」妻を殺害容疑　77歳夫を逮捕
466	2009	朝　日	20090702	20100127	福　島	無理心中図った疑い、死亡の弟を書類送検　相馬の女性死亡事件
467	2009	産　経	20090717	20090718	千　葉	「介護に疲れた」供述　78歳母絞殺　容疑で逮捕
468	2009	NHKニュース	20090722	20090723	千　葉	千葉・流山　86歳の母死亡　55歳長男を逮捕　「介護疲れで暴行」
469	2009	朝　日	20090723	20090818	鹿児島	父を殺害容疑、49歳の娘逮捕　「介護に疲れた」供述
470	2009	岐　阜	20090725	20090725	岐　阜	関市　83歳母殺害容疑で逮捕　60歳男自首「介護疲れた」
471	2009	朝　日	20090727	20090729	石　川	夫刺殺、容疑の妻逮捕「介護疲れ」供述
472	2009	東京読売	20090800	20090815	静　岡	搬送せず父死なす　容疑の息子を逮捕
473	2009	大阪読売	20090801	20100211	広　島	妻死なせた男　猶予判決「介護疲れ、精神的に不安定」
474	2009	朝　日	20090804	20090806	埼　玉	妻を殴り死なす　さいたま・容疑者逮捕、「徘徊に悩む」供述
475	2009	NHKニュース	20090818	20090907	茨　城	茨城・寝たきり84歳妻殺害　89歳夫起訴　介護に悩み話し合って絞殺
476	2009	朝　日	20090824	20090826	東　京	81歳夫、要介護の82歳妻を絞殺容疑　自分がいなくなったら面倒見る人いなくなる
477	2009	朝　日	20090831	20090910	福　島	夫を刺殺した疑い、腹部にけがの妻逮捕「看病に疲れ心中」
478	2009	朝　日	20090925	20090926	千　葉	「介護に疲れ、妻を殺した」71歳、自分も腹刺す
479	2009	朝　日	20090926	20090928	岡　山	「複数回、首絞めた」倉敷の介護疲れ殺人容疑、逮捕の次男供述
480	2009	毎　日	20091003	20091004	神奈川	殺人・「介護に疲れ」妻を殺害容疑　夫逮捕
481	2009	毎　日	20091006	20091210	栃　木	日光の母承諾殺人：被告に懲役4年を求刑
482	2009	毎　日	20091012	20091014	神奈川	相模原の妻殺害　死亡妻が遺書「これで楽になれる」
483	2009	日本経済	20091020	20091022	愛　知	妻殺害容疑で逮捕、愛知・大府の70歳夫「介護疲れた」
484	2009	朝　日	20091107	20091207	京　都	殺人の疑いで80歳の妻逮捕　「介護に疲れた」京都府警
485	2009	東　京	20091111	20091113	東　京	稲城の住宅で夫婦が死亡　無理心中か
486	2009	毎　日	20091123	20091124	愛　知	無理心中？：夫が妻の介護に疲れ－名古屋・港区の市営団地
487	2009	朝　日	20091127	20100202	山　形	母親殺害容疑で長男を逮捕　介護に疲れ心中か、橋の下転落
488	2009	毎　日	20091129	20091130	北海道	心中？　そば店経営夫婦、自宅で遺体発見
489	2009	東京読売	20091202	20100831	神奈川	祖母絞殺認める　裁判委員裁判初公判
490	2009	毎　日	20091211	20091212	東　京	殺人・66歳介護に疲れ　母親殺害の疑い　警視庁が逮捕
491	2009	毎　日	20091220	20100525	千　葉	裁判員裁判：地裁　認知症母傷害致死、起訴内容認める
492	2009	毎　日	20091223	20091225	北海道	無理心中？：娘と母親、介護疲れで
493	2010	朝　日	20100103	20100104	和歌山	認知症の妻を絞殺容疑　80歳夫を逮捕
494	2010	朝　日	20100118	20100119	兵　庫	車いすの母を絞殺容疑　51歳「介護疲れ」供述
495	2010	朝　日	20100120	20100121	大　阪	93歳・71歳の母娘が心中？　堺、病気苦に飛び降りか

資　料

加害者	年齢	被害者	年齢	判　決
夫	77	妻	73	懲役3年
弟	67	姉	74	
娘	53	母	78	懲役3年執行猶予5年
息子	55	母	86	
娘	49	父	76	
息子	60	母	83	懲役4年
妻	66	夫	69	
息子	46	父	75	
夫	63	妻	61	懲役3年執行猶予4年
夫	79	妻	73	
夫	89	妻	89	懲役3年執行猶予5年
夫	81	妻	82	懲役3年執行猶予5年保護観察付き
妻	65	夫	68	懲役2年6月
夫	71	妻	68	
息子	59	母	88	懲役3年6月
夫	78	妻	75	懲役2年
娘	57	母	83	
夫	66	妻	65	
夫	70	妻	66	
妻	80	夫	82	懲役3年執行猶予5年
夫	67	妻	78	
夫	74	妻	78	
息子	45	母	86	
夫	56	妻	64	
孫（男）	25	祖母	70	
息子	66	母	93	懲役4年6月
息子	59	母	91	懲役4年6月
娘	65	母	85	
夫	80	妻	73	
息子	51	母	85	懲役3年6月
母	93	娘	71	

資　料

	発生年	新聞名	事件年月日	記事掲載日	発生地	記事見出し
496	2010	朝　日	20100120	20100122	愛　知	74歳の妻を殺害、蒲郡署が容疑の80歳逮捕　「首絞めた」と供述
497	2010	朝　日	20100129	20100209	千　葉	妻を殺害し自傷、容疑の夫を逮捕
498	2010	毎　日	20100217	20100819	埼　玉	殺人：介護の93歳父を殺害　容疑で逮捕の娘「人生無意味」／埼玉・川越
499	2010	朝　日	20100219	20100220	埼　玉	マンション自室で78歳夫婦心中か
500	2010	日本経済	20100220	20100221	東　京	母親の首絞める、48歳容疑者逮捕、江戸川、搬送先で死亡
501	2010	朝　日	20100225	20100226	新　潟	80代夫婦が無理心中か　「介護に疲れた」メモ
502	2010	朝　日	20100300	20100901	北海道	函館・妻暴行死で被告、起訴内容認める　函館地裁で初公判
503	2010	朝　日	20100319	20101208	京　都	父親蹴り死なせた起訴内容認める　京都地裁の裁判員裁判、初公判
504	2010	朝　日	20100321	20100322	三　重	72歳、妻を絞殺容疑「介護疲れた。妻がかわいそうで」
505	2010	朝　日	20100323	20100323	京　都	「介護に疲れた」55歳無理心中か　京都、88歳母と
506	2010	毎　日	20100325	20100327	埼　玉	殺人：35年寝たきり夫に「頼まれ」殺害　容疑で69歳逮捕
507	2010	毎　日	20100412	20100412	北海道	無理心中：介護疲れ心中か、70代夫婦が死亡
508	2010	毎　日	20100428	20100428	東　京	殺人：「介護に疲れた」　81歳母殺害容疑、長女逮捕へ
509	2010	朝　日	20100506	20100507	神奈川	介護疲れ心中？　85歳女性が死亡　相模原、夫も除草剤のむ
510	2010	東京読売	20100521	20100521	東　京	認知症78歳姉を殺害容疑　逮捕66歳「世話焼ける」ハンマーで殴打
511	2010	東　京	20100523	20101111	神奈川	裁判員　かながわ　79歳被告に猶予判決　老老介護妻を殺害
512	2010	朝　日	20100530	20100531	東　京	寝たきりの妻を殺害した疑いで逮捕　八王子署
513	2010	朝　日	20100602	20100614	兵　庫	「母親介護疲れ」無理心中の容疑で62歳息子を逮捕
514	2010	東京読売	20100628	20110713	東　京	介護疲れ母殺害　被告に猶予判決／東京
515	2010	毎　日	20100703	20100703	東　京	殺人：「介護に疲れた」　71歳が妻を殺害、警察に自首／東京・江東
516	2010	毎　日	20100704	20100705	宮　城	殺人：入院の母を絞殺、容疑で63歳逮捕
517	2010	西部読売	20100705	20100705	山　口	「介護疲れ」80歳夫殺害　容疑で73歳逮捕
518	2010	静　岡	20100719	20100720	静　岡	夫絞殺容疑で71歳妻逮捕　介護利用検討「将来案じ口論」
519	2010	大阪読売	20100801	20110611	島　根	母放置死　近所づき合いなく　逮捕の教諭　県教委、処分検討／島根
520	2010	毎　日	20100805	20100806	愛　知	無理心中？　妻の介護に疲れ　76歳夫婦死亡／愛知・豊川
521	2010	東京読売	20100815	20110517	埼　玉	妻殺害の被告　起訴事実認める／埼玉
522	2010	朝　日	20100816	20110524	北海道	母親殺害、公判で認める　小樽視察事件　札幌地裁／北海道
523	2010	読　売	20100830	20100831	大　阪	「ボケ防止で殴っていた」母虐待死？　長男逮捕
524	2010	朝　日	20100906	20100907	福　岡	65歳、夫絞殺の疑い　福岡・大牟田、介護10数年間
525	2010	毎　日	20100907	20100908	熊　本	熊本・玉名の心中：飛び降り死の夫、介護を悩む遺書
526	2010	中　日	20100912	20111202	愛　知	認知症の父たたき傷害致死　介護の61歳、有罪判決

－ 242 －

資　料

加害者	年齢	被害者	年齢	判　決
夫	80	妻	74	
夫	77	妻	79	懲役3年
娘	55	父	98	
夫	78	妻	78	
息子	48	母	72	懲役8年
夫	87	妻	85	
夫	75	妻	75	懲役3年
息子	37	父	65	懲役4年
夫	72	妻	69	懲役3年執行猶予5年
息子	55	母	88	
妻	69	夫	78	懲役2年6月執行猶予5年
夫	75	妻	78	
娘	60	母	81	懲役3年執行猶予5年
夫	82	妻	85	
弟	66	姉	88	
夫	78	妻	72	懲役3年執行猶予5年
夫	64	妻	61	
息子	62	母	84	
息子	53	母	80	懲役3年執行猶予5年保護観察付き
夫	71	妻	69	
息子	63	母	88	
妻	73	夫	80	
妻	71	夫	73	懲役3年執行猶予5年
息子	45	母	82	懲役4年
夫	76	妻	76	
夫	67	妻	60	懲役3年執行猶予5年
娘	57	母	84	懲役2年6月執行猶予5年
息子	50	母	76	
妻	65	夫	73	懲役3年執行猶予5年
夫	83	妻	84	
息子	61	父	87	懲役3年執行猶予5年保護観察付き

－ 243 －

資　料

	発生年	新聞名	事件年月日	記事掲載日	発生地	記事見出し
527	2010	毎　日	20101107	20101108	千　葉	寝たきり妻殺害：容疑の81歳を逮捕…千葉県警
528	2010	朝　日	20101108	20101109	神奈川	妻殺害未遂容疑、85歳の夫を逮捕　藤沢の老人ホーム
529	2010	朝　日	20101113	20101115	兵　庫	「介護に疲れた」80歳母を殺害容疑／兵庫・加古川の48歳逮捕
530	2010	北 海 道	20101115	20110326	北海道	妻傷害致死事件　懲役4年の判決
531	2010	東京読売	20101117	20120229	北海道	小清水男性遺体「施設、金かかるので」親族が道警に退所理由／北海道
532	2010	東　京	20101119	20101119	神奈川	介護の弟殺害容疑の姉逮捕　相模原
533	2010	大阪読売	20101205	20120331	奈　良	母親絞殺の娘　懲役5年判決／奈良
534	2010	朝　日	20101211	20101212	秋　田	寝たきりの母を殺害した疑い「かわいそうで」／秋田
535	2010	朝　日	20101229	20101230	愛　媛	夫殺害容疑で67歳の妻逮捕　松山、介護疲れ遠因？
536	2010	朝　日	20101231	20110101	群　馬	母親殺害の疑い、54歳二男を逮捕　伊勢崎署
537	2011	毎　日	20110101	20110103	京　都	傷害致死：認知症の母死亡、殴った娘を逮捕
538	2011	朝　日	20110111	20110113	千　葉	89歳の母親死亡、長男を事情聴取　市川署
539	2011	東京読売	20110112	20110113	千　葉	富津で火災　夫婦？　遺体　85歳と80歳　「介護に疲れた」メモ
540	2011	朝　日	20110118	20110119	山　口	81歳妻、夫絞殺の疑いで逮捕　「介護に疲れた」
541	2011	東京読売	20110118	20110119	神奈川	首に絞め跡？　78歳遺体　電話の男「父殺した」
542	2011	東京読売	20110129	20110129	神奈川	81歳妻の首絞める　85歳夫殺人未遂容疑
543	2011	中　国	20110206	20110218	広　島	きずな　高齢者見守る団地の輪　安佐南区の毘沙門台　市職員らと勉強会も
544	2011	西日本	20110208	20110308	福　岡	介護疲れ　心中図り妻刺殺　74歳　殺人容疑逮捕へ　北九州
545	2011	西部読売	20110208	20110715	福　岡	心中、妻を刺殺　懲役3年求刑　承諾殺人罪で初公判
546	2011	東京読売	20110218	20110219	千　葉	寝たきり90歳妻の首絞める　流山病院で死亡、容疑の夫逮捕／千葉
547	2011	東　京	20110218	20110219	千　葉	92歳認知症母絞殺　容疑の長男「家族に迷惑」
548	2011	毎　日	20110218	20110219	千　葉	殺人：認知症の母絞殺容疑　70歳長男逮捕…千葉県警
549	2011	毎　日	20110222	20110226	岐　阜	岐阜・多治見の民家火災　放火殺人容疑で死亡女性夫逮捕
550	2011	毎　日	20110324	20110325	京　都	無理心中：「介護疲れ」で男性が　左京の78歳夫婦／京都
551	2011	毎　日	20110326	20110327	愛　媛	無理心中？兄が弟の介護を苦に　－新居浜／愛媛
552	2011	東　京	20110328	20110329	静　岡	認知症の妻を絞殺　重病の夫無理心中　熱海
553	2011	東京読売	20110403	20110404	福　井	「自分がやった」自宅に長女メモ　福井夫婦刺殺
554	2011	東京読売	20110411	20110413	千　葉	心中図り夫殺した容疑で妻逮捕
555	2011	東　京	20110419	20160213	千　葉	事件の影に被災の孤独　君津、介護の姉　山林置き去り死
556	2011	東京読売	20110430	20111115	山　形	義母に暴行　死なせる　被告が事実認める／山形
557	2011	朝　日	20110500	20110508	鹿児島	容疑者の母親、窒息死と判明　鹿児島の姉殺害未遂

－ 244 －

資　料

加害者	年齢	被害者	年齢	判　決
夫	81	妻	78	懲役3年執行猶予5年保護観察付き
夫	85	妻	79	懲役3年執行猶予5年
息子	48	母	80	懲役3年執行猶予5年
夫	74	妻	75	懲役4年
兄	77	弟	71	懲役6年
姉	65	弟	61	
娘	41	母	67	懲役5年
息子	65	母	92	
妻	67	夫	72	懲役7年
息子	54	母	87	
娘	60	母	79	懲役3年執行猶予5年
息子	62	母	89	
夫	75	妻	80	
妻	81	夫	84	懲役3年執行猶予5年
息子	47	父	78	懲役6年
夫	85	妻	81	
夫	79	妻	78	
夫	74	妻	69	
夫	74	妻	69	懲役3年執行猶予5年
夫	87	妻	90	懲役3年執行猶予5年
息子	70	母	92	
息子	70	母	92	
夫	71	妻	70	懲役3年執行猶予5年
夫	78	妻	78	
兄	70	弟	64	
夫	77	妻	78	
娘	37	父、母	66,63	
妻	61	夫	66	
弟	57	姉	60	懲役3年執行猶予4年
義理の娘(嫁)	59	義母	84	懲役3年執行猶予5年
娘	65	母	92	懲役3年

— 245 —

資　料

	発生年	新聞名	事件年月日	記事掲載日	発生地	記事見出し
558	2011	四　国	20110502	20110503	大　阪	男女2人刺され死亡　包丁所持容疑で女逮捕／大阪
559	2011	毎　日	20110508	20110614	三　重	傷害致死　77歳母に暴行、死なす　容疑の男逮捕　日常的に虐待か
560	2011	東　京	20110509	20110510	東　京	介護疲れで母親絞殺容疑　江東、息子を逮捕
561	2011	大阪読売	20110518	20110518	愛　媛	「リハビリ断った」　妻殴られ意識不明　容疑で74歳夫逮捕／愛媛
562	2011	茨　城	20110521	20110525	茨　城	寝たきりの父　殴り死なせる　傷害致死容疑で逮捕
563	2011	毎　日	20110527	20110528	愛　媛	無理心中？介護疲れで　伊方の高齢夫婦死亡／愛媛
564	2011	福　井	20110528	20110529	福　井	88歳祖父を暴行　死なす　勝山、容疑高校生に逮捕状
565	2011	大阪読売	20110530	20110611	奈　良	殺人容疑で娘を再逮捕／奈良
566	2011	朝　日	20110602	20120228	宮　崎	父親殴り死なす、息子に懲役4年　裁判員裁判判決
567	2011	朝　日	20110626	20110921	静　岡	父親遺棄被告に猶予付きの判決　地裁沼津支部／静岡県
568	2011	東京読売	20110704	20110705	埼　玉	寝たきり母の「首絞めた」殺人容疑で娘逮捕へ／埼玉
569	2011	朝　日	20110722	20110723	大　阪	91歳　病気の娘と心中？　伊丹、2人暮らしで介護
570	2011	朝　日	20110727	20110802	愛　知	息子に殴られ、81歳女性死亡　春日井、傷害致死容疑
571	2011	中　日	20110812	20110815	愛　知	体不自由な妻絞殺　81歳容疑者を逮捕　豊田、介護疲れ
572	2011	朝　日	20110812	20110816	広　島	尾道署、母親殺害容疑で53歳息子逮捕「介護に疲れ」供述／広島県
573	2011	大阪読売	20110815	20111119	島　根	寝たきり母　浴槽放置死　容疑の64歳男書類送検／島根
574	2011	西日本	20110904	20110905	福　岡	介護疲れで無理心中か　北九州市八幡西区、2人死亡
575	2011	朝　日	20110909	20110911	山　梨	介護の母、暴行死　傷害致死容疑で長男を逮捕　富士川町／山梨県
576	2011	毎　日	20110910	20110912	大　阪	殺人：介護疲れ、夫殺害　妻を容疑で逮捕／大阪・浪速署
577	2011	朝　日	20110912	20110916	熊　本	車の親子遺体、介護疲れが原因か　山都町／熊本県
578	2011	朝　日	20110914	20110915	東　京	重体の妻が死亡　夫「介護疲れた」　東京・目黒、殺人容疑捜査
579	2011	朝　日	20110916	20111117	神奈川	「夫を殺し楽に」殺人容疑で内縁の妻再逮捕　平塚の遺棄事件／神奈川県
580	2011	毎　日	20110920	20110922	山　梨	北杜の親子変death：介護疲れ？　無理心中か　次男自殺母の首に絞められた痕／山梨
581	2011	東京読売	20110923	20110924	山　梨	70歳代夫婦死亡　心中の可能性も／山梨
582	2011	毎　日	20110928	20111001	静　岡	浜松の90代夫婦遺体：死因が判明／静岡
583	2011	大阪読売	20111025	20111026	広　島	義母88歳を絞殺　容疑で男逮捕／広島
584	2011	朝　日	20111102	20111103	埼　玉	退院の夫を殺害、容疑の66歳逮捕　「介護自信なく」戸田／埼玉県
585	2011	東京読売	20111112	20111113	北海道	難病の妻と無理心中か　札幌　高齢夫婦、遺体で発見／北海道
586	2011	東京読売	20111115	20111116	新　潟	介護疲れで心中か　88歳、92歳夫婦死亡　三条／新潟
587	2011	産　経	20111211	20111215	大　阪	夫の首絞め死なす　妻逮捕、介護疲れか　殺人容疑に切り替え
588	2012	毎　日	20120110	20120111	兵　庫	殺人：自宅で胸刺され、91歳女性が死亡－神戸・垂水／兵庫

－ 246 －

資　　料

加害者	年齢	被害者	年齢	判　　決
娘	55	母	95	
息子	43	母	77	
息子	63	母	84	
夫	74	妻	69	懲役3年執行猶予5年
息子	47	父	69	
妻	72	夫	77	
孫（男）	16	祖父	88	
娘	42	母	67	
息子	66	父	99	懲役4年
息子	42	父	76	懲役2年執行猶予3年
義理の娘(嫁)	44	義母	75	
母	71	娘	91	
息子	54	母	81	懲役3年
夫	81	妻	77	懲役3年執行猶予5年
息子	53	母	83	懲役5年
息子	64	母	88	
息子	63	母	95	
息子	44	母	70	懲役4年
妻	74	夫	75	
息子	57	母	89	
夫	77	妻	74	
内縁妻	55	夫	66	懲役5年
息子	55	母	82	
夫	72	妻	72	
夫	94	妻	92	
義理の息子	53	義母	88	懲役8年
妻	66	夫	67	懲役7年
夫	80	妻	74	
夫	88	妻	92	
妻	68	夫	74	
息子	58	母	91	

資　料

	発生年	新聞名	事件年月日	記事掲載日	発生地	記事見出し
589	2012	朝　日	20120111	20120112	奈　良	「介護に疲れて」長女殺害の疑いで85歳の母逮捕／奈良
590	2012	産　経	20120117	20120118	兵　庫	母死なせた容疑で女逮捕
591	2012	毎　日	20120122	20120622	岐　阜	岐阜・夫絞殺：嘱託殺人罪の被告に地裁が猶予判決／岐阜
592	2012	毎　日	20120129	20120201	群　馬	傷害致死：介護の父に暴行、死亡させた疑いで息子逮捕／群馬・高崎
593	2012	朝　日	20120203	20120204	京　都	「介護に疲れて」妻を殺害の疑い　京丹後署、74歳逮捕
594	2012	東京読売	20120210	20120211	宮　城	82歳母を殺害容疑／宮城
595	2012	日本経済	20120228	20120228	大　阪	84歳夫刺し死なす、容疑の妻逮捕、「介護に疲れた」、枚方
596	2012	中　日	20120304	20120510	愛　知	認知症の妻殺害　起訴内容認める　名地裁初公判
597	2012	日本経済	20120305	20120306	大　阪	寝たきりの妻刺し死なせる、岸和田、容疑の夫逮捕
598	2012	東　京	20120405	20120405	神奈川	「介護疲れた」夫刺し死なす　61歳妻を逮捕
599	2012	東京読売	20120418	20120420	北海道	妻殺害容疑87歳夫逮捕　釧路「介護に疲れ首絞めた」
600	2012	東京読売	20120501	20120503	山　梨	入院中の母親の首絞める　殺人未遂容疑で50歳逮捕／山梨
601	2012	東京読売	20120502	20120514	静　岡	母親の遺体　自宅に放置　容疑の長男逮捕　殺害ほのめかす
602	2012	中　日	20120506	20130603	愛　知	母殺害　懲役8年　統合失調症の息子に責任能力認める
603	2012	日本経済	20120510	20120510	東　京	介護苦に心中図る？　多摩、68歳夫が妻殺害容疑
604	2012	毎　日	20120514	20120514	大　阪	殺人：妻の介護に疲れ　86歳、殺害容疑で逮捕へ－堺
605	2012	毎　日	20120524	20120612	千　葉	市川の母殺害：自殺図った次男、容疑で逮捕／千葉
606	2012	朝　日	20120620	20120620	北海道	妻が首絞め？　夫と長女死亡　札幌、殺人容疑で捜査／北海道
607	2012	日本経済	20120628	20120701	新　潟	認知症の父を窒息死させる、容疑の38歳息子を逮捕
608	2012	日本経済	20120630	20120701	東　京	介護の母殴られ、意識不明の重体、容疑の43歳息子逮捕
609	2012	大阪読売	20120801	20120802	和歌山	「看病疲れ」の70歳　妻殺人容疑で逮捕　和歌山北署／和歌山
610	2012	東京読売	20120801	20120802	埼　玉	「家族に迷惑かけられない」母娘死亡、自室にメモ
611	2012	北海道	20120815	20120816	栃　木	3兄弟　無理心中か　遺体発見、2人は要介護
612	2012	朝　日	20120822	20120824	兵　庫	妻殺害の疑いで75歳夫を逮捕　姫路／兵庫県
613	2012	東　京	20120911	20120912	神奈川	高齢女性白骨遺体　横浜　同居の娘　精神疾患か
614	2012	中部読売	20120921	20120923	愛　知	67歳父　食事与えず放置　遺体で発見　容疑の39歳長男逮捕＝中部
615	2012	中　日	20121004	20121005	福　井	衰弱「かわいそう」80歳容疑者が供述　福祉の妻殺害・放置
616	2012	朝　日	20121021	20121022	福　岡	92歳母・61歳息子死亡　八女、無理心中か
617	2012	京　都	20121024	20121114	京　都	フォローアップ2012　「認認介護」広がる困惑　伏見の認知症夫暴力？　妻死亡
618	2012	毎　日	20121029	20121130	熊　本	無理心中？熊本の夫婦、老老介護苦に－阿蘇／熊本
619	2012	東京読売	20121110	20121112	北海道	「介護疲れ」74歳　妻を殴り死なす　傷害致死容疑で逮捕／北海道

－ 248 －

資　　料

加害者	年齢	被害者	年齢	判　　決
母	85	娘	62	懲役 3 年執行猶予 5 年
娘	43	母	73	
妻	73	夫	79	懲役 3 年執行猶予 4 年
息子	38	父	76	懲役 5 年 6 月
夫	74	妻	73	懲役 4 年
息子	56	母	82	
妻	83	夫	84	懲役 3 年執行猶予 5 年
夫	84	妻	80	懲役 3 年執行猶予 5 年
夫	66	妻	67	懲役 2 年 6 月
妻	61	夫	75	
夫	87	妻	89	不起訴処分で鑑定入院
息子	50	母	84	懲役 6 年
息子	29	母	68	懲役 7 年
息子	47	母	72	懲役 8 年
夫	68	妻	64	懲役 3 年執行猶予 5 年
夫	86	妻	84	懲役 3 年執行猶予 5 年
息子	48	母	83	懲役 3 年執行猶予 5 年
妻	77	夫	77	懲役 8 年
息子	38	父	74	
息子	43	母	80	懲役 2 年
夫	70	妻	66	
娘	68	母	90	
弟	57	兄	67	
夫	75	妻	71	懲役 3 年執行猶予 5 年保護観察付き
娘	51	母	80	
息子	39	父	67	
夫	80	妻	79	
息子	61	母	92	
夫	85	妻	83	
妻	77	夫	87	
夫	74	妻	72	懲役 3 年執行猶予 4 年

資　料

	発生年	新聞名	事件年月日	記事掲載日	発生地	記事見出し
620	2012	毎　日	20121114	20121114	愛　知	殺人：介護疲れの妻絞殺　容疑の80歳男逮捕
621	2012	西部読売	20121202	20121207	福　岡	94歳母殺害容疑　同居の次女逮捕　福岡県警
622	2012	毎　日	20121212	20121213	東　京	殺人：「介護に疲れた」　92歳母親を絞殺、容疑者逮捕／東京・足立
623	2012	毎　日	20121216	20121217	兵　庫	殺人：介護の妻殺害　容疑で夫逮捕　－尼崎東署／兵庫
624	2012	東京読売	20121216	20121217	神奈川	88歳父殴り殺害容疑の63歳逮捕「介護に疲れた」
625	2012	朝　日	20121217	20140226	奈　良	（迫る）親族間の捜査に壁　母への傷害致死事件、通報何度も／奈良県
626	2012	朝　日	20121222	20121223	東　京	入院中の母親の首絞を絞めた疑い、長女を逮捕　南大沢署／東京都
627	2012	大阪読売	20121225	20121225	徳　島	椅子で殴り母死亡　容疑の娘を逮捕　徳島、「面倒みるの疲れ」
628	2013	朝　日	20130108	20160302	和歌山	66歳夫、懲役8年判決　妻窒息死させた罪　和歌山地裁／和歌山県
629	2013	朝　日	20130110	20130111	兵　庫	「毎日、殺してくれ」母親殺害容疑で68歳娘を逮捕　兵庫県警
630	2013	毎　日	20130111	20130113	神奈川	殺人：「寝たきり」介護、96歳祖父刺殺　容疑で女逮捕－大和／神奈川
631	2013	毎　日	20130131	20130202	鳥　取	保護責任者遺棄致傷：寝たきりの母親放置、重度の床ずれ　容疑で長男逮捕－倉吉署
632	2013	朝　日	20130131	20130203	愛　知	「介護に疲れて」母親殺害の疑い　愛知県警、51歳の娘を逮捕
633	2013	毎　日	20130200	20131017	神奈川	放火：殺人容疑で死亡の長男を書類送検　心中と判断／神奈川
634	2013	日本経済	20130208	20130210	奈　良	奈良・大和郡山、寝たきり妻、殺害疑い、介護の96歳夫逮捕
635	2013	毎　日	20130209	20130706	神奈川	川崎・高津区の女性死亡：認知症の妻殺害　76歳被告、初公判で起訴内容認める／神奈川
636	2013	朝　日	20130210	20130211	福　井	妻を絞殺容疑、71歳夫を逮捕　福井・自宅で介護
637	2013	東京読売	20130215	20130216	山　形	寝たきり妻を絞殺容疑　無理心中図る？　80歳を逮捕
638	2013	大阪読売	20130217	20130218	大　阪	91歳母と長男　無理心中か　川西の民家　認知症悲観したメモ残す
639	2013	朝　日	20130307	20130307	兵　庫	看病疲れで心中か　70代女性と息子死亡／兵庫・明石
640	2013	朝　日	20130308	20130310	神奈川	「介護大変だった」殺人容疑で娘逮捕　南足柄の事件
641	2013	毎　日	20130309	20130312	富　山	高岡の母殺害：容疑で娘逮捕－高岡署／富山
642	2013	朝　日	20130319	20130321	青　森	老老介護で無理心中か　十和田で夫婦死亡
643	2013	日本経済	20130403	20130404	埼　玉	埼玉・熊谷、妻殺害した疑い、82歳の男を逮捕
644	2013	北海道	20130423	20130423	北海道	首絞められ男性死亡
645	2013	東京読売	20130506	20130508	東　京	母親殺害容疑で送検／東京
646	2013	静　岡	20130530	20130531	静　岡	「夫殺した」と自首　殺人容疑で81歳妻逮捕　老老介護疲れか－袋井署
647	2013	朝　日	20130615	20130615	福　岡	認知症の妻と夫　無理心中か「きつい」と遺書／福岡
648	2013	東京読売	20130615	20130617	東　京	夫婦無理心中か　東村山で2遺体
649	2013	産　経	20130709	20130720	東　京	老老介護の果てに…「一緒に死のう」　妻を殺害して自殺を図った元商社マンの葛藤
650	2013	読　売	20130711	20130711	岐　阜	91歳女性死亡、「母を殺した」と同居の娘

資　料

加害者	年齢	被害者	年齢	判　決
夫	80	妻	76	懲役3年執行猶予5年
娘	62	母	94	懲役3年執行猶予5年保護観察付き
息子	60	母	92	懲役3年執行猶予5年
夫	77	妻	73	懲役6年6月
息子	63	父	88	
息子	59	母	79	
娘	63	母	88	
娘	42	母	77	懲役4年6月
夫	63	妻	62	懲役8年
娘	68	母	93	
孫（女）	47	祖父	96	懲役4年
息子	56	母	79	懲役2年執行猶予3年
娘	51	母	80	懲役3年執行猶予5年保護観察付き
息子	50	母	78	
夫	96	妻	91	
夫	76	妻	77	懲役2年6月
夫	71	妻	70	懲役3年執行猶予4年
夫	80	妻	79	懲役3年執行猶予5年
息子	66	母	91	
息子	47	母	74	
娘	70	母	98	懲役2年6月
娘	64	母	87	懲役3年執行猶予5年保護観察付き
妻	77	夫	76	
夫	82	妻	78	
妻	80	夫	85	
息子	46	母	69	懲役6年
妻	81	夫	84	懲役6年
夫	78	妻	77	
夫	71	妻	75	
夫	79	妻	77	懲役3年執行猶予5年
娘	64	母	91	

資　料

	発生年	新聞名	事件年月日	記事掲載日	発生地	記事見出し
651	2013	朝　日	20130711	20130712	愛　知	母死なせた疑い、知多の46歳逮捕「介護に疲れた」供述
652	2013	毎　日	20130720	20130721	千　葉	絞殺:認知症の妻を　夫飛び降り自殺　介護疲れか－木更津／千葉
653	2013	東　京	20130800	20130802	北海道	「介護大変　母殺した」札幌、男が自首
654	2013	中　日	20130804	20140130	愛　知	認知症の母殺害　懲役12年を求刑　名地裁支部で検察側
655	2013	朝　日	20130902	20130907	新　潟	「老老介護」背景に　新潟の80代夫婦死亡／新潟県
656	2013	毎　日	20130904	20131017	長　野	傷害致死:母親殴り死なす　容疑の56歳男を逮捕－松川町／長野
657	2013	毎　日	20130907	20130912	鹿児島	鹿児島の傷害致死:認知症の母を撲殺、容疑で長男を逮捕
658	2013	産　経	20130914	20131008	滋　賀	妻の顔にぬれた半紙、窒息死させた83歳夫を起訴　大津地検
659	2013	毎　日	20131020	20140215	神奈川	母に食事与えず餓死させた容疑　長女を逮捕／神奈川県
660	2013	東京読売	20131121	20131123	神奈川	夫殺害容疑で75歳逮捕　「ハンマーで殴った」供述／神奈川
661	2013	東京読売	20131124	20131126	青　森	80歳夫が乱打、72歳死亡　事件前「介護でストレス」傷害容疑／青森
662	2013	毎　日	20131124	20131205	栃　木	宇都宮の妻絞殺：殺人罪で82歳を起訴・栃木
663	2013	千葉日報	20131200	20141121	千　葉	認知症の元妻殺害に猶予刑　千葉地裁「汲むべき事情多い」
664	2013	東京読売	20131204	20131206	静　岡	治療を受けさせず母親を放置した疑い／静岡
665	2013	朝　日	20131211	20140610	岡　山	母親の遺体を放置した男に執行猶予判決　岡山地裁／岡山県
666	2013	毎　日	20131224	20131226	神奈川	殺人:同居の弟刺した66歳容疑者逮捕－横浜／神奈川
667	2013	朝　日	20131230	20140416	埼　玉	同居の母を刺殺、容疑の長男逮捕　埼玉、「介護に疲れた」
668	2014	毎　日	20140101	20140806	青　森	青森・無理心中　死亡夫書類送検
669	2014	毎　日	20140105	20140107	愛　知	暴行:80歳妻死亡　介護の77歳容疑者逮捕／愛知・豊橋署
670	2014	東　京	20140118	20140120	静　岡	「83歳の母親殺した」富士容疑で次男を逮捕
671	2014	朝　日	20140119	20140606	大　阪	認知症の母って死なせた被告に実刑判決　地裁堺支部　／大阪府
672	2014	朝　日	20140121	20140328	北海道	嘱託殺人被告に有罪判決　釧路地裁／北海道
673	2014	朝　日	20140128	20140508	東　京	母子死亡の火災、息子を放火容疑で書類送検　八丈島、無理心中か
674	2014	読　売	20140129	20141031	東　京	遺体のイラスト、証拠採用せず…裁判員賛否両論
675	2014	朝　日	20140130	20140202	大　阪	妻を殺害容疑、85歳夫を逮捕　大阪府警
676	2014	朝　日	20140131	20140131	大　阪	「介護できない」無理心中か　豊中、60代夫婦の遺体
677	2014	毎　日	20140203	20140206	神奈川	殺人:妻を絞殺容疑、77歳夫を逮捕　介護疲れか－横浜／神奈川
678	2014	朝　日	20140225	20140405	東　京	木炭燃やして母を殺害容疑　警視庁、45歳男逮捕
679	2014	東　京	20140316	20140317	埼　玉	認知症の母殴り死なす　川越、容疑の会社員逮捕
680	2014	中　日	20140330	20140401	滋　賀	守山で夫妻死亡　心中か
681	2014	産　経	20140331	20140707	大　阪	枚方・老老介護殺人　認知症の妻、鬱病の長男　82歳がみた地獄

－ 252 －

資　　料

加害者	年齢	被害者	年齢	判　　決
娘	46	母	80	懲役3年執行猶予5年
夫	77	妻	79	
息子	32	母	66	
息子	57	母	77	
夫	89	妻	87	
息子	56	母	86	懲役4年6月
息子	42	母	73	懲役4年
夫	83	妻	83	懲役3年
娘	55	母	84	
妻	75	夫	79	懲役3年
夫	80	妻	72	懲役3年
夫	82	妻	74	懲役3年執行猶予5年
夫	76	妻	64	
息子	44	母	72	
息子	59	母	91	
兄	63	弟	63	
息子	27	母	63	
夫	77	妻	76	
夫	77	妻	80	
息子	51	母	83	懲役8年
息子	48	母	81	懲役3年
息子	57	父	83	懲役3年執行猶予5年保護観察付き
息子	63	母	99	
息子	39	母	64	懲役3年
夫	85	妻	80	
妻	61	夫	69	
夫	78	妻	69	懲役3年執行猶予4年
息子	45	母	80	
息子	47	母	75	懲役3年
妻	70	夫	72	
夫	82	妻	73	懲役3年執行猶予5年

資　料

	発生年	新聞名	事件年月日	記事掲載日	発生地	記事見出し
682	2014	毎　日	20140401	20140401	長　野	男女2人が刺されて死亡　無職男を逮捕
683	2014	毎　日	20140402	20140404	兵　庫	高砂の妻絞殺未遂:殺人容疑で捜査　被害者死亡で／兵庫
684	2014	毎　日	20140407	20140412	愛　知	殺人:「頼まれて」72歳殺害　容疑の妻逮捕
685	2014	朝　日	20140425	20140514	大　阪	「介護に疲れ」母を殺害容疑　泉佐野、46歳の娘逮捕／大阪
686	2014	西部読売	20140425	20161020	宮　崎	延岡の母親殺害　娘に猶予判決　「同情すべき点ある」／宮崎
687	2014	読　売	20140426	20140427	福　島	92歳父を刺殺の疑い　伊達の57歳　県相撲連盟の事務局長
688	2014	中　日	20140429	20141120	愛　知	脱・引きこもり　母に誓う
689	2014	中　日	20140501	20140504	愛　知	「介護に疲れた」と遺書
690	2014	中　日	20140506	20140507	愛　知	認知症の妻殴打　重症にした疑い　中村区、86歳夫逮捕
691	2014	読　売	20140517	20140519	愛　知	療養中の父に傷害容疑　名古屋の45歳　顔叩き、翌日死亡
692	2014	東京読売	20140526	20140528	北海道	「夫の介護でストレス」北広島　殺人容疑の妻が供述／北海道
693	2014	読　売	20140528	20140724	奈　良	84歳母の放置死で同居の長女を起訴…奈良地検
694	2014	朝　日	20140529	20140529	福　岡	介護疲れか、妻殺害　北九州、容疑の88歳夫逮捕【西部】
695	2014	神　戸	20140604	20140604	兵　庫	90歳義母を絞殺の疑い　介護疲れか　58歳男逮捕　伊丹
696	2014	朝　日	20140620	20140620	東　京	「生きてくことに疲れ…」90歳夫が87歳妻を"殺害"
697	2014	朝　日	20140622	20150303	大　阪	介護怠った疑い、78歳を書類送検　西成、義理の娘死亡／大阪
698	2014	東京読売	20140716	20140719	東　京	「介護でイライラ」　87歳母殴り死なす　容疑の60歳女逮捕
699	2014	朝　日	20140724	20140813	東　京	夫殴り死なせる、70歳容疑者逮捕　「介護に疲れた」／東京都
700	2014	東京読売	20140813	20141114	神奈川	元県部長に有罪判決　介護の妻を転倒させ死なす
701	2014	朝　日	20140902	20150120	群　馬	傷害致死罪の起訴内容認める／群馬県
702	2014	大阪読売	20140919	20141020	福　井	介護疲れ　増える悲劇　越前市の夫婦　無理心中か／福井
703	2014	朝　日	20140915	20140926	兵　庫	母親？殺害容疑、姫路の48歳逮捕　自首「介護ストレス」
704	2014	毎　日	20141017	20141020	神奈川	殺人　首絞められた77歳母が死亡　次男「介護疲れた」
705	2014	毎　日	20141024	20141026	千　葉	夫を介護中の妻、無理心中図る？　木更津で70代夫婦死亡
706	2014	朝　日	20141102	20150618	千　葉	93歳に懲役5年求刑　苦しむ妻「殺して」…もう断れない　茂原の事件／千葉県
707	2014	中　日	20141128	20150124	福　井	「犬のリードで絞殺」　敦賀・母姉殺害　勾留理由開示
708	2014	大阪読売	20141207	20141207	大　阪	認知症の父　殴り死なす　藤井寺、容疑で男逮捕
709	2014	中部読売	20141222	20141223	愛　知	寝たきり母　殺害容疑　瀬戸の53歳三男逮捕　自ら110番通報＝中部
710	2014	毎　日	20141223	20141223	福　井	殺人:介護に疲れて？　寝たきり夫殺害　容疑の妻逮捕／福井
711	2014	朝　日	20141228	20151028	富　山	被告に懲役10年求刑　妻刺殺事件、地裁で論告求刑／富山県
712	2015	毎　日	20150117	20150117	千　葉	夫殺害:「介護に疲れた」77歳妻を逮捕／千葉・野田

－ 254 －

資　　料

加害者	年齢	被害者	年齢	判　　決
孫（男）	31	祖母	86	
夫	66	妻	64	懲役9年
妻	67	夫	72	
娘	46	母	63	懲役3年執行猶予5年
娘	54	母	74	懲役3年執行猶予5年保護観察付き
息子	57	父	92	懲役9年
娘	43	母	76	懲役3年執行猶予5年保護観察付き
妻	84	夫	86	
夫	86	妻	85	懲役3年執行猶予4年
息子	45	父	76	
妻	71	夫	73	
娘	56	母	84	
夫	88	妻	79	懲役3年執行猶予5年
義理の息子	58	義母	90	
夫	90	妻	87	懲役3年執行猶予5年
継母	78	義理の娘	66	
娘	60	母	87	
妻	70	夫	79	懲役3年執行猶予5年
夫	64	妻	61	懲役3年執行猶予5年
息子	67	母	92	懲役6年
夫	59	妻	74	
息子	48	母	74	懲役13年
息子	50	母	77	懲役6年
妻	73	夫	78	
夫	93	妻	83	懲役3年執行猶予5年
息子	53	母	84	
息子	59	父	89	懲役3年執行猶予5年
息子	53	母	82	懲役8年
妻	73	夫	77	懲役3年執行猶予5年
妻	76	妻	80	懲役7年
妻	77	夫	72	懲役3年執行猶予5年

資　料

	発生年	新聞名	事件年月日	記事掲載日	発生地	記事見出し
713	2015	朝　日	20150117	20150118	岐　阜	98歳母殺害容疑、73歳息子を逮捕　「介護で将来不安」　大垣【名古屋】
714	2015	西部読売	20150118	20150910	鹿児島	父親に暴行、死亡　懲役8年を求刑／鹿児島
715	2015	西部読売	20150121	20150123	鹿児島	91歳母殴り死なす　容疑の66歳娘逮捕／鹿児島
716	2015	産　経	20150122	20150127	奈　良	死んだ母親を5日も放置　55歳の無職男を逮捕
717	2015	朝　日	20150122	20150722	三　重	死体遺棄罪被告、起訴内容認める　衰弱死の母を琵琶湖に／三重県
718	2015	朝　日	20150207	20150208	北海道	「父が母殺した」男性から通報　介護疲れ？　札幌東署調べ／北海道
719	2015	中　日	20150217	20151210	長　野	死亡の長男を殺人容疑で書類送検
720	2015	産　経	20150228	20150228	滋　賀	「介護に疲れた」妻の首絞め110番、82歳男逮捕　大津
721	2015	中　日	20150302	20150303	三　重	首絞め81歳妻を殺害容疑　三重・紀北町　夫逮捕「介護に疲れ」
722	2015	大阪読売	20150310	20150401	奈　良	介護の母親殺害で起訴／奈良
723	2015	朝　日	20150312	20150313	千　葉	同居の母に「2年間暴力」、容疑の男逮捕　母は死亡
724	2015	朝　日	20150407	20150408	三　重	親子無理心中か　住宅に男女遺体　四日市、「介護疲れ」遺書も／三重県
725	2015	東京読売	20150500	20151226	静　岡	介護離職　思い詰めた末／静岡
726	2015	朝　日	20150500	20160820	秋　田	父親殺害の被告、懲役10年確定へ　最高裁／秋田県
727	2015	毎　日	20150503	20150505	熊　本	殺人：「介護に疲れた」　妻絞殺した疑い、70歳夫逮捕／熊本
728	2015	毎　日	20150505	20150507	千　葉	嘱託殺人：「頼まれ」弟殺害、容疑の兄を逮捕／千葉・市川
729	2015	毎　日	20150514	20150728	大　分	大分の妻殺害：妻が何度も殺害依頼　被告の夫、起訴内容認める　地裁初公判／大分
730	2015	産　経	20150514	20150514	兵　庫	95歳の母をナイフで刺す　殺人未遂容疑で息子逮捕／兵庫・芦屋
731	2015	朝　日	20150515	20150708	神奈川	老老介護、孤独深めた先に　嘱託殺人罪で懲役3年求刑／神奈川県
732	2015	東京読売	20150605	20151119	埼　玉	見沼の絞殺事件　夫起訴事実認める／埼玉
733	2015	東京読売	20150607	20150609	長　野	父親殺害容疑　47歳逮捕／長野
734	2015	大阪読売	20150612	20150613	大　阪	「母殺害」と出頭　容疑で三男逮捕　「介護疲れ」供述／大阪
735	2015	産　経	20150618	20150619	鳥　取	介護の93歳母　絞殺　70歳息子を逮捕
736	2015	東京読売	20150708	20150708	大　阪	92歳母殺害容疑　71歳の長男逮捕／大阪
737	2015	産　経	20150716	20150716	千　葉	「介護に疲れた」夫を刺した疑いで妻逮捕／千葉
738	2015	山梨日日	20150728	20151202	山　梨	「高齢で介護に不安」上野原・妻殺害　逮捕の夫供述
739	2015	朝　日	20150804	20150805	山　口	寝たきり兄を放火殺害容疑　山口・美祢、弟を逮捕【西部】
740	2015	東京読売	20150807	20150810	北海道	小樽義母殺害　「暴言長年悩んでいた」　容疑者「介護に疲れた」／北海道
741	2015	大阪読売	20150813	20150816	京　都	「天国に引っ越す」　宇治の高齢夫婦、無理心中
742	2015	朝　日	20150927	20151002	広　島	妻暴行死の疑い、夫を逮捕　虐待情報、引き離す直前　広島【大阪】
743	2015	大阪読売	20151016	20151016	兵　庫	73歳夫を殺害　容疑63歳逮捕　川西署

— 256 —

資　料

加害者	年齢	被害者	年齢	判　決
息子	73	母	98	
息子	36	父	64	
娘	66	母	91	
息子	56	母	81	
娘	50	母	79	懲役6年
夫	71	妻	71	懲役2年6月
息子	72	母	97	
夫	82	妻	81	懲役3年執行猶予5年
夫	77	妻	81	懲役2年6月
息子	70	母	94	懲役6年6月
息子	42	母	82	
息子	49	母	82	被疑者死亡で不起訴
息子	54	母	89	懲役3年執行猶予5年
息子	57	父	88	懲役10年
夫	70	妻	67	懲役2年6月執行猶予3年
兄	67	弟	65	
夫	80	妻	71	懲役2年6月執行猶予4年
息子	68	母	95	
妹	87	姉	89	
夫	79	妻	75	懲役6年
息子	47	父	77	懲役3年6月
息子	41	母	76	
息子	70	母	93	不起訴（刑法39条）
息子	71	母	92	
妻	75	夫	74	
夫	93	妻	88	懲役2年6月執行猶予3年
弟	64	兄	79	懲役9年
嫁	61	義母	87	
夫	79	妻	83	
夫	67	妻	65	懲役6年
妻	63	夫	73	

資　料

	発生年	新聞名	事件年月日	記事掲載日	発生地	記事見出し
744	2015	中　日	20151019	20151022	愛　知	殺人容疑で夫逮捕　名古屋・南署
745	2015	日本経済	20151022	20151025	宮　城	同居の次女、町職員訪問、何度も断る、宮城２遺体
746	2015	毎　日	20151025	20151026	埼　玉	母親殺害　「介護に疲れた」　40歳娘を逮捕／埼玉
747	2015	朝　日	20151122	20151123	埼　玉	川で夫婦が死亡、三女「無理心中」　母の介護疲れ原因か／埼玉・熊谷
748	2015	大阪読売	20151124	20151125	大　阪	介護疲れ？　無理心中か　寝屋川で高齢夫婦が死亡
749	2015	朝　日	20151116	20151127	福　島	放火、義母殺害の疑い　「介護疲れ」62歳女を逮捕　南相馬／福島県
750	2015	中　日	20151128	20151130	愛　知	夫の死因は窒息死　みよしの殺人
751	2015	朝　日	20151205	20151206	神奈川	娘が杖で暴行容疑　83歳の母親が死亡／神奈川・平塚
752	2015	毎　日	20151208	20161113	岩　手	一戸の放火殺人：心中図った可能性も　県警現場検証、集落に驚き広がる／岩手
753	2015	産　経	20151215	20151215	兵　庫	同居介護の母親を殴打、死亡　傷害容疑で息子を逮捕　兵庫県警伊丹署
754	2015	朝　日	20151217	20151218	栃　木	寝たきり、介護を続け　夫、身の回り一手に　那須・妻を殺害容疑／栃木県

－ 258 －

資　　料

加害者	年齢	被害者	年齢	判　　決
夫	73	妻	70	
娘	55	母	87	
娘	40	母	67	懲役3年執行猶予4年
娘	47	母	81	
夫	86	妻	82	
嫁	62	義母	91	懲役8年
妻	72	夫	73	懲役3年執行猶予5年
娘	44	母	83	
妻	64	夫	69	
息子	62	母	83	
夫	71	妻	63	懲役3年6月

事項索引

BPSD ……………………… 69
Care Act 2014 ……………… 183
National Carer Recognition
　　Framework ……………… 184
National Violent Death Reporting
　　System ……………… 25,59
Social Inclusion………………… 185
Twigg　と　Atkin ………… 185

あ

アセスメント……………… 26,58,100
アマルティア・セン……………… 162
依存労働者……………… 167,189
医療ソーシャルワーカー………… 127
医療扶助………………………… 151
オレンジプラン………………… 178

か

介護・看病疲れ（介護疲れ）
　……………… 9,12,16,28,131
介護殺人……… 3,5,6,8,32,64,87,131
介護者アセスメント………… 174,187
介護者（ケアラー）……………… 202
介護者憲章……………………… 200
介護者支援……………………… 45
　──の４つのモデル………… 185
介護者法………………………… 182
介護保険制度………………… 1,23
介護離職………………………… 44
家族支援事業…………………… 97
関係的権利論…………………… 173

キテイ…………………………… 167
虐待通報………………………… 113
共依存……………………… 136,163
ケア……………………………… 189
　──プラン………………… 26,95
ケアラーマネジメント勉強会…… 201
ケアラー連盟…………………… 137
刑事確定訴訟記録法…………… 89
行動プラン……………………… 183

さ

サービス担当者会議…………… 100
裁判員裁判……………………… 22
裁判事例研究………………… 3,88
ジェンダー……………… 23,37,43
自殺関与………………………… 12
システムズ・アプローチ………… 136
社会的紐帯論…………………… 84
社会的包摂………………… 185,187
傷害致死………………………… 12
情状鑑定………………………… 25
承諾殺人………………………… 22
将来に悲観………………… 6,131
自立支援………………………… 159
事例検証………………………… 25
新オレンジプラン……………… 178
親族殺…………………………… 14
生存権…………………………… 160
セルフアセスメント……………… 200
潜在能力………………………… 162
ソーシャルワーカー……………… 58
　──ワーク…………………… 152

事項索引

た

地域包括ケアシステム……………179
　　——支援センター……………… 97
地方公共団体…………………… 27
同意殺人…………………………… 22

な

認知症……………………………… 21
　　——カフェ……………………178
　　——の人と家族の会……………6
ネグレクト………………………113
寝たきり…………………………… 21

は

引きこもり…………………… 72,102
ファインマン……………………169
包括……………………………… 97
保護観察付き執行猶予………… 22
保護責任者遺棄致死…………… 22
本人と環境の不調和…………25,29

ま

水際作戦…………… 151,157,164
ミノウ……………………………173
民生委員…………………………105

や

要介護認定………………………123
四つの権利………………………171

ら

ライフサイクル………………… 44
リスクアセスメント……………114
レスパイトケア…………………174
老病心中………………………33,37
老老介護…………………………131
ロールズ…………………………168

〔著者紹介〕

湯原　悦子（ゆはら　えつこ）旧姓　加藤

1992 年　名古屋大学 法学部 法律学科卒業
1998 年　日本福祉大学 社会福祉学部 社会福祉学科卒業
2003 年　日本福祉大学大学院 福祉社会開発研究科 博士後期課程修了 博士（社会福祉学）取得
2003 年 – 2004 年　日本学術振興会特別研究員
2004 年　日本福祉大学 社会福祉学部 専任講師（司法福祉論）
2007 年　日本福祉大学 社会福祉学部 准教授
現在に至る

（主著）
加藤悦子（2005）『介護殺人——司法福祉の視点から』クレス出版
認知症の人と家族の会愛知県支部編（2012）『介護家族をささえる——認知症家族会の取り組みに学ぶ』中央法規出版
湯原悦子（2014）『介護者セルフアセスメントシートの効果検証』『日本認知症ケア学会誌』13（3）, pp.627-644
湯原悦子（2015）「介護殺人事件の裁判における社会福祉専門職の関与に関する研究」『社会福祉学』56（1）, pp.116-127

介護殺人の予防——介護者支援の視点から
2017 年 2 月 25 日　第 1 版第 1 刷　発行

著　者	湯原　悦子	
発行者	椛沢　英二	
発行所	株式会社クレス出版	

東京都中央区日本橋小伝馬町 14-5
TEL 03-3808-1821　FAX 03-3808-1822

組　版	松本印刷株式会社	
印刷所	互恵印刷株式会社	

ISBN978-4-87733-956-2　C3036　¥2400E
落丁・乱丁本は交換いたします。　　　©2017　Etsuko YUHARA